Joachim Kittel

Werkbuch Schulpastoral

HERDER

GROSSE WERKBÜCHER

Joachim Kittel (Hg.)

Werkbuch Schulpastoral

Methoden, Modelle und Ideen für die Praxis

Mit CD-ROM

HERDER

FREIBURG · BASEL · WIEN

MIX
Papier aus verantwortungsvollen Quellen
FSC® C106847

www.herder.de

Umschlaggestaltung: Finken & Bumiller
Umschlagmotiv: KNA_218758
© KNA-Bild

Satz- und CD-ROM-Gestaltung: SatzWeise, Föhren
Herstellung: fgb · freiburger graphische betriebe
www.fgb.de

Printed in Germany

ISBN 978-3-451-34100-7

Inhalt

Übersicht der Materialien auf CD-ROM:

Vorwort

Als Religionslehrer begegne ich immer wieder Schülerinnen und Schülern, die eine Sehnsucht nach »Mehr« im Herzen tragen und diese auch artikulieren. Die Rahmenbedingungen des Faches Religion setzen einer vertieften Hinführung zur Praxis des Glaubens schlicht Grenzen, die der Praktiker um der Freiheit der Schülerinnen und Schüler willen auch respektieren sollte. Der Religionsunterricht ist Ferment der Schulpastoral, er weckt das Interesse und verweist von sich her auf die Schulpastoral als einem Ort, wo man Glauben in aller Freiheit entdecken, leben und vertiefen kann. Das vorliegende Werkbuch möchte Impulse geben, sich der Begegnung mit jungen Menschen zu öffnen, die im Begriff sind, ihre Identität auszubilden und ihre eigene (Glaubens-)Antwort auf die Fragen des Lebens zu artikulieren. Jugendliche sind zur Entfaltung des eigenen Glaubens dringend auf Menschen angewiesen, die in ihrem konkreten Leben mit der Gegenwart Christi rechnen, denen die Erfahrung des lebendigen »Du« Gottes unter die Haut gegangen ist, so dass sie sich aufgemacht haben, auf ihre eigene Weise, mit ihren spezifischen Charismen, Gott in allen Dingen zu suchen und zu finden. Schulpastoral richtet sich aber auch an Lehrkräfte und Eltern. In allen Fällen ist Schulpastoral Ermöglichung von gemeinsamem Leben, von ***Glaubensleben*** im Handlungsfeld Schule und in diesem Sinne stets ein Beitrag zu einer Schulkultur, in deren Mittelpunkt der Mensch steht. Die in diesem Werkbuch zusammengetragenen Praxisbeispiele mitsamt den dazugehörigen Materialien auf der CD-ROM weisen auf eine unerschöpfliche Vielfalt hin und bilden nur einen kleinen Bereich dessen ab, was vielerorts schon Praxis ist. Das Werkbuch Schulpastoral will vernetzen und es will einen produktiven Prozess des Nachdenkens und Weiterdenkens initiieren.

Allen Autorinnen und Autoren, die oft zusätzlich zu ihrer beruflichen Belastung bereit waren, dieses Werkbuch mit auf den Weg zu bringen, sage ich an dieser Stelle ein herzliches Wort des Dankes. Durch die vielfältigen Gespräche und durch die Begegnung mit ganz unterschiedlichen und spannenden Begabungen und Ideen fühle ich mich selbst sehr bereichert.

Allen, die mit diesem Buch arbeiten, wünsche ich für ihre wichtige Aufgabe, dass sie sich anstecken lassen von der Vielfalt der Glaubenszugänge und diese in einem kreativen Prozess selbst weiterdenken und weiterentwickeln, damit ihre eigene Gabe die Kirche Jesu Christi im Handlungsfeld Schule erfahrbar macht als das, was sie sein soll, ***Ereignis*** der liebevollen Zuwendung Gottes zum Einzelnen und den Vielen.

Amoltern im Kaiserstuhl, 11. Juli 2011

Joachim Kittel

Einführung in die Struktur des Werkbuches

Das vorliegende Werkbuch Schulpastoral möchte praxisnahe Vorschläge und Entwürfe für den Aufbau bzw. die Erweiterung eines charismenorientierten schulpastoralen Angebotes an die Hand geben. In den eingereichten Beiträgen spiegelt sich in vielen Fällen das Charisma der Autorinnen und Autoren. Dieser geistliche Ursprung sollte greifbar bleiben, weshalb die Texte nicht einem einheitlichen Raster unterworfen wurden.
Die Angebote der Schulpastoral wollen dem Einzelnen helfen, in Gemeinschaft ***Glauben zu entdecken***, ***Glauben zu leben*** und ***Glauben zu vertiefen***. Wo immer das gelingt ist Schulpastoral auch ein wichtiger Beitrag zu einer Schulkultur, in deren Mitte der Mensch steht. Die vorgestellten Projektideen wurden den drei genannten Dimensionen des schulpastoralen Handelns zugeordnet, der jeweiligen Projektidee wurde eine kurze Einleitung vorangestellt, um dem Lesenden eine erste Orientierung zu geben. Um den Impulscharakter beizubehalten, wird dort, wo es für die Umsetzung besonderer Materialien bedarf, auf den Materialteil der CD-ROM des Buches verwiesen. Die Angebote haben unterschiedliche Zielgruppen, vornehmlich Schülerinnen und Schüler, aber auch Angebote für Lehrkräfte und Eltern wurden in das Werkbuch aufgenommen.
Das Buch schließt mit Perspektiven zur Schulpastoral. Dieser Abschnitt beginnt mit Erwägungen zu einer mystagogischen Schulpastoral und der kurzen systematischen Erörterung eines charismentorientierten Modells, das auch diesem Werkbuch zugrunde liegt. Es gibt nicht wenige Schulen, die sich in der Trägerschaft eines Ordens befinden. Es war interessant, einmal aufzuzeigen, wie sich das konkrete Charisma des jeweiligen Ordensgründers in einer schulpastoralen Systematik und den schulpastoralen Angeboten niederschlägt. Verschiedene Autoren geben Einblick in die ordenspezifische Umsetzung; hier sind viele wertvolle Anregungen gesammelt, die auch für die Arbeit an einer staatlichen Schule förderlich sein könnten.

I. Glauben entdecken

Berufs- und Studienorientierung

Das Entdecken der eigenen Stärken und Talente gehört zu den wichtigsten Aufgaben des Jugendalters. Es ist unmittelbar Voraussetzung für eine Berufswahl, die sich nicht nur an äußeren Kriterien orientiert, vielmehr die konsequente Entfaltung des eigenen Menschseins in einen bestimmten Beruf oder ein Studium hinein ist. Wenn die christliche Theologie von Berufung spricht, geht es ja nicht nur um eine Berufung zu einem kirchlichen Beruf, sondern um den Ruf Gottes, der dem Einzelnen hilft, einen Beruf zu wählen, der seinen Anlagen und Fähigkeiten entspricht, damit sein spezifisches Charisma in die Gemeinschaft hinein fruchtbar werden kann.

Situation

In den vergangenen Jahren gibt es intensive Bemühungen im Bereich der Berufs- und Studienorientierung. Die Wirtschaft hat Interesse an qualifiziertem Nachwuchs, die Bildungspolitik intensiviert die Anstrengungen, weil sie, nicht zuletzt aus Kostengründen, die Zahl der Studienabbrecher verringern will. Freie Anbieter bieten kostspielige Potenzialanalysen, Coaching und Prozessbegleitung. Staatliche Stellen organisieren kostenlose Trainingsmaßnahmen zur Entscheidungsfindung. Alles das hat seine Berechtigung. Ich meine aber, dass die Kirche und hier die Schulpastoral im Kontext der Berufs- und Studienwahl einen wichtigen und sehr spezifischen Beitrag leisten kann, der die genannten Angebote um eine genuin christliche Perspektive ergänzt.

Theologisches

Die eigenen Talente sind nicht nur als Fähigkeit zu begreifen, die möglichst beruflichen Erfolg und ein gutes Auskommen ermöglicht. Talente und Stärken, biblisch Charismen, sind nie Selbstzweck. Sie sind als Gabe Gottes zu verstehen, die dem eigenen Menschsein und seiner gesellschaftlichen Entfaltung ein unverwechselbares Profil gibt. Dabei ist bedeutsam, dass sich das Entscheidende in Bezug auf die Mitwelt ereignet.

Ein Charisma ist nie nur Gabe für mich, für meine eigenen Ziele und Wünsche. Charismen sind immer auch ***»Gabe für«***, für mich ***und*** andere. Charismen sind die von Gott gegebene Möglichkeit, die Tiefen des eigenen, unverwechselbaren Menschseins auszuloten. Dies ist ein Geschehen in Beziehung zu sich, zu den Menschen und zu Gott. Wer als Mensch zu seiner spezifischen Begabung hingeführt wird, sich von Beginn an in diesen Beziehungen weiß, vermag dem Ruf Gottes, der ihn allein angeht und trifft, zu folgen. Wo er aber diesem Ruf in seinem Leben antwortet, gewinnt sein Menschsein Tiefe und Intensität, er kann buchstäblich beziehungsreich aus dem »Vollen« schöpfen. Menschen, die aus dem Vollen schöpfen, sind ein Segen, weil in ihnen Gottes Geist, der Geist des Trostes und der Einheit, lebendig ist.
Der schulpastorale Beitrag zur Berufs- und Studienorientierung besteht also u.a. darin, die gängigen eindimensionalen, oft allein an ökonomischen »markttauglichen« Kriterien orientierten Anforderungen, um eine Perspektive des Menschseins zu ergänzen, die die eigenen Begabungen als »Gabe für« entdecken hilft. Hier sind verschiedene Möglichkeiten denkbar:

Projektideen

Orientierungstag

Dies kann im Rahmen eines Orientierungstages geschehen, der ausgehend von der individuellen Begabung, in Auseinandersetzung mit dem biblischen Verständnis der Charismen die eigene Begabung als »Gabe für« andere zu entdecken hilft. In diesem Prozess öffnen sich Perspektiven, die den Blick auf die mögliche Berufs- und Studienwahl weiten.
Impulse für die schülergerechte Gestaltung finden sich in: Diözesanstelle Berufe der Kirche in der Erzdiözese Freiburg, Berufung im Film – Filme zu Identität, Christsein und Berufung (Freiburg 2006). Bezug jeweils über die Diözesanstelle. Ferner: Arbeitshilfe für die Arbeit mit Jugendlichen und Kindern in Gruppenstunden und Lagern (Freiburg 2005).

Schulseelsorgliche Begleitung von (Berufs-) Entscheidungsprozessen

Berufs- und Studienorientierung ist aus Sicht des Glaubens je ein geistlicher Prozess. Es geht um die Frage, wo entspreche ich der Idee Gottes, die in mir angelegt ist und zur Entfaltung kommen will. Ich meine, dass hier ein wichtiger Ansatzpunkt für ein personales Angebot durch die Schulseelsorge ist. Schulpastoral als Ort, wo Schülerinnen und Schülern die Möglichkeit eröffnet wird, in einem geschützten Rahmen über die eigene Berufung und berufliche Zukunft nachzudenken.

Joachim Kittel

Praxisbeispiel: Kooperation mit einem Seniorenpflegeheim

Kann man im Pflegeheim etwas fürs Medizinstudium lernen?

Das Martin-Schongauer-Gymnasium Breisach und das Seniorenpflegeheim Breisach der Evangelischen Stadtmission Freiburg e. V. probierten dies im Rahmen der Berufsorientierung aus. Initiiert und vermittelt durch Joachim Kittel – beauftragter Lehrer für Berufs- und Studienorientierung am Gymnasium – starteten Ingrid K. und Sebastian B. als Schüler/innen der zehnten Klasse im November 2009 ihren freiwilligen Einsatz im Pflegeheim.

Einmal wöchentlich trafen sie sich mit einem bestimmten Senior, einer bestimmten Seniorin im Pflegeheim, um deren Leben kennenzulernen. Der sich über eineinhalb Jahre erstreckende Einsatz verlief in mehreren Phasen. Zunächst stand der soziale Umgang und der Aufbau einer Beziehung mit den Senioren im Vordergrund.

Dies beinhaltete die Gestaltung einer meist zweistündigen gemeinsamen Zeit an einem Nachmittag nach den Möglichkeiten und Wünschen des Zu-Betreuenden.

Die Schüler erlebten in den Wohngruppen Menschen mit verschiedenen altersbedingten Beeinträchtigungen oder Krankheiten, wie z. B. Schlaganfall oder Demenz. Sie konnten beobachten und erleben, wie die Betroffenen den Umgang damit bewältigen und welche pflegerischen, therapeutischen und medizinischen Hilfen Anwendung finden.

Persönliche Zeit mit einer examinierten Pflegekraft ermöglichte den gezielten Einblick in pflegerische Bereiche und Aufgaben, wo z. B. Tätigkeiten wie Blutdruck- oder Blutzuckermessen demonstriert wurden. Sie hatten Zugang zu Fachliteratur und konnten die Zusammenarbeit mit anderen im Haus tätigen beruflichen Disziplinen kennenlernen. Die Hospitation bei einer Arztvisite stellte thematisch eine direkte Verbindung mit dem gewünschten Studienziel »Medizin« von Ingrid und Sebastian her.

Die Hospitation beim Frühdienst einer Pflegefachkraft zeigte ihnen detailliert, wie umfangreich und umfassend sich die Pflege von Senioren gestaltet.

Die größten Herausforderungen in der freiwilligen Zeit im Pflegeheim waren für Sebastian die Veränderungen bei Menschen mit einer Demenz oder jemanden in seinen letzten Wochen und Lebenstagen zu erleben. Als Gewinn betrachtete er die Tatsache, zu erleben wie viel Senioren trotz der oft massiven Herausforderungen auf körperlicher oder geistiger Ebene noch bewältigen können.

Ingrid verlor ihre anfängliche ängstliche Haltung gegenüber alten Menschen völlig und ließ sich mit freudigem Interesse auf regen Austausch mit den betreuten hochbetagten Damen ein. In regelmäßigen Gesprächen mit der Leiterin des Sozialen Dienstes, Annabel Heintz, konnten Sebastian und Ingrid ihre Erfahrungen reflektieren und Fragen und Gefühle zur Sprache bringen.

Schade, dass der Einsatz der Schüler bei der Bewerbung um einen Studienplatz in Medizin bisher keine Berücksichtigung finden kann. Die Kooperationspartner sind sich jedoch sicher, früh einen konkreten Beitrag zur menschlichen Orientierung und beruflichen Entscheidung bei den Schüler/innen unterstützt zu haben. Deshalb wird sich an diese erste Runde ein weiteres Angebot für nachfolgende Klassen anschließen. Das Kooperationsmodell zwischen Seniorenpflegeheim und Gymnasium wird fortgeführt.

Annabel Heintz

Eine Welt AG

Die Eine Welt AG am Erasmus-Gymnasium Denzlingen ist aus einer Gruppe engagierter Oberstufenschüler entstanden, die im Rahmen des Themas »Soziale Gerechtigkeit« den Verkauf fair gehandelter Waren organisiert hatten. Einige Schüler hatten die Idee, diesen Verkauf in Form einer Arbeitsgemeinschaft zu institutionalisieren. Der folgende Beitrag berichtet über beispielhafte Aktivitäten.

Situation

Jeden Donnerstag öffnet der sogenannte »Fairkaufswagen«, ein umgebauter ehemaliger Medienwagen, seine Türen. Hier gibt es Schokolade, getrocknete Früchte, Saft, Tee und Kaffee und viele weitere leckere Angebote. Dass Schüler und Lehrer im Bildungszentrum mit fair gehandelten Waren versorgt werden, ist der Eine-Welt-AG zu verdanken, welche sich praktisch und theoretisch mit der Frage des fairen Handels beschäftigt.
Neben dem Verkauf fair gehandelter Waren in den großen Pausen und darüber hinaus bei unterschiedlichsten Schulveranstaltungen wie Neujahrsempfang, Elternsprechtag usw. steht jedes Jahr ein inhaltliches Schwerpunktthema im Zentrum der Arbeit. Etwa 20 Schülerinnen und Schüler der Klassenstufen 8–13 planen innerhalb des Schuljahres die gemeinsamen Projekte.

Praxisbeispiele

Faire Modenschau

Am Anfang einer ausführlichen Auseinandersetzung mit den Verhältnissen in der Textilbranche steht der Film »China Blue«, der auf beeindruckende Art und Weise einen Einblick in die Arbeits- und Lebenssituation chinesischer Näherinnen in einer Jeansfabrik gibt. Dass Kleidung nicht zwangsläufig unter ausbeuterischen Vorzeichen hergestellt werden

muss, erfahren wir unter anderem bei der Besichtigung eines Geschäftes für faire Streetwear in Freiburg. Der Geschäftsführer erzählt von der Herkunft verschiedenster Kleidungsstücke, deren Produktionsbedingungen und ihren positiven Auswirkungen auf die Arbeiterinnen. Die Eine-Welt-AG will die faire Produktion von Kleidung unterstützen und gibt T-Shirts mit dem neu kreierten Logo der AG in Auftrag. Daneben wird für den letzten Schultag, der immer mit einer gemeinsamen Schulveranstaltung endet, eine Modenschau geplant. Das Freiburger Modegeschäft leiht uns dazu verschiedene Kleidungsstücke aus. Models werden gesucht – was nicht ganz leicht ist, da man sich vor der gesamten Schulgemeinde darstellen muss –, Musikstücke für die Auftritte ausgewählt, Texte für die Moderation entworfen.
Ein positiver Nebeneffekt der Modenschau, die auf die Möglichkeit fair gehandelter Kleidung hinweist, ist der große Zuspruch. Die AG bekommt neue Mitglieder. Außerdem wird das Selbstwertgefühl der Jugendlichen gestärkt und sie erkennen, dass sie im Kleinen etwas bewirken können.

Umweltschutz

Für ein weiteres Thema lassen wir uns bei einem Auftritt von Mitgliedern der »Escuela comedia y el mimo, Granada« aus Nicaragua inspirieren. An dieser Schule werden Jugendliche aus schwierigen Verhältnissen in Schauspiel, Mimik und anderen Zirkuskünsten ausgebildet. Neben der tollen Aufführung, die wir in Deutschland miterleben dürfen, erfahren wir unter anderem, dass die Jugendlichen als »Trash Devils und Recycling Angels« in selbst hergestellten Kostümen aus Müll an ihrem Karnevalsumzug teilnehmen. (Nähere Informationen unter www.escueladecomedia.org) Wir finden diese Idee äußerst vorbildlich und nachahmenswert und fangen an, Müll zu sammeln. Wenige Wochen später stapeln sich in der Schule Berge von Müllsäcken. Von allen Seiten werden wir schief angeschaut und ernten fragende Blicke. Doch vieles, was bei uns weggeworfen wird, kann man recyclen: Aus Getränkeverpackungen entstehen Röcke und Kleider, Plastiktütenteile werden zu Engelsflügeln, Staniolreste zu Heiligenscheinen, die Pappmaschee-Masken werden aus Altpapierresten hergestellt.
Auf dem Rosenmontagsumzug der Denzlinger Narrenzunft machen wir mit unseren Müllteufeln und Recycling-Engeln und den Transparenten,

die auf unsere Anliegen hinweisen, vor mehreren Tausend Zuschauern Werbung für Umweltschutz und Wiederverwertung von Rohstoffen.
Einige Wochen später sind wir an der Vorbereitung und Durchführung des Misereor-Gottesdienstes der Pfarrgemeinde beteiligt, dessen Thema »Gottes Schöpfung bewahren – damit alle leben können« lautet.
Am Ende des Schuljahres veranstaltet die Eine-Welt-AG einen Wettbewerb: Gesucht wird die »verkorkteste« Klasse des Gymnasiums. Es geht darum, möglichst viele Korken zu sammeln, aus denen später in einer Behindertenwerkstätte Dämmmaterial hergestellt wird. (Auch hier eine Adresse: www.diakonie-kork.de) Eine 5. Klasse wird schließlich mit dem Korkpokal ausgezeichnet: Innerhalb weniger Wochen hatte diese Klasse über 5000 Korken gesammelt.

Benefizveranstaltung für die Flutopfer in Pakistan

Sommerferien 2010. Das Telefon klingelt. Eine Schülerin der Eine-Welt-AG meldet sich. Die verheerende Flutkatastrophe in Pakistan beschäftigt sie: ***»Könnten wir nicht mit der AG etwas machen? Vielleicht ein Benefizkonzert? Ich habe schon mit Tanja und Vanessa gesprochen ...«***
Ich bin begeistert vom Engagement der Schülerinnen, aber zugleich melden sich Zweifel: Ist das von einer AG zu leisten? Wäre Bewusstseinsbildung nicht besser als Aktionismus? Lohnt sich der zu erwartende Aufwand? Außerdem gebe ich zu bedenken, dass eine Benefizveranstaltung möglichst zeitnah durchgeführt werden sollte, damit das Anliegen noch in den Köpfen der potenziellen Zuschauer präsent ist.

Sechs Wochen später erleben 180 begeisterte Besucher in der gut gefüllten Aula ein buntes Programm. Verschiedene musikalische Beiträge wechseln sich mit Tänzen ab. Die Theater-AG bringt ein kurzes Stück zur Aufführung, eine Schülerin überrascht das Publikum mit der Fähigkeit, zu jedem ihr zugerufenen Wort auf Anhieb die Buchstabenanzahl zu nennen. Den Abschluss bilden eine spektakuläre Chemie-Show und eine mitreißende Schülerband.
Organisiert wird der Abend von den 24 Mitgliedern der Eine-Welt-AG. Sie übernehmen die Moderation des Abends, Beleuchtung und Tontechnik, Verkauf von Speisen, Getränken und fair gehandelten Waren. Dazwischen wirkt die eine oder der andere immer wieder am Programm mit.

Im Nachhinein fällt es mir leicht, die anfänglichen Bedenken kritisch zu reflektieren:

1. *Kann eine schulische Arbeitsgemeinschaft eine Veranstaltung in dieser Größenordnung organisieren?*

Von der Planung bis zur Durchführung ist einiges an Organisationsaufwand zu betreiben (siehe Checkliste Benefizveranstaltung). Auch an praktischer Arbeit mangelt es nicht. Das Beeindruckende an der Benefizveranstaltung für die Flutopfer in Pakistan, die wir mangels Programmpunkten 3 Wochen vor der letztendlichen Durchführung beinahe abgesagt hätten, ist das Erleben einer schier unfassbaren Solidarität und Hilfsbereitschaft in der heißen Phase der Vorbereitung. Jeder und jede in der Eine-Welt-AG hat jemanden gekannt, der bereit gewesen ist, sich ebenfalls zu engagieren. Beispielsweise war die Tanzgruppe, in der eine Teilnehmerin der AG mittanzt, sofort bereit einen Programmpunkt zu übernehmen. Dasselbe war beim Ökumenischen Jugendchor der Fall. So ist ein zweistündiges äußerst vielfältiges Programm mit 70 Mitwirkenden zustande gekommen. Die Jugendlichen und jungen Erwachsenen der AG, die sich bei ihrer Tätigkeit als Bäcker, Werbefachleute, Spendensammler u. v. m. betätigt haben, sind bei ihrer Arbeit auf vielerlei Weise unterstützt worden, etwa durch die Mithilfe eines Sportkurses beim Stuhlen der Aula, durch die Hausmeister bei technischen Fragen oder Tipps der Sekretärin.

Fazit: »Wer in den kleinsten Dingen zuverlässig ist, der ist es auch in den großen« (Lk 16, 10). Wenn man durch die Schulleitung, Hausmeister etc. unterstützt wird und als begleitender Lehrer den Schülern mit Rat und Tat zur Seite steht, können auch große Veranstaltungen geschultert werden!

2. *Wäre Bewusstseinsbildung nicht besser als Aktionismus?*

Schon zu Beginn sind wir mit Bedenken konfrontiert worden, dass wir uns für ein Land engagieren, das häufig mit islamistischem Terror in Verbindung gebracht wird. Daneben steht immer die kritische Anfrage, ob die Spendengelder tatsächlich bei den Bedürftigen ankommen. Daran zeigt sich, dass die Öffentlichkeitsarbeit äußerst wichtig ist. Potenziellen Spendern muss das Anliegen der Aktion klar sein. Im Mittelpunkt stehen die bedürftigen Menschen. Wenn man über persönliche Kontakte verfügt und/oder mit einer zuverlässigen Organisation kooperiert, wird das geplante Projekt Vertrauen und Unterstützung erfahren. Im Zentrum unseres bunten Programms stand vor diesem Hintergrund ein medienunterstützter Vortrag des Öffentlichkeitsreferenten von Caritas International. Die Zuschauer sind darin über die aktuelle Lage im Krisengebiet sowie die verschiedenen Hilfsprojekte informiert worden.

Fazit: »Ihr sollt Frucht bringen in jeder Art von guten Werken« (Kol 1,10). Bewusstseinsbildung und helfende Aktion sollten sich gegenseitig ergänzen. Wenn wir unser Handeln an Jesus orientieren wollen, können wir uns nicht aus der Verantwortung stehlen, Bedürftige mit Wort ***und*** Tat zu unterstützen.

3. Lohnt sich der Aufwand für eine solche Veranstaltung?

Im Rückblick ist die Benefizveranstaltung für die Flutopfer in Pakistan ein voller Erfolg gewesen. Dies will ich keineswegs nur an dem ansehnlichen Geldbetrag, der als Erlös des Abends herausgesprungen ist, festmachen. Für die mit der Organisation beschäftigten Schülerinnen und Schüler hat auch gezählt, dass auf die Katastrophe nach der Katastrophe in Pakistan aufmerksam gemacht und das Leid der Menschen nach Abflauen der medialen Berichterstattung nicht vergessen worden ist. Dies ist unter anderem durch mehrere Pressebeiträge gelungen, die in Wort und Bild von der Veranstaltung berichteten. Ebenso halte ich es für wichtig, dass das Engagement der Eine-Welt-AG von einer großen Zuschauerzahl wahrgenommen und geschätzt worden ist. Jede und jeder Einzelne konnte in verschiedensten Situationen Kompetenzen zeigen, die sonst im Schulalltag seltener gefordert sind, z. B. die Organisation der Getränke oder Bedienung der Lichttechnik. Die erfolgreiche Bewältigung dieser Herausforderungen stärkt die Jugendlichen und macht ihnen bewusst, dass sie nach dem Prinzip »Global denken, lokal handeln« durchaus die Welt positiv verändern können. Durch die gemeinsame Arbeit an diesem jeden fordernden Projekt ist nicht zuletzt der Zusammenhalt innerhalb der AG gestärkt worden.
Aus Lehrersicht ist die Organisation und Durchführung der Benefizveranstaltung ein gelungenes Projekt fächerübergreifenden und sozialen Lernens gewesen. Es war beeindruckend zu sehen, was die Schülerinnen und Schüler in dieser kurzen Zeit auf die Beine gestellt haben.

Fazit: »Gebt ihr ihnen zu essen!« (Mt 14,16)

Wenn ich das Wohl anderer Menschen im Blick habe, lohnt sich jeder Aufwand.

→ M1 enthält eine Checkliste für die Durchführung einer Benefizveranstaltung.

Andreas Bächlin

Eltern als Adressaten von Schulpastoral

Eltern kommen im Praxisfeld Schulpastoral kaum vor und werden nur selten eingebunden. Eltern mögen vielleicht nicht die ersten Adressaten von Schulpastoral sein, und man möge genauso vorsichtig damit umgehen, sie bedenkenlos zu Trägern von Schulpastoral zu machen, aber als Kooperationspartner sind Eltern und Familien unverzichtbar. Der folgende Beitrag gibt von der ignatianischen Spiritualität her kommend Impulse für ein schulpastorales Konzept, das Eltern als Kooperationspartner begreift.

Situation

Von der ignatianischen Spiritualität und Pädagogik herkommend, ist es mir ein Anliegen, auf den hohen Wert der Erziehungsgemeinschaft zwischen Elternhaus und Schule hinzuweisen. Dies nicht nur im Hinblick auf die allgemeine Bildung und die Lernleistungen der Schüler, wo nach wie vor familiäre Faktoren einen ungleich höheren Einfluss auf junge Menschen ausüben als Faktoren des schulischen Umfeldes. Noch weit mehr bedarf es einer aufeinander abgestimmten Erziehungsgemeinschaft, da gerade in Bezug auf die Persönlichkeitsentwicklung, die Werteorientierung und die politische und nicht zuletzt die religiöse Bildung anzunehmen ist, dass die Einflüsse des Elternhauses hierbei noch entscheidender sind. Für die Schulpastoral bedeutet das: Religiöse Erziehung und Bildung gegen die Eltern kann nicht gelingen.[1] Ja, religiöse Erziehung und Bildung bewirkt nur dann etwas Positives in Kindern und Jugendlichen, wenn die Grundüberzeugungen ihrer Eltern auch im schulpastoralen Kontext wertgeschätzt werden, wenn Eltern auf die eine oder andere Weise an schulpastoralen Angeboten beteiligt werden und nicht zuletzt, wenn wahrgenommen wird, bei welchen familiären The-

---

[1] Vgl. dazu Schmälzle 1997, a. a. O., S. 81 ff. »Ein Religionsunterricht, der den Konflikt zwischen fernstehenden Eltern und Kirche verschärft, der gegen die Familie erzieht, provoziert in Kindern und Jugendlichen Beziehungsängste, Misstrauen und Fluchtreaktionen« (ebd., S. 82) – dasselbe gilt meines Erachtens auch für die Schulpastoral.

men oder Problemen sowohl Schüler als auch Eltern Orientierung suchen, um Rat fragen und Unterstützung benötigen. Mit anderen Worten: Schulpastoral kann und soll einen Beitrag dazu leisten, im Kontext von Bildungsbemühungen mit Eltern zu kooperieren und sie bei deren Erziehungstätigkeit begleiten, was vor allem dort geschieht, wo das Verständnis füreinander und die Kommunikation untereinander, also zwischen Schülern, Lehrern und Eltern, gefördert werden.

Praxisbeispiel

Eine Gruppe von Eltern trifft sich etwa alle zwei Monate mit mir als Kollegsseelsorger. Wir beginnen mit Stille und einem Gebet in der Krypta, essen eine Kleinigkeit miteinander, tauschen uns aus über Erziehungsfragen, religiöse und spirituelle Themen und schließen mit einem Tagesrückblick in Form des Gebetes der liebenden Aufmerksamkeit[2] wiederum in der Krypta. Aus dieser Gruppe stammt die Initiative, im Frühjahr 2011, Lehrer, Erzieher und Eltern (vorrangig von Schülern der Klassen 8 und 9) gemeinsam zu einem pädagogischen Tag einzuladen. Diese Veranstaltung wird in unserer Oberkirche, die zugleich als Schulaula genutzt werden kann, mit einer Eröffnung beginnen, bei der die Teilnehmer ins Thema eingeführt werden: »Bewältigung von Entwicklungsaufgaben – eine Herausforderung für Jugendliche und Erwachsene«. Daran schließen sich vier Grundsatzreferate an, die von externen Fachleuten gehalten werden (1. zum Umgang mit neuen Medien, Fragen zur Internetsucht, 2. zum Umgang mit Alkohol, Nikotin, leichten Drogen und stofflichen Süchten, 3. zum Umgang mit Frühdiabetes und Fragen zum Ernährungsverhalten, 4. zum Umgang mit dem Aufmerksamkeits-Defizit-Syndrom verbunden mit Hyperaktivität). Die Referenten bieten im Folgenden jeweils zweimal einen Workshop an, so dass die Teilnehmer sich etwas intensiver mit zwei verschiedenen Themen auseinandersetzen können. Der inhaltliche Teil wird in einem Plenum zusammengefasst, ehe wir in unserer Krypta miteinander die Hl. Messe feiern. Den Abschluss der Veranstaltung wird ein gemeinsames Essen bilden. Beden-

---

2 Zum Gebet der liebenden Aufmerksamkeit vgl. J. M. Steinke, Wie Beten geht, Freiburg i. Br. 2004, S. 57–62 und W. Lambert, Beten im Pulsschlag des Lebens: Gottsuche mit Ignatius von Loyola. 3. Aufl., Freiburg i. Br. 2000, S. 212–311.

kenswert an einer solchen Veranstaltung ist, dass sie in Kooperation mit Eltern entstanden ist und geplant wird und dass sich Lehrer, Erzieher und Eltern gemeinsam mit einem Thema beschäftigen, in dem zum Ausdruck kommt, dass sie eine Erziehungsgemeinschaft sind und es immer mehr werden müssen.

Philipp Görtz

Eltern für Eltern

Waltraud Bayer, Fachlehrerin an der Karl-Berberich-Schule in Bruchsal, einer Schule mit einem Ganztagesangebot für rund 90 Schüler und Schülerinnen mit einer geistigen Behinderung, hat im Rahmen ihrer berufsbegleitenden Weiterbildung zur Schulseelsorgerin erkannt, wie wichtig es ist, dass die Eltern an der Schule eine unbelastete Anlaufstelle haben, wo Fragen und Probleme Gehör finden und persönliche Erfahrungen besprochen und ausgetauscht werden können. Die nachfolgend beschriebene Projektidee möchte dazu ermutigen, solche schulpastoralen Anlaufstellen mit variierenden Fragestellungen auch für andere Schulformen ins Auge zu fassen.

Anliegen und Motivation

Schule nimmt die Kinder in den Blick – das ist ihr Auftrag. Doch oft geraten dabei die aus dem Blick, die für die Kinder selbst vielleicht am wichtigsten sind: die Eltern. Im Laufe meiner Schulpraxis habe ich immer wieder erlebt, dass sich Ehepaare trennen, da die Partner von sozialer Isolation und auch Unverständnis in den eigenen Familien berichten. Vor allem Mütter sind oft physisch und psychisch sehr belastet, wenn sie jahrelang ein behindertes Kind intensiv begleiten. Zweimal musste ich erfahren, dass sich Mütter das Leben genommen haben. Professionelle Beratung wird von vielen Seiten angeboten: Kinderärzte, Sonderpädagogen, Therapeuten usw. – doch wo ist ein Ort und eine Möglichkeit, den seelischen Kummer anzubringen, die Sinnfrage und die Frage nach dem schmerzlichen »Warum« zu stellen? Unsere Schule soll und muss sich für die Sorgen und Nöte der Eltern öffnen, und ich wollte dieser Aufgabe einen besonderen Stellenwert im Lebensbereich Schule geben und entwickelte in einem längeren Prozess die Idee, »Themenabende« für Eltern anzubieten.

Themenabende für Eltern

Ich spürte, Eltern wollen zu ihren vielfältigen Fragen und Sorgen konkrete Stellungnahmen, authentische Antworten von kompetenten Gesprächspartnern. Eltern können und sollen solche Themenabende aus ihren Bedürfnissen heraus bestimmen. Meine Aufgabe ist es, Fachreferenten zu finden und einzuladen bzw. das gewünschte Thema entsprechend vorzubereiten und Fachliteratur zu sichten und Informationen einzuholen.
Das »Wohlfühlen« an einem solchen Abend ist wesentlich und wird auch von den Anwesenden als angenehm empfunden (Blumenschmuck auf Tüchern in der Kreismitte, Teelichter oder Kerzen, Trinken und Knabbereien). Eltern sollen spüren: »Hier ist ein Ort, wo ich mich öffnen kann und verstanden werde.«
Neben den Informationen ist ein wesentlicher Bestandteil eines solchen Abends der Austausch im Gespräch, dem genügend Raum geboten werden sollte. Dieses Bedürfnis war bei jedem Treffen zu spüren. Das Angebot von Einzelgesprächen wurde vor allem von einer Mutter wahrgenommen, die sich in diesem Rahmen besser öffnen konnte. Folgende Ziele konnte ich umsetzen:

Zielsetzungen des Angebotes

- Eltern, vor allem Mütter, machen sich auf den Weg für neue Erfahrungen und Austauschmöglichkeiten.
- Sie können offen, in einem geschützten Rahmen, über ihre Nöte, persönlichen Bedürfnisse und Wünsche sprechen.
- Es gibt eine Gesprächsebene außerhalb pädagogischer und schulischer Maßnahmen (z. B. Förder- und Entwicklungspläne).
- Die Eltern haben das Gefühl, »hier tut mal jemand was für mich«, – »ich kann es mir gut gehen lassen«, – »ich werde ernst genommen und verstanden«.
- Eine Atmosphäre entsteht, in der die Eltern sich eingeladen fühlen. Sie finden Kraftorte und Kraftquellen in schweren Zeiten, um daran zu wachsen und nicht zu zerbrechen.
- Es entstand der Wunsch, weiterzumachen und noch mehr Eltern zum Kommen zu ermutigen.
- Die Anwesenden formulieren ihre konkreten Wünsche und Bedürf-

nisse als Dokument (Stellwand mit Plakaten) zum Reflektieren und Ergänzen.
- Der Anfang mit einer kleinen Gruppe von vier Personen brachte eine Vielfalt an Ideen und Wünschen hervor.

Rückblick und Ausblick

Da ich bei der Durchführung mit zeitlichen Problemen meine Schwierigkeiten hatte und auch etwas enttäuscht war, was die Anzahl der Personen an den ersten beiden Elternabenden und die Häufigkeit der Treffen anbetraf, konnte ich doch feststellen, dass das geplante Vorhaben und die Reaktionen der Eltern sehr ermutigend und bedeutsam sind für die weitere Projektarbeit.
Die beteiligten Mütter gaben ermutigende Rückmeldungen:
- »Endlich gibt es mal etwas, worüber wir außerhalb von Förder- und Bildungsplänen reden können«;
- »Frau B., Sie verwöhnen mich«;
- »Ich wünsche mir, dass doch viel mehr Eltern von diesem Angebot Gebrauch machen, ich werde es weitersagen«;
- »Hier werde ich verstanden, weil wir doch alle das gleiche Schicksal haben«;
- »Ich werde auch einmal gefragt, wie es mir selber geht«;
- »Warum gab es diese Angebote nicht schon früher?«

Auf die Fortführung dieses Projektes freue ich mich zusammen mit den Eltern. Es ist eine Bestätigung für die Seelsorgearbeit an unserer Schule, d. h. wir müssen diese »Lücke« unbedingt füllen. Eltern sollen spüren und erfahren, dass ihnen ihr behindertes Kind nicht »zugemutet« wird, es wird ihnen »zugetraut.« Ich denke, wir dürfen von einem gelungenen Start dieser Pionierarbeit sprechen. Es gibt nicht nur den schulisch-pädagogischen Dialog zwischen Eltern und Lehrern, es gibt jetzt auch eine persönliche Begleitung, die diese Arbeitsebene aufbricht und sich existenziellen, menschlichen Fragen und Problemen widmen kann.

→ M2 bietet ein Raster zur konkreten Umsetzung, drei Modelle für Elternabende ergänzen diesen Beitrag.

Waltraud Bayer

Gottesdienstworkshop

Die gottesdienstliche Praxis im schulischen Umfeld lebt von der Mitwirkung vieler. Das stellt die Verantwortlichen aber oft vor organisatorische und zeitliche Probleme, denn diese Arbeit muss neben dem »Alltagsgeschäft« erledigt werden. So wurde die Idee geboren, die Projekttage am Schuljahresende zu nutzen und am Martin-Schongauer-Gymnasium in Breisach ein Projekt »Schuljahresabschlussgottesdienst« anzubieten.

Projektbeschreibung

Die Ausschreibung bezog sich auf Schüler/-innen der Mittel- und Oberstufe, die ein Instrument beherrschen. Der zeitliche Rahmen, der zur Verfügung stand, waren drei Vormittage, als Raum hatten wir uns den Musiksaal gewünscht und bekommen, um Flügel und Rhythmusinstrumente verwenden zu können. Teilnehmer waren zwei Schüler aus der 10. Klasse und vier aus der Oberstufe.

Das Thema war schnell gefunden: »Wir singen und tanzen für Gott«.

Denn die Teilnehmer wollten auch die Ergebnisse anderer Projekte miteinbeziehen. Besonders die Projekte »Mundharmonikaspielen«, »Salsa«, »Cajonbau« und »Jonglieren« fanden ihr Interesse. Nun musste nur noch ein passender Rahmen gefunden werden. Der bot sich in dem Lied »Der Gaukler« an, bei Youtube wunderschön von der Gruppe »Duo Camillo« vertont. Die Schüler erarbeiteten sich nun die Klavierbegleitung und die Singstimme. Dazu verwendeten sie auch ihre Freizeit und das Wochenende.

Das Lied erzählt die Geschichte des Gauklers, der nur tanzen und akrobatisch springen kann und sich im Alter in ein Kloster zurückzieht, wo er mit den Gebeten und Gesängen der Brüder nicht zurechtkommt. Er fühlt sich unwürdig. Eines Abends jedoch möchte er Gott auf seine Weise loben und schleicht sich in die Kirche, wo »er tanzt und springt, so wild er kann … ja, er tanzt mit Leib und Seele …« und wird prompt von einem Mönch beobachtet und zum Abt gebracht, der diesen Auftritt nicht als Frevel, sondern wahre Hingabe an Gott erkennt und nun darf der Gaukler »mit Leib und Seele tanzen« bis der Glanz in seinen Augen von der Liebe Gottes singt.

In einem zweiten Schritt wurde überlegt, wie der Schulgemeinschaft die Deutungen, die beim Hören des Liedes gekommen waren, vermittelt werden können. Dabei wollten sich die Schüler an den liturgischen Rahmen eines Wortgottesdienstes halten.
Im dritten Schritt wurden die passenden Lieder ausgesucht, wobei auch der Wunsch, Lieder von Taizé zu singen, laut wurde. (Die Erfahrung war sehr prägend. Einige Schüler fahren seither regelmäßig dorthin.)
Die Liedauswahl war fast ebenso schwierig wie die Formulierung der Texte, denn die Schüler wollten eine runde Sache.
Nun wurden die Teilnehmer der anderen Projekte aufgesucht und gebeten, im Gottesdienst aufzutreten. Die Mundharmonikagruppe erklärte sich bereit, das Intro und Extro zu übernehmen, die Salsadamen, die überraschend in die Kirche getanzt kamen, waren die Überleitung zum Gaukler- »so ein Tanz in der Kirche?«,- die Jongliergruppe begleitete die Ansprache, und das Cajon unterstützte Gitarre und Klavier beim Schlusslied »Laudato si«.
Kyrie, Fürbitten und Ansprache formulierten die Schüler selbst. Ihr Ringen um die richtigen Worte war ein sehr spannender Prozess. Der letzte Schritt war eine Probe in der Kirche.

Beobachtungen

Die Schüler/-innen haben sich sehr intensiv mit der Thematik auseinandergesetzt, die das Lied anspricht: Leistung, Gemessenwerden, Fähigkeiten, Kompetenzen, Anpassung, Scheitern. Ausführlich wurde über diese Dinge und Erfahrungen aus dem eigenen Umfeld diskutiert. Die Erkenntnis, die der Gaukler gewinnen darf, dass vor Gott andere Maßstäbe als vor den Menschen gelten und jeder mit dem, was er kann und auch nicht kann, vor Gott treten darf, wollten sie gerne weitergeben, vor allem denjenigen, die das Schuljahr nicht so erfolgreich beendet haben. Entsprechend formulierten sie ihre Fürbitten und arbeiteten sehr lange an der Ansprache. Da sie freie Hand hatten, engagierten sich die Teilnehmer weit über das geforderte Maß hinaus, sie setzten sich viel intensiver mit dem Thema auseinander und wogen jedes Wort, jedes Lied, jeden Ton

sehr genau ab. Auch in den früheren Gottesdiensten formulierten Schüler die Fürbitten, aber diese Identifikation fehlte immer.
Der Gottesdienst selbst war eine beachtliche Leistung der Schüler/-innen. Sie begleiteten in kreativer Weise die Lieder, sprachen alle Textpassagen selbst. Besonders beeindruckend war das als Solo vorgetragene Gesangsstück vom Gaukler, der Refrain wurde von allen Gottesdienstbesuchern mitgesungen und erwies sich als Ohrwurm. Der Applaus am Ende war berechtigt. Der größte Erfolg war aber sicher die volle Kirche und die stattliche Zahl an Oberstufenschülern, die sich auf den Weg gemacht hatten, die Ergebnisse ihrer Mitschüler mitzuerleben!

Zusammenfassung

- Die Schülerinnen und Schüler haben die Verantwortung, die ihnen zugetraut wurde, angenommen und sehr engagiert erfüllt.
- Es ergaben sich sehr große Beteiligungsmöglichkeiten für die Schüler/-innen.
- Die Reflexion der angesprochenen Themen fand auch in der Freizeit und am Wochenende statt.
- Die Akzeptanz bei den Mitschülern war sehr hoch.
- Die Begeisterung hält noch an:Es wird auch dieses Jahr auf Wunsch der Schüler/-innen dieses Projektangebot geben.

→ M3 stellt eine Verlaufsübersicht und die genannten textlichen Elemente zur Verfügung.

Gabriele Müller-Blechschmidt

Kunst begegnen

Ist es sinnvoll, Schüler/innen im Rahmen der Schulpastoral mit ›Kunst‹ in Kontakt zu bringen? Der Autor weist in seiner Antwort darauf hin, dass die Begegnung mit ›Kunst‹ ähnliche Erfahrungen ermöglicht wie der christliche Glaube: nämlich in einer sensiblen Begegnung mit dem, was mich herausfordert und irritiert, Sinn und Bedeutung zu finden. Begegnung mit der Kunst kann gerade in der Schulpastoral an Orten geschehen, die über den schulischen Rahmen hinausreichen. (Kirchen, Ausstellungen, Museen, ...)

Didaktische Überlegungen: Welches Interesse leitet mich?

Zu beachten scheint mir, dass jede künstlerische Äußerung einen ***Selbstzweck hat***, der sich einer eindimensionalen, gar kurzschlüssig verzweckenden Indienstnahme grundsätzlich verweigert. Es ist sehr wichtig, gerade dieses Spezifikum stets zu beachten und fruchtbar zu machen. Denn wo diese Selbstzwecklichkeit in den Blick gerät, dort kann bei den Schülerinnen und Schülern eine ***Qualität von Begegnung*** gefördert werden, die auch im Kontakt mit den christlichen Glaubensinhalten von grundlegender Bedeutung ist. Denn die Glaubensinhalte, etwa das Credo oder ein Vers aus der heiligen Schrift, sind gleichsam ›ästhetische Objekte‹, die auf einen je individuellen, sensiblen Prozess der Begegnung und komplexen Anneigung abstellen und so die Freiheit des Einzelnen herausfordern und fördern.

Ein ***handlungsleitendes Interesse*** für den Umgang mit Kunstwerken im Rahmen der Schulpastoral könnte daher so formuliert werden: Durch eine ästhetisch aufmerksame und zu Irritationen fähige Begegnung mit Kunst soll bei den Schüler/innen eine ***Basisfähigkeit im Umgang mit den Inhalten des Glaubens gefördert und erlernt werden***. Zudem werden sie dafür sensibilisiert, ***Sinnfragen mit sinnlichen Eindrücken an einem bestimmten Ort zu einer bestimmten Zeit in Verbindung zu bringen***. Wo ein ›Kunstwerk‹ außerhalb der Schule konkret angeschaut, gehört, berührt, begangen, gelesen oder wie auch immer an sich herangelassen wird, dort kann ein ***Gespür dafür gefördert*** *werden, dass sinnliche Eindrücke Lernorte für Sinn- und Glaubensfragen* sein können. Wenn der Ort der Schule dafür verlassen wird, um etwas Neues, Unbekanntes an sich heranzulassen und es aufzusuchen, noch dazu im Rahmen schulpastoraler Projekte, die weniger stark vorstrukturiert sind als schulische Unterrichtseinheiten, dann können Freiheitsgrade, kreative Initiative und Lust am Entdecken bei den Schülern gefördert und gestärkt werden.

Damit wird aber auf analoger Ebene berührt, was die Selbstoffenbarung Gottes in Jesus Christus zuinnerst kennzeichnet. Denn auch die Gestalt Jesu Christi als Referenzpunkt aller sich christlich begreifenden Religionsdidaktik und aller Pastoral zumal ist kein abstrakter, sinnenferner Gedanke. Vielmehr ist das Ereignis Jesu Christi ein sich in Raum und Zeit geschichtlich offenbart habender und sich je neu erfahrbar machender Ausdruck der unbedingten Güte Gottes gegenüber aller geschaffenen Welt, die ihrer Vollendung entgegen geht. Von daher eignet *allem genuin Christlichen* eine raum-zeitliche, geschichtliche Ereignisstruktur. Dieses Ereignis zielt wesentlich und immer neu auf die freie Aneignung durch den einzelnen Menschen ab. Sich einem Ereignis ganz individuell, in einem Prozess in Freiheit stellen, gerade das tritt nun aber auf analoge Weise zutage in der ästhetisch sensiblen Begegnung mit Kunst.

Methodische Anregungen für den Umgang mit künstlerischen Äußerungen

Anhand der Betrachtung von Werken bildender Kunst sollen exemplarisch einige Hinweise gegeben werden, die für andere Formen ästhetischer Aneignung (Hören, Berühren, Lesen, Begehen usw.) in entsprechender Weise gelten können.

1. Die Erstbegegnung verlangsamen und einen Fokus anbieten

Heutige Schüler sind Videoclips mit schneller Bildfolge gewöhnt, jedoch keine geduldige Betrachtung von Kunstobjekten in einem Ausstellungsraum. Von daher ist es ratsam, etwa folgende Fragen zu stellen bzw. Anregungen zu geben:

- Nimm dir drei Minuten Zeit, in Ruhe genau hinzuschauen. Wenn es dir zu anstrengend wird, dann mach einfach eine Pause. Achte besonders darauf, was du Neues entdeckst!
- Wenn du einem Blinden genau beschreiben müsstest, was du siehst, was würdest du dann Stück für Stück sagen? Achte darauf, womit du beginnst! Was beschreibst du besonders?
- Welche Farben siehst du in welcher Abstufung? Welches Verhältnis besteht zwischen den Farbtönen und den Farbflächen? (in gleicher Weise zu Pinselführung, Thema, Material, Abstraktionsgrad usw. möglich)

2. *Einen mehrdimensionalen Zugang fördern*

Folgende Fragen können helfen, dem ästhetischen Objekt mehrdimensional zu begegnen:
- Woran erinnert dich dieses Bild? Kennst du andere ähnliche Bilder? Zu welcher Zeit könnte es entstanden sein?
- Welche Gefühle löst das Kunstwerk bei dir aus? Was an dem Bild führt dazu?
- Nimm die Haltung der dargestellten Personen ein. Wie fühlt es sich an in der Körperhaltung?
- An welchem Ort auf dem Bild würdest du gern sein, wo nicht?
- Welche Oberfläche kannst du erkennen, wie fühlt sie sich an? Woraus ist das Bild gefertigt?
- Wie ist das Kunstwerk mit dem Raum verbunden? Ist es relativ groß oder klein?
- Welche anderen Bilder sind noch da? Was verbindet die Bilder?

3. *Abwehr gestatten und als Prozess begreifen*

Auch wo Schüler ablehnend auf ein Kunstwerk reagieren, da hat schon ein Kontakt stattgefunden und ein Prozess des Umgangs damit hat begonnen. Dieser Prozess kann gefördert werden.
- Wenn du dem Künstler drei Sätze sagen könntest: Welche wären diese?
- Wenn dir das Kunstwerk nicht gefällt: Warum genau? Was könnte

der Künstler darauf antworten? Könnt ihr ein Rollenspiel/Interview dazu überlegen?
- Schreibe eine ablehnende Kritik für die lokale Zeitung und begründe auch warum!

4. Das Kunstwerk fortschreiben und verfremden

Folgende Anregungen können helfen, das Kunstwerk in je eigene Sinnbezüge und weiterführende Deutungen einzubeziehen:
- Wenn du selbst den Bildhintergrund oder Einzelheiten bestimmt könntest, wie würde das aussehen?
- Gibt es andere Farben, die du gern verwenden möchtest? Gestalte eine helle schwarzweiß Kopie des Bildes mit eigenen Farben!
- Gib dem Bild eine Überschrift!
- Was würdest du aus der Darstellung streichen, übermalen? In welcher Form?

Christoph Heizler

Laufend meditieren

Der folgende Beitrag beschreibt ein Angebot in der Männerarbeit. Für viele junge Menschen, aber auch für Eltern und Lehrkräfte ist Sport **der** Ausgleich zu den zumeist kognitiven Anforderungen des Alltags. Das vorgestellte Modell ist mit den für die konkrete Situation nötigen Abänderungen auch als Angebot der Schulpastoral denkbar.

»Die aber, die dem Herrn vertrauen, schöpfen neue Kraft, sie bekommen Flügel wie Adler. Sie laufen und werden nicht müde, sie gehen und werden nicht matt.« (Jesaja 40,31)

Situation

Ich bin leidenschaftlicher Läufer. Laufen ist für mich ein wichtiger Ausgleich zu meinem Beruf und seinen Belastungen. Ich laufe regelmäßig mehrmals in der Woche.
Schon oft ist es mir passiert, wenn ich das »richtige« Tempo (nicht zu schnell und nicht zu langsam) gelaufen bin, dass meine Gedanken ins Fließen kamen. Das Laufen »ging« quasi wie von alleine; ich kam mir vor, als ob ich getragen wurde – ganz ohne Kraftanstrengung.
Nach dem Laufen (ca. eine knappe Stunde) fühlte ich mich an Körper und Geist sehr erholt.
Dieser »flow« beim Laufen begeistert mich immer wieder. Ich kann dabei meine Gedanken kommen und gehen lassen, ich brauche nichts zu steuern, sondern nur zuzulassen. Das Einzige ist: aufmerksam meine Gedanken und Gefühle begleiten, ohne sie zu bewerten, und mich meinem guten richtigen Lauftempo anzuvertrauen.
Ich entdeckte, dass viele Themen des Laufens, eigentlich Erfahrungen beim Laufen, im Grunde auch Lebensthemen sind, z. B.: seinen (Lebens)-Rhythmus finden, in Balance kommen, Grenzen spüren und anerkennen, Grenzen hinausschieben, seinen Körper spüren, mit Schmerzen umgehen, den »flow« erleben und genießen, realistische Ziele stecken und erreichen, mit Scheitern umgehen lernen, neu anfangen, Natur genießen, …

Projektbeschreibung

Bei mir reifte die Idee, Männer zu einem Projekt »Laufend meditieren« einzuladen.
Männer, die laufen, Männer, die suchen, was ihr Leben trägt, Männer, die einen Zugang zu Sport und Spiritualität haben, waren meine Zielgruppe.
Nach Werbung in verschiedenen Medien startete an einem Montagabend in Lörrach das Projekt. Es kamen nicht so viele Männer zusammen, was mich nicht überraschte. Doch es bildete sich eine kleine Laufgruppe.
Der Ablauf sieht folgendermaßen aus:
Zu Beginn – ein kurzes Psalm-Wort mit einigen Impulsen meinerseits. Danach laufen wir ca. 30 Minuten in Stille, damit jeder Zeit hat, seine Gedanken zum Impuls kommen und gehen zu lassen. Die nächste halbe Stunde ist dann offen für Gespräche.
Nach Dehnübungen bilden wir einen Kreis, indem wir unsere Hände auf die Schulter der Nachbarn legen, und ich spreche ein Segenswort, das wir mit dem »How« (kommt aus der Kultur der Männergruppen und bezeichnet Zustimmung; entspricht dem Amen der Gottesdienste) bekräftigen.
Geplant hatte ich, dass wir in ca. vierwöchigen Abstand uns vor dem Laufen treffen, um über unsere Erfahrungen bzgl. der Impulse ins Gespräch zu kommen. Dies kam bis jetzt noch nicht zustande. Ich vermute, dass den Männern das Meditieren beim Laufen genügt. Dies ist für mich in Ordnung.
Mein Tipp: einfach mal selbst ausprobieren, wie laufen und meditieren zusammenpassen. Das Wichtigste ist, nicht zu schnell zu laufen. Wenn ich glaube, das richtige Tempo gefunden zu haben, dann noch einen »Tick« langsamer laufen und dann die Gedanken, Gefühle kommen und gehen lassen …

Literaturtipps

Murakami, Haruki, Wovon ich rede, wenn ich vom Laufen rede, bbt-Verlag 2010.
Kay, Warren A., Meditieren in Laufschuhen, Kamphausen-Verlag 2009.
Bauer, Michael, Die Seele läuft mit, Heyne-Verlag 2011.

Lebensrad – zur Mitte hin

Vor einigen Jahren entwarf Elisabeth Fuchs, Fachlehrerin der Mooslandschule Ottersweier (Lebenshilfe der Region Baden-Baden/Bühl/Achern e. V.) einen Kerzenständer für den Religionsunterricht. Er wurde aus Holz gefertigt und erhielt die Form eines Kreuzes innerhalb eines Kreises mit einem Durchmesser von 52 cm: das Lebensrad, wie es die Schüler schließlich nannten. Zwischenzeitlich wirkt diese Idee weit über ihren Ursprungsort hinaus, findet in der Erwachsenenbildung ebenso Anklang, wie es sich generell für alle Schulformen eignet, um dem schulpastoralen Alltag eine visuelle, in ihrer Symbolik vielschichtige Mitte zu geben.

Idee

Vor mehr als 15 Jahren wurde der erste »Holz-, Kreis-, Kreuz-, Radkerzenständer« in der Mooslandschule hergestellt und im Religionsunterricht eingesetzt.
Zum Einsatz dieses Werkstückes kamen den Schülerinnen und Schülern und Lehrerinnen und Lehrer immer mehr Ideen. Manchmal habe ich bei Fortbildungen dieses Werkstück als »Mitte« mitgenommen. Viele Teilnehmerinnen und Teilnehmer äußerten den Wunsch, ein solches Werkstück zu erwerben.
Die Nachfrage brachte uns in der Werkstufe auf die Idee, mehrere solcher Holzkerzenständer herzustellen. In dieser Produktionsphase prägten die Schüler den Begriff: Lebensrad
Inzwischen sind schon mehr als 100 »Lebensräder« in alle Himmelsrichtungen »gerollt« und werden bei Kindern, Jugendlichen und Erwachsenen gerne eingesetzt. Im Lauf der Jahre entstanden im Rahmen des Religionsunterrichts viele mögliche Ideen zur Anwendung des Lebensrades.

Einsatzmöglichkeiten des Lebensrades

- Das Lebensrad dient als Kerzenständer und konzentriert die Gruppe auf die Mitte.
- In einer Stuhlkreisrunde wird das Rad von einem Gruppenmitglied zum anderen durch die Mitte gerollt.
- Das Rad wird von einem zum anderen gereicht, dabei äußert jede/r, woran er denkt, wenn er dieses Rad in Händen hält.
- In der Fantasie wird das Lebensrad leicht zu Lenkrad, Sonne, Stern, Rad mit Speichen, Ventilator, ...
- Wenn das Rad in der Mitte der Gruppe auf dem Boden liegt, können gelbe Streifen oder längliche Blätter von jeder Person zur Mitte hingelegt werden. Dadurch entsteht eine Sonne oder eine Blüte.
- Durch Drehen des Kerzenständers, mit der Dornspitze nach unten, wird er zu einem Kreisel. Wird das Lebensrad als Kreisel eingesetzt, kann es zur Meditation führen. Dabei verwandelt sich das Kreuz in ein Lichtzeichen (Sonne/Stern).
- Das Lebensrad ist auch als Adventskranz verwendbar.
- Die vier Teile lassen sich als die vier Elemente deuten: Feuer, Wasser, Erde und Luft.
- Durch Unterteilung, 3 × 4 = 12, wird daraus das Jahr mit seinen 12 Monaten, die Uhr mit ihren 12 Stunden.

Bezugsadresse: Berufsschulstufe der Mooslandschule Frau Fuchs/Herr Kist, Mooslandstraße 9, 77833 Ottersweier, Tel: 07223/9373-0, Fax: 07223/9373-70, eMail: mooslandschule@lebenshilfe-bba.de

→ M4 Modelle für den Einsatz des Lebensrades

Mahlzeit! – Mahl-Zeit!

»Essen und Trinken« sind mehr als Nahrungsaufnahme. In einer Zeit, in der die Verweildauer an der Schule durch Ganztagesangebote erhöht wird, lohnt es sich in schulpastoraler Hinsicht durchaus darüber nachzudenken, wie das gemeinsame Essen in einem guten Sinne zur Mahlzeit werden kann, in welcher auch Gemeinschaft und Genuss eine Rolle spielen. Der vorliegende Beitrag nähert sich diesem Thema in grundsätzlicher Weise und bietet am Ende auch Beispiele für die praktische Auseinandersetzung mit dem Thema.

Hinführung

Wie der Mensch isst, so ist er. Diese Weisheit hat ihre Berechtigung und kann uns gerade in unserer Zeit nachdenklich stimmen. Denn mit den Problemen unserer Art des Essens werden wir vielfach konfrontiert. Dass auch die religiöse Glaubenspraxis etwas mit Essen und Trinken zu tun hat, sich darin widerspiegelt oder Einfluss darauf nimmt, ist ebenfalls unverkennbar. Vielfach werden Kochrezepte, Essverhalten, Genussverständnis und Mahlstil auch im Privatleben von der Religions- und Konfessionszugehörigkeit der Menschen mit bestimmt. In manchen Religionen wie dem Judentum, dem Islam oder auch Buddhismus erscheint dies so ausgeprägt, dass wir deren Angehörige an dem, was oder wie sie essen – oder auch wie sie fasten –, erkennen können. Das Christentum ist mehr noch als die genannten Religionen eine Speisereligion, weil ein Speiseritual – das Abendmahl – im Mittelpunkt der gottesdienstlichen Formen steht. Der Theologe Franz Mußner konnte sogar einmal formulieren: »Das Wesen des Christentums ist … miteinander essen.«

Miteinander essen …

Die Bedeutung des gemeinsamen Essens und Trinkens im Christentum liegt in den Schriften des Neuen Testaments begründet, vor allem im Leben und in der Botschaft Jesu selbst: Jesus lässt sich zum Mahl einladen; er lehrt beim Mahl; er geht von Mahlsituationen wie der Tischordnung aus, um seine Botschaft zu verkünden; er nimmt das Mahl als Bild für das von ihm verkündete Reich Gottes. Sein Vermächtnis drückt er in einem letzten Essen und Trinken mit seinen Freunden aus; beim Brotbrechen gibt er sich als der Auferstandene zu erkennen. Dabei stand bei Jesus nie das Essen und Trinken selbst im Vordergrund: Wir erfahren sogar relativ wenig von dem, was es jeweils zu essen oder trinken gab. Wichtig und einzig überliefernswert erschien den Evangelisten vielmehr das Mahlhalten und die Mahlgemeinschaften Jesu mit den Menschen seiner Zeit. Ist daher nicht das Zusammenkommen zum gemeinsamen Essen und Trinken und Miteinander-Kommunizieren auch heute noch der Ort und Zeitpunkt, an dem Christen etwas vom Wesen ihrer Religion erfahren und zum Ausdruck bringen? Und zwar nicht nur in der kultischen, gottesdienstlichen Form, sondern bereits im alltäglichen Essen und Trinken?

... auch in der Schule

Auch in der Schule? Kinder und Jugendliche brauchen und suchen verstärkt nach Orientierung – auch in Sachen Essen und Trinken. Im Zuge von Fast Food und Co. erleben viele Kinder und Jugendlichen keine Esskultur mehr und eine ganze Generation verlernt das Kochen. Gleichzeitig sind ernährungsbedingte Gesundheitsprobleme schon im Kindesalter auf dem Vormarsch. Zunehmend spielt daher in den Schulen das gemeinsame Essen eine wesentliche Rolle. Es hat Bedeutung aus verschiedenen Gründen; die Sorge um eine ausgewogene Ernährung ist hier ebenso zu bedenken wie das Einüben von Tischgemeinschaft, die in den Familien und Elternhäusern der Kinder zunehmend verloren geht. Das gemeinsame Essen kann darüber hinaus auch Anknüpfungspunkte zu religiösen Aspekten liefern: Miteinander teilen, aufeinander warten (vgl. 1 Kor 11,33), Genuss und Dankbarkeit, Verzicht und Solidarität, soziale Beziehung (auch über den Tisch hinaus), Umgang mit den Gaben der Schöpfung und den Mitgeschöpfen. All das sind Zeichen und Haltungen einer religiösen Einstellung, die aber in den vergangenen Jahrzehnten, bedingt durch die Selbstverständlichkeit des Essens und Trinkens, durch reichlich vorhandene Lebensmittel und beiläufiges Essen im wahrsten Sinne des Wortes (»lunch to go«) gleichsam unter den Tisch fiel und mitunter erst mühsam wieder kennengelernt werden muss. Auch da geben die verschiedenen Religionen und Kulturen, die inzwischen an vielen Schulen präsent sind, Möglichkeit der Anknüpfung. Nicht zuletzt spielt das gemeinsame Essen eine wichtige Rolle als Propädeutikum der Eucharistiefeier bzw. des Abendmahls.

Formen und Projekte

Neben einfachen Formen und Möglichkeiten wie etwa ein regelmäßig eingenommenes gemeinsames Frühstück in der Klasse oder das anlassbedingte Aufgreifen bestimmter Ausdrucksformen des Religiösen im Zusammenhang des Essens und Trinkens (Fasten; Speiseregelungen; Bedeutung der Lebensmittel; Gebet) kann man auch den Speiseraum (Mensa, Kantine, Cafeteria) selbst in den Blick nehmen. Wie lässt er sich so gestalten, dass die Bedeutung und Hochschätzung des gemeinsamen Essens und Trinkens auch zum Ausdruck kommt und erfahren wird? Vielleicht kann man es sogar so einrichten, dass sich die Schüler gemeinsam – auch die, die ihr mitgebrachtes Brot essen – zum Mittagessen in der Mensa o. Ä. treffen, um so die Bedeutung des Miteinanders zu erfahren.
Darüber hinaus kann man auch an besondere Projekte denken – als Tag oder sogar als Projektwoche gestaltet –, mit denen man der Bedeutung der »Mahl-Zeit« oder einzelner Aspekte des Essens und Trinkens nachspürt.

Genießen

Inhaltlich-theologisch: Kann Genießen Sünde sein? – »Kostet und seht, wie gut der Herr ist«: Essen und Trinken in der Bibel; verschiedene (Ess-)Kulturen; Widerwillen und Wohlgeschmack.
Praktisch: Geschmackstest und -vergleich (Sensorik); Einnehmen eines besonderen Essens (etwa im Zusammenhang mit einem Slowfood-Convivium: www.slowfood.de/slow_food_vor_ort).

Teilen und gastlich sein

Inhaltlich-theologisch: »Keiner is(s)t für sich allein«: Wer isst alles mit, wenn wir essen, wer bleibt außen vor? Soziale Beziehungen und Verantwortung, örtlich und weltweit. Fairer Handel. Gastlichkeit als christlicher Lebensstil.
Praktisch: Teilnahme an einer »Tafel« oder Suppenküche; Besuch bzw. Teilnahme an einer »Vesperkirche« bzw. ähnlichen Einrichtungen; Besuch eines christlichen Cafés oder Restaurants.

Verzicht

Inhaltlich-theologisch: Kennenlernen der Fastenpraktiken (Essensverzicht) und ihrer Begründung in den verschiedenen Religionen. Essensregeln der Kaschrut.
Praktisch: Für Schulküche (Tagesheim) einen oder zwei fleischfreie Tage anregen. Teilnahme an einer Fastenaktion.

Ökologischer Aspekt, Schöpfung

Inhaltlich-theologisch: Schöpfungstheologie; Bewahrung der Schöpfung als christliche Aufgabe; Tierhaltung; Lebensmitteldesign; Thema »Schöpfung« in der Liturgie.
Praktisch: Besuch einer landwirtschaftlichen Einrichtung.

Gottesdienst als Mahlgemeinschaft

Inhaltlich-theologisch: Mahl im Judentum (Sedermahl); Kennenlernen der Mahlgestalt der Eucharistie (Ursprünge der Eucharistie).
Praktisch: Besuch eines Bäckers/Winzers; Brotbacken für die Eucharistiefeiern der Schule.

Gesunde Ernährung

Inhaltlich-theologisch: Ess-Störungen; Gesundheit und Ernährung als Religionsersatz; Gesundheit als spirituelle Aufgabe.
Praktisch: Hinterfragung eigener Ernährung; Formen gesunder Ernährung.

Dank und Bitte

Inhaltlich-theologisch: Bedeutung des Tischgebets; verschiedene TG-Bücher; Erntebitte und Erntedank.
Praktisch: Selbst formulieren. Gestaltung eines Bittgangs an den Bitt-Tagen für die Schule bzw. mit der Gemeinde.

(Tisch-)Gemeinschaft

Inhaltlich-theologisch: Bedeutung der Tisch-Gemeinschaft; Gründe für Verlust. Möglichkeiten der Wiedergewinnung; Mahlgemeinschaft als endzeitliches Bild in den Religionen.
Praktisch: abschließendes Fest feiern, zu dem alle etwas beitragen, gemeinsam vorbereiten und zubereiten; einladen.

Ziele

Sensibilisierung für die religiöse Bedeutung des Essens und Trinkens:
Verständnis für kulturelle und religiöse Unterschiede im Essen: Befähigung zur interkulturellen Kommunikation
Beziehung zwischen Mahl und Gottesdienst erkennen

Zwei Beispiele

Thema MAHL-Zeit: Am Martin-Schongauer-Gymnasium in Breisach gibt es seit dem Schuljahr 2009/2010 eine Arbeitsgemeinschaft für besonders begabte und befähigte Schüler, die an einem gesellschaftswissenschaftlichen Wettbewerb teilnehmen. Diese Arbeitsgemeinschaft wird von einem Religionslehrer geleitet. Ziel dieser Arbeitsgemeinschaft ist eine grundständige Einführung in wissenschaftliches Arbeiten, die wissenschaftliche und persönliche Begleitung der Entstehung der Wettbewerbsarbeiten sowie die Vermittlung von methodischen und didaktischen Kompetenzen im Blick auf die Präsentation und das abschließende Kolloquium. Für das Schuljahr 2010/2011 wurde ein Projekt angeboten, bei dem interessierte Schülerinnen und Schüler eine Wettbewerbsarbeit rund um das Thema »MAHL-Zeit« im Rahmen des von den baden-württembergischen Kirchen ausgelobten Wettbewerbs Christentum und Kultur verfassen. Es handelt sich dabei um Blockveranstaltungen vor Ort und um Exkursionen, die mit einem Prüfungsblock abschließen.

Dass dies aber nicht nur eine Thematik für die älteren Schülerinnen und Schüler ist, sondern auch mit jüngeren möglich ist, zeigt zum Schluss das Beispiel eines Projekts in Berlin, das unlängst der Presse vorgestellt wurde: In Berlin-Mitte treffen bis heute viele verschiedene Kulturen und Religionen aufeinander: Die Schülerinnen und Schüler zweier 4. bzw. 5. Klassen der Grundschule am Arkonaplatz haben in den vergangenen Monaten mit den Projektleitern und ihren Lehrerinnen die Fastenrituale der Weltreligionen näher kennengelernt. Das erlernte Wissen wurde dabei künstlerisch umgesetzt und in gemeinsamen Aktionen gefestigt. Was bedeutet eigentlich Verzicht? Warum verzichten Menschen freiwillig auf Nahrung oder ungeliebte Gewohnheiten? Die teilnehmenden Kinder schlossen eigene Fastenvereinbarungen, sie machten Interviews mit Menschen auf der Straße, mit Fastenden, Freunden und Verwandten zum Thema, sie haben Rezepte für Fastenspeisen und Rezepte für das Fastenbrechen recherchiert und gemeinsam gekocht. Aus dem gedrehten Material der teilnehmenden Kinder ist nach ihren Ideen ein Film entstanden.

Empfehlenswerte Literatur

BrotZeiten. Essen und Trinken in Liturgie und Alltag, hg. von der Landesstelle der Katholischen Landjugend Bayerns, Bad Honnef-Rhöndorf 2000.

Fichtner, Ullrich: Tellergericht. Die Deutschen und das Essen – eine kritische Bestandsaufnahme, München 2006.

Fuchs, Guido: Gott und Gaumen. Eine kleine Theologie des Essens und Trinkens, München 2010.
»Gesegnete Mahlzeit?« Themenheft der Theologisch-praktischen Quartalschrift 1/2007.
Harris, Marvin: Wohlgeschmack und Widerwillen. Die Rätsel der Nahrungstabus, Stuttgart 1988.
Heindl, Ines: Studienbuch Ernährungsbildung. Ein europäisches Konzept zur schulischen Gesundheitsförderung, Bad Heilbrunn 2003.
Koscher & Co. Über Essen und Religionen. Hg. von Michael Friedlander und Cilly Kugelmann im Auftrag des Jüdischen Museums Berlin, Berlin 2009.

Guido Fuchs

Oasenraum – Raum der Stille

Das Konzept für den Oasenraum wurde von der Autorin im Rahmen der Weiterbildung zur Schulseelsorgerin in der Erzdiözese Freiburg entwickelt. Konzipiert wurde er als ein Raum, der für alle am Schulleben beteiligten Gruppen offen ist. Der Beitrag skizziert in Stichworten den Weg zu einem solchen Raum.

Inhaltliche Zielsetzungen

Ein Raum, der
- Stille
- Entspannung
- Sammlung
- ganzheitliches Arbeiten
- Tiefere Begegnung
- Rückzug
- Meditation

ermöglicht

Ein Raum, der
- Unruhe
- Lärm
- Schnelllebigkeit
- Hektik
- Aggressivität
- Konzentrationsstörungen

vermeiden hilft

Gesamtschulisches Nutzungskonzept

- Jede Lehrerin/jeder Lehrer kann hier während des Schultages Ruhe, Entspannung und Stille finden.
- Fantasiereisen haben hier ihren Ort.
- Entspannungs- und Konzentrationsübungen zur Vorbereitung auf Prüfungen.
- Gesprächskreise in besonderer Atmosphäre.
- Ein Raum für Einzelgespräche mit Schülerinnen/Schülern.
- Ein Raum für ganz persönliche kollegiale Gespräche.
- Entspannungspausen für Schüler/innen.
- Thematisch gestaltete Pausen in der Fasten- und Adventszeit.
- Ganzheitliches Arbeiten im Religionsunterricht.

- Ein Raum für Gebet und Meditation.
- Schülergottesdienste in kleiner Gruppe können hier gefeiert werden.

Anforderungen

- ruhige Lage im Haus
- Fenster sollten abzudunkeln sein
- atmosphärische Beleuchtung
- ansprechender Bodenbelag (z.B. Laminat)
- Raum kennzeichnen mit entsprechenden Verhaltensanweisungen
- Auslegen von Impulsen
- Auslegen eines dicken, leeren Buches für Gedanken und Bitten
- Klärung, wer die Verantwortung für den Raum übernimmt

Ausstattung

- Gestaltete Mitte
- Sitzkissen – Meditationskissen
- Kleine Ruhematten zum Liegen
- In warmen Farben abgetönte Wände
- Eine weiße Wand zum Projezieren von Bildern
- Eine gestaltete Wand als Oase (Kamele, Palmen etc.)
- Selbstgestaltetes Kreuz, selbstgestaltete Kerzen
- Gardinen (Schals)
- Grünpflanzen
- Abstellmöglichkeiten für Schuhe

Geschätzte Kosten – und wer sich daran beteiligen könnte

- Sitzkissen ca. 400 €
- Kleine Ruhematten ca. 250 €
- Wandfarben u. Zubehör ca. 100 €
- Mini-Anlage ca. 100 €

- Kleines Regal ca. 100 €
- Gardinen ca. 300–400 €
- Kleinmaterial (Pflanzen, Kerzen, Klangschale) ca. 100–200 €

Gesamtkosten geschätzt ca. 1350–1500 €

Zur Finanzierung beitragen könnten:
- Schulträger
- Förderverein der Schule
- Katholische und evangelische Kirchengemeinden

Elisabeth Wiesler

Oasentag

Im Zuge der Verkürzung der Schulzeit und aufgrund der Kosten, die mit Tagen der Orientierung verbunden sind, nehmen einige Schulen dieses Angebot nicht wahr. Die Verantwortlichen der Pfarrei St. Urbanus, Gelsenkirchen, bieten als eintägige Alternative einen Oasentag an.

Projektbeschreibung

An einem Oasentag lassen sich Schülerinnen und Schüler einige Stunden oder einen ganzen Tag auf ein Thema ein und setzen sich inhaltlich auseinander.
An vielen Schulen gibt es noch die Möglichkeit, bei »Tagen der religiösen Orientierung« außerhalb von Schule in einem Kloster oder Jugendbildungshaus eine Auszeit zu nehmen. Unsere Pfarrei bietet allen Schulen im Bistum an, einen Oasentag – individuell an die Bedürfnisse der Schule angepasst – durchzuführen. Es ist ein freiwilliges Angebot für Schülerinnen und Schüler außerhalb der Schulzeit. Konkret wurden von uns Abiturienten angesprochen und ihnen die Möglichkeit des Kennenlernens von Entspannungsformen gegeben: Autogenes Training, Progressive Muskelentspannung, QiGong, Fantasiereisen, …

Wichtige Eckpunkte für die Planung und Durchführung

- Räumlichkeiten außerhalb der Schule, jedoch gut zu erreichen.
- Ein Tag ohne Lehrer, mit zwei päd. Kräften
- Vorgespräch mit Kurs/Klasse zur Themenfindung
- Nachbesprechung mit Kurs/Lehrer
- Klärung von finanzieller Situation (Sach-/Personalkosten), Finanzierung Bistumsmittel, Pfarrei, Schulen.

Katrin Terlunen

Online-Kummerkasten

Ob Liebeskummer, Beziehungsfrust, Einsamkeit, Berufsärger – junge Menschen kennen vielfältige Anliegen, Sorgen und Probleme. So intendiert die Installation eines »Online-Kummerkastens« Schülerinnen und Schülern der Willy-Hellpach-Schule in Heidelberg die Eröffnung einer adäquaten und niederschwelligen Plattform, um anonym oder persönlich individuelle Anliegen zu formulieren, in der Gewissheit, dass diese vertraulich behandelt werden. Den Weg zu einer solchen schulpastoralen Anlaufstelle beschreibt der folgende Beitrag.

Beschreibung

Das Projekt »Online-Kummerkasten« gründet sowohl in der Heilssendung der Kirche als auch auf der in der jüdisch-christlichen Tradition stehenden Sicht des Menschen als Geschöpf und Abbild Gottes. Jeder Mensch hat eine unveräußerliche und unantastbare Würde; er trägt aber auch Verantwortung für sich und andere. Diese unveräußerliche Würde zu wahren – eine genuin christliche Aufgabe – ist der Kern des Projekts »Online-Kummerkasten«. Ein zentraler Leidgedanke bildet dabei die Frage Jesu an den blinden Bartimäus: »Was soll ich dir tun?« (Mk 10,51). Die hier evident werdende Aufforderung zur subsidiären und solidarischen Hilfe als adäquater Dienst am Mitmenschen liegt beiden Projekten zugrunde. Hinzu kommt das im Evangelium begründete Anliegen die Botschaft Jesu, die Option für Arme und Schwache, konkret werden zu lassen. Dies geschieht – wie Jesus in der Bartimäus-Perikope zeigt – bereits im Schenken von Zuwendung und Aufmerksamkeit. Vor diesem Hintergrund ist das Projekt ein ideales Instrument – gerade an einer beruflichen Schule wie der Willy-Hellpach-Schule – um an der Verwirklichung des mit Jesus bereits angebrochenen Gottesreiches mitzuwirken.

Zielsetzungen

Das Projekt »Online-Kummerkasten« versteht sich als Gesprächs- bzw. Beratungsangebot und leistet einen aktiven und pastoral motivierten Beitrag zur Schulkultur an der Willy-Hellpach-Schule in Heidelberg.
Schülerinnen und Schüler haben die Möglichkeit, in niederschwelliger Form persönliche Anliegen zu formulieren.
Schülerinnen und Schüler können für vielfältige Probleme in unterschiedlichen individuellen Lebenslagen und Kontexten (beruflich, schulisch, privat, religiös) um Rat fragen.
Schülerinnen und Schüler können – je nach Anliegen – direkt mit den Kolleginnen und Kollegen des Beratungsteams in Kontakt treten oder auch Termine für persönliche Gespräche vereinbaren.

Beratungsteam

Da es sich im Kontext der Neukonzeption eines schulpastoralen Projektes lohnt, bereits vorhandene Strukturen zu nutzen, ist es sinnvoll, interessierte und engagierte Kolleginnen und Kollegen mit einzubinden. So entstand im vorliegenden Projekt ein Beratungsteam in folgender Zusammensetzung: ein Schulseelsorger, der auch Verbindungslehrer ist, ein Beratungslehrer, eine Präventionsbeauftragte sowie eine Schulsozialarbeiterin. Durch die ausdifferenzierte Zusammensetzung des Teams und paritätische Geschlechterverteilung können Schülerinnen und Schüler, je nach individuellen Wünschen, ihre Ansprechpartnerin bzw. ihren Ansprechpartner wählen, was eine quasi Rundumversorgung der Schülerinnen und Schüler gewährleistet. Außerdem bietet neben der ausgewogenen Geschlechterverteilung auch die Einbindung der Schulsozialarbeiterin, einer neutralen Person, die außerhalb des schulischen Kontextes steht, die Chance, Schwellenängste der Schülerinnen und Schüler zu reduzieren.
Der Schulseelsorger, der die Leitung des Projektes innehat, und sein Beratungsteam sehen sich als Anlaufstelle für die Anliegen der Schülerinnen und Schüler der Willy-Hellpach-Schule und helfen diesen, ihre Probleme selbst in die Hand zu nehmen. Sie geben den Ratsuchenden Orientierung, ermutigen sie und verweisen gegebenenfalls aber auch auf professionelle Hilfe. Für Christen allgemein und für Schulseelsorger im

Besonderen kommt der jesuanischen Botschaft vom Reich Gottes im Kontext menschlichen Zusammenlebens eine zentrale und existenzielle Bedeutung zu. Den aus der Reich-Gottes-Botschaft resultierenden Anspruch (der Gottes-, Nächsten- und Feindesliebe) ernst nehmen und an der Verwirklichung der Idee vom Reich Gottes auf Erden mitzuarbeiten, gemäß der Handlungsmaxime der Bergpredigt: »Alles, was ihr also von anderen erwartet, das tut auch ihnen!« (Mt 7,12a), ist ein zentrales Anliegen des Projektes. So ist die Etablierung eines Online-Kummerkastens die adäquate Form, dem Anspruch Jesu im Kontext von Schule gerecht zu werden.

Planung und Durchführung

Die Planung des Projektes »Online-Kummerkasten« gliedert sich in folgende Phasen:

- Finden einer Idee (Online-Kummerkasten = OKK)
- Situationsanalyse
- Bestätigung der Idee
- Kolleginnen und Kollegen mit Interesse an Mitarbeit finden
- Team mit Beratungsschwerpunkten entsteht
- Internetpräsenz (inhaltlich und technisch konzipieren)
- Vorstellung des Projektes (Schulleitung und Gesamtlehrerkonferenz)
- Veröffentlichung des OKK
- OKK findet Akzeptanz
- OKK geht online

Praktisches

Damit ein Online-Kummerkasten »online« gehen kann, muss eine Internetpräsenz geschaffen werden (Erstellen entsprechender internettauglichen Seiten im HTML-Format). Der erste Entwurf samt Projektideen muss zunächst der Schulleitung und dann der Gesamtlehrerkonferenz präsentiert werden, sodass für die Umsetzung das Plazet erteilt werden kann.

Nach Genehmigung durch die Gesamtlehrerkonferenz kann der Online-Kummerkasten veröffentlicht werden. Nun ist es wichtig, dass der Projektleiter die Schülerinnen und Schüler über Aushänge, E-Mails (bspw. Moodle-Verteiler) und über die Klassenlehrer auf dieses neue schulpastorale Angebot aufmerksam macht.

Zukunftsperspektive: Schüler beraten Schüler

Das vierköpfige Beratungsteam soll in einem weiteren Projekt durch Beraterinnen und Berater aus der Schülerschaft ergänzt werden: Die Idee lautet: »Schüler beraten Schüler«. Vornehmlich sollen Berufsschüler/innen sowie Vollzeitschüler/innen der gymnasialen Oberstufe angesprochen werden (sie sind in der Regel drei Jahre an der Schule), sodass ein gewisses Maß an Beständigkeit gewährleistet wäre. Durch den Einsatz der Schülerinnen und Schüler als Peers sollen wiederum Hemmschwellen reduziert werden. Außerdem können unter Umständen Ratschläge glaubwürdiger vermittelt werden, als wenn dies alleine über erwachsene Pädagoginnen und Pädagogen erfolgt. Die als Fortführungsprojekt geplante Ausbildung von Schüler-Beratern wird durch Zusammenstellung der Arbeitsmaterialien, die an die Teilnehmerinnen und Teilnehmer ausgegeben werden, sowie durch Fotoprotokolle zu einzelnen Sitzungen dokumentiert. Außerdem soll durch ein Feedback am Ende der Ausbildung die Qualität der Berater-Ausbildung evaluiert und gegebenenfalls durch den Schulseelsorger und sein Beratungsteam optimiert werden. Bei der Schulung zu Schüler-Beratern erlangen die Teilnehmerinnen und Teilnehmer persönliche, kommunikative und soziale Kompetenz.

Online-Kummerkasten der Willy-Hellpach-Schule: www.kummersorgen.de

Dirk Wieland

Schülercafé in Verantwortung einer Pfarrgemeinde

Die Pfarrei St. Urbanus Gelsenkirchen im Bistum Essen ist Trägerin des ersten Schülercafés. Dieses Angebot richtet sich an Schülerinnen und Schüler mehrerer weiterführender Schulen im Umfeld der Großpfarrei. Die Planungen sind weit gediehen, nachfolgend ein Bericht aus der Sicht der zuständigen Jugendreferentin.

Situation

Demnächst könnte es im Bistum Essen eine Premiere geben. Das Schülercafé soll in Gemeinderäumen entstehen, die auf direktem Weg zwischen Schule und Busbahnhof liegen. Von Beginn an wurden Schülerinnen und Schüler und Lehrerinnen und Lehrer in die Überlegungen und Planungen einbezogen. Mit einer Fragebogenaktion wurde nach den Gewohnheiten und Wünschen der Schülerinnen und Schüler im Zusammenhang von Schule und Freizeit gefragt. Auch zukünftig sollen sie an weiteren Realisierungsschritten beteiligt werden (Raumgestaltung, Aktivitäten, ...).
Schule wird mehr und mehr zum zentralen Sozialisationsraum für Kinder und Jugendliche. Neben der Qualifikation wird die Integration junger Menschen in gesellschaftlich-kulturelle Systeme zu einem immer wesentlicheren Aufgabenschwerpunkt von Schule. Da das soziale Leben und Erleben von Kindern und Jugendlichen zwar zu einem großen Teil in der Schule, aber außerhalb ihrer Rolle als Schülerinnen und Schüler stattfindet, können die damit entstehenden Anforderungen nur bedingt von Lehrerinnen und Lehrern im Alleingang bewältigt werden.
Genau hier setzt die Schülercaféarbeit an. Als niederschwellige, offene Einrichtung stellt sie den Versuch dar, die Bedürfnisse von Kindern und Jugendlichen in ihren Lebensbezügen ganzheitlich ernst zu nehmen und ihnen Raum zu geben. Das Schülercafé hat den Anspruch, die Schülerinnen und Schüler aktiv und mitverantwortlich an der Gestaltung ihrer Lebensräume zu beteiligen. Zugleich bietet es ihnen die Möglichkeit einer alternativen Freizeitbeschäftigung. Die Chance des Schülercafés liegt in seiner Offenheit. Niemand soll das Gefühl haben, für institutionelle

Zwecke vereinnahmt zu werden. Die Anliegen der Kinder und Jugendlichen, ihre Fragen in Bezug auf Religiosität, persönliche Sinnsuche, Zukunftswünsche und Sorgen stehen im Mittelpunkt. Die Mittel und Wege des Schülercafés, diesem Anliegen gerecht zu werden, sind das Gespräch, der Austausch, das personale Angebot, das Spiel sowie Unternehmungen in Projektform. Gemeinsam ist ihnen der Ansatz der Niedrigschwelligkeit und der symmetrischen Kommunikation zwischen allen Beteiligten. Schülercaféarbeit leistet einen diakonischen Dienst zugunsten von Kindern und Jugendlichen. Sie ermöglicht eine Öffnung von Kirche und ein aktives Zugehen auf Jugendliche. Dadurch vermittelt sie ein erweitertes, positives Kirchenverständnis. Kinder und Jugendliche identifizieren sich mit »ihrem Café«, sie nutzen es als Plattform für gemeinsame Projekte und Vorhaben und wirken so in ihr tägliches Lebensumfeld und Kirche hinein. Im Schülercafé entwickeln sich neue soziale Netzwerke. Dabei will das Schülercafé alle Kinder und Jugendlichen unabhängig von ihrer Nähe zur Kirche einladen und ansprechen.
Das Schülercafé wird von einer pädagogischen Fachkraft betreut, die verbindliche Öffnungszeiten sicherstellt und als personales Angebot auf die Themen und Ideen der Kinder und Jugendlichen eingeht.

Projektidee

Die Idee eines Schülercafés ist nicht neu und schon vielerorts in Schulen oder außerhalb umgesetzt. Uns reizte u.a. die mögliche Lage der Räumlichkeiten, in unmittelbarer Nähe zu den Schulen. Von Seiten der Pfarrei ist unsere Idee positiv aufgenommen worden, obwohl man sich dort die Dimension des Projektes noch nicht vorstellen konnte.
Um die Idee zu konkretisieren haben wir Kontakt mit schon bestehenden Einrichtungen aufgenommen und haben sie uns vor Ort angesehen und mit den Verantwortlichen gesprochen.
Hier konnten wir uns von der praktischen Arbeit ein Bild machen, über das sprechen, was gut läuft, und über das, was eher schwierig ist.

Planung

Zur Planung gehörte natürlich eine Ausarbeitung eines Kosten- und schließlich eines Finanzierungsplanes und die Suche nach »Verbündeten und Förderern« des Projektes. Da das Schülercafé mit dem Umbau von Räumlichkeiten einhergeht, mussten mehrere Termine vor Ort durchgeführt werden.
Als dann die Kosten feststanden (Umbau, Einrichtung, Personal, laufende Kosten) standen wir vor einer Größe von mehr als 100.000 €. Da weder die Pfarrei St. Urbanus, noch das Bistum Essen, noch die Stadt Gelsenkirchen die gesamten Gelder zur Verfügung stellen konnten, begaben wir uns auf die Suche nach möglichen Sponsoren. Hier zeigte sich, dass die notwendige Finanzierung einer Personalstelle das größte Problem darstellte. Wir fanden schließlich eine Möglichkeit, mithilfe eines Großsponsors, diese Hürde für die nächsten drei Jahre meistern zu können. In dieser Zeit muss das Schülercafé laufen und sich die pädagogische Kraft um eine Weiterfinanzierung kümmern. Besonders die Nachhaltigkeit des Cafés liegt uns am Herzen. Neben dem Hauptsponsor mussten aber noch viele »kleinere« Sponsoren gefunden werden.
Dies und die Beantragung beim Hauptsponsor nahm viel Zeit in Anspruch. In dieser Zeit galt und gilt es, das Thema Schülercafé nicht aus den Augen zu verlieren und weiter »vertrauensbildende« Maßnahmen bei den Schulen und in der Pfarrei zu gestalten. Wir haben regelmäßig zu Gesprächsrunden mit den Verbindungslehrern und Schulleitern, z. T. auch mit Schülerinnen und Schülern eingeladen, über den aktuellen Stand aufgeklärt und z. B. o. g. Projekte an den Schulen durchgeführt.
Sobald wir die schriftliche Zusage des Hauptsponsors haben, werden wir in einer kleinen Arbeitsgruppe der Pfarrei über die handwerklichen Ausführungen der Arbeit sprechen.
Dann werde ich wieder auf die Schulen zugehen und dort eine Arbeitsgruppe bilden, die sich mit den Wünschen und Bedürfnissen der Zielgruppe zur Ausgestaltung der Räumlichkeiten beschäftigt.
Wichtig erscheint mir heute, sich Verbündete zu suchen, ein Feuer, eine Leidenschaft für das Projekt zu entfachen, aber auch ein »dickes Fell« zu haben, gegen Widerstände und Befürchtungen zu kämpfen, Wartezeiten aushalten zu können. Es hat sich gezeigt, dass vieles viel länger dauert und mühsamer ist, als man anfänglich erwartet.

Katrin Terlunen

Schweigemeditation

Am Aloisius-Kolleg in Bonn gibt es seit einigen Jahren eine Hinführung zur Schweigemeditation. Sie dient der Entfaltung der Meditationsfähigkeit und bietet Schülerinnen und Schülern die Gelegenheit, nicht nur in Zeiten der Einkehr, sondern auch zwischendurch innezuhalten und durchzuatmen bzw. sich zu sammeln und zu konzentrieren.[1] Der folgende Beitrag bietet eine kurze Einführung in diese Gebetsform.

Projektbeschreibung

Seit einigen Jahren lernen die Neuntklässler während der Besinnungstage eine Form der Schweigemeditation kennen. Mit dem Atem zu beten führt in die Stille, bringt einen mit sich selbst in Kontakt und weist gleichzeitig über einen hinaus.[2] Das Achten auf den Atmen und die Wahrnehmung der Stille helfen, um zu entspannen und um zu sich selber zurückzufinden. Deswegen eignet sich diese Gebetsform besonders für diejenigen, die dem Alltagsstress etwas entgegensetzen wollen – und es sind nicht wenige Schüler, die davon berichten, wie wohltuend es für sie ist, so den Schulstress anzugehen. Wichtig scheint mir, darauf hinzuweisen, dass diese Weise des Betens zunächst angeleitet werden sollte, bevor Jugendliche sie für sich allein praktizieren.

1 Eine Schweigemeditation dient der Entfaltung der »Meditationsfähigkeit«. Vgl. dazu Ph. Görtz, »Schule des Betens«: ein Angebot ignatianischer Schulpastoral. In: LS 58/07, S. 316–319, hier S. 317 sowie B. Grom, (2000): Religionspädagogische Psychologie des Kleinkind-, Schul- und Jugendalters. 5., vollst. überarb. Aufl., Düsseldorf 2000, 155 und 158 f.

2 Vgl. dazu W. Lambert: Beten im Pulsschlag des Lebens: Gottsuche mit Ignatius von Loyola. 3. Aufl., Freiburg i. Br. 2000, S. 31–61 und 142–161.

Atem spüren

Als Erstes wird erläutert, dass der Atem ein »fundamentaler Grundrhythmus des Lebens«[3] ist: Im Ein- und Ausströmen des Atems wird erfahrbar, dass der Mensch ein Empfangender und gleichzeitig ein Gebender ist. Der Atem kommt und geht, er muss nicht gemacht werden. Auch in der Übung muss nichts gemacht, geleistet oder künstlich erzeugt werden. Gerade für diese Altersstufe ist dies entlastend, da spontanes Sprechen, Beten und Singen in dieser Zeit besonders den Jungen häufig schwerfällt. In der Übung geht es »nur« darum, in der Stille und in der Gegenwart Gottes da zu sein; in dieser Stille dürfen Jugendliche sich entspannen und können neue Kraft schöpfen.

Gebetshaltung

Ein paar Worte zur Gebetshaltung (aufrechter Rücken, geschlossene Augen und ineinander gelegte Hände, in die man immer wieder »hineinspüren« kann, besonders dann, wenn man merkt, dass man mit seinen Gedanken abschweift) erleichtern es den Schülern, wach und präsent zu bleiben.

Gebetszeit

Begonnen wird die Schweigemeditation mit einem Kreuzzeichen und einem kurzen Gebet. Nach 10 bis 15 Minuten beenden ein langsam und gemeinsam gebetetes Vaterunser und ein kurzer Segen die Meditation.[4]

---

3 J. M. Steinke, Johannes Maria (2004): Wie Beten geht. Freiburg i. Br. 2004, 70.

4 Für konkrete schrittweise Anleitungen einer bestimmten Form von Schweigemeditation für Schüler, der Jesusgebet-Meditation, die das Einatmen und Ausatmen mit dem Namen Jesu oder einem Gebetswort verbindet, vgl. A. Biesinger/Ch. Schmitt(1998): Gottesbeziehung: Hoffnungsversuche für Schule und Gemeinde. Freiburg i. Br. 1998, S. 299–306 sowie P. Köster, Beten lernen: konkrete Anleitungen, praktische Übungen, spirituelle Impulse. Leipzig 2003, S. 67–111.

Austausch

Die ersten Male ist es wichtig, dass die Schüler im Anschluss an die Meditation mit wenigen Worten rückmelden können, wie es ihnen mit dieser Übung ergangen ist, ohne dabei auf einzelne Gedanken, Bilder oder Erinnerungen, die ihnen währenddessen gekommen sind, eingehen zu müssen.

Hinweise für den Anleitenden

Grundsätzlich gilt, dass eine Schweigemeditation nur derjenige anleiten kann, der selber in dieser Gebetsweise beheimatet ist und der Geduld mitbringt, wenn die Stille einzelnen Jugendlichen anfänglich schwerfällt und sie unruhig werden.

Philipp Görtz SJ

Taizé

Am Städtischen Gymnasium in Ettenheim ist das Taizé-Projekt zu einem festen Bestandteil des schulpastoralen Konzeptes geworden. Folgender Beitrag beschreibt den Entstehungsprozess, die Erfahrungen und die nachhaltige Wirkung dieses schulpastoralen Angebotes für die Schulgemeinschaft. Hilfreiche Handereichungen im Materialteil laden zur Nachahmung ein.

Die Anfänge

Taizé – das ist zu einem festen Bestandteil an unserer Schule geworden. Seit sechs Jahren fahren wir regelmäßig im Sommer für ein verlängertes Wochenende von Donnerstag bis Sonntag mit einer Schülergruppe auf den Hügel in Burgund, wo sich neben dem kleinen Dorf Taizé jedes Jahr tausende von Jugendlichen aus aller Welt treffen, um mit den Brüdern der Gemeinschaft von Taizé zu beten und miteinander über ihren Glauben ins Gespräch zu kommen.

Angefangen hat alles mit der Idee, zwei Kleinbusse von kirchlichen Einrichtungen anzumieten und als Religionsfachschaft interessierte Schüler und Schülerinnen einzuladen, mit uns nach Taizé zu fahren. Das zog Kreise, und so wurden aus den zwei Kleinbussen im Folgejahr drei. Ein Jahr später kam noch ein Privat-PKW hinzu, obwohl wir mittlerweile nicht mehr geschlossen als Fachschaft fahren. Dafür zeigen immer wieder Kolleginnen und Kollegen anderer Fachschaften Interesse, einmal mitzufahren, um das Besondere dieses Ortes kennenlernen zu können. In den letzten Jahren haben wir uns für die Fahrt mit dem Busunternehmen »Regenbogen« entschieden, das uns am Donnerstagmittag in Ettenheim abholt und – meist mit anderen Fahrgästen – am Sonntag wieder zurückbringt.

Bedeutung der Taizé-Fahrt an unserer Schule

Jedes Jahr wird diese Fahrt für ein paar ehemalige Schülerinnen und Schüler auch zu einem Ort der Verbundenheit mit unserer Schule über das Abitur hinaus. Bei einigen Schülern zeigt sich die Begeisterung für Taizé schon äußerlich durch verschiedenfarbige Anhänger in der Form einer Taube, die sich an einem schwarzen Lederbändchen aufreihen – nach jeder Fahrt ein »Stück Erinnerung« mehr. Aus unserer Fachschaftsarbeit ist das Projekt nicht mehr wegzudenken, gibt es doch regelmäßig Gelegenheit, über Fragen des Unterrichts hinaus auch über geistliche Erfahrungen mit den Fachkollegen auf ökumenischer Ebene ins Gespräch zu kommen. Damit ist das Projekt zugleich ein Beitrag zur Schulentwicklung an unserer Schule.

Vorbereitung und Planung der Fahrt nach Taizé

Zur besseren Absprache mit den Kollegen, die andere Projekte und Fahrten im Laufe des Schuljahres planen, stimmen wir bereits in der ersten Gesamtlehrerkonferenz am Schuljahresanfang den Termin für unsere Taizé-Fahrt ab. Kolleginnen und Kollegen, die eine Taizé-Fahrt an ihrer Schule zum ersten Mal anbieten, sollten daher auch frühzeitig mit ihrer Schulleitung in Kontakt treten, um über die Rahmenbedingungen des Projektes zu einem Konsens zu kommen. Als günstig erwiesen hat sich an unserer Schule das Wochenende vor dem Beginn der Sommerferien. Finden in diesen letzten Tagen des Schuljahres Projekttage statt, so wird Taizé als eines der Projekte angeboten. Dieser Termin hat den Vorteil, den Funken von Taizé in den Schuljahresabschlussgottesdienst überspringen zu lassen, den die teilnehmenden Schüler unter Anleitung in den letzten Jahren als Taizé-Gottesdienst mitgestaltet haben.

Kurz vor den Pfingstferien beginnt dann die Phase der Werbung. Angesprochen werden alle Schüler und Schülerinnen ab Klasse 9 im katholischen und evangelischen Unterricht, die bis zum Zeitpunkt der Fahrt mindestens 15 Jahre alt sind. Ab diesem Alter dürfen sich die Jugendlichen auf dem Gelände ohne Aufsicht durch erwachsene Begleitpersonen frei bewegen. Das Video »Eine Woche in Taizé« zeigt, worauf sich einlässt, wer nach Taizé mitfährt. Schüler, die im Vorjahr dabei waren, erzählen von ihren Erfahrungen und zeigen eigene Bilder. Darüber hinaus kann der Schülerartikel der Homepage das Interesse wecken – er ist somit zum einen Erlebnisbericht, zum anderen einige Monate später Werbung. Auch die Homepage von Taizé (www.taizé.fr/de) bietet abwechslungsreiches Material zur Motivation: Fotos von Taizé und von Frère Roger, einen Artikel über die Geschichte der Gemeinschaft von Taizé, ein kurzes Video, das jeden Monat einen anderen Ausschnitt aus einem Gespräch mit Frère Roger zeigt, Einladung und Informationen zu den internationalen Jugendtreffen.

Wichtig ist, bereits hier im Vorfeld zu klären, was auf die Jugendlichen zukommt. Es handelt sich um keine Klassenfahrt im üblichen Sinne, sondern es geht darum, einige Tage mit einer klösterlichen Gemeinschaft mitzuleben. Das bedeutet, sich auf die Gottesdienstzeiten und Gruppenangebote sowie auf die Regeln für die Bettruhe und das Alkoholverbot auf dem Gelände einzulassen.

Wer interessiert ist, bekommt einen Informationszettel (siehe Materialteil) für die Eltern mit den wichtigsten Informationen, wie Abfahrts- und Rückkunftszeiten, Kosten, Packliste und den Tagesablauf vor Ort. Wer sich entschieden hat, kann zusätzlich den Zettel für die verbindliche Anmeldung (siehe Materialteil) mitnehmen. Diese soll möglichst vor den Pfingstferien, spätestens jedoch in der Woche darauf erfolgen. Zeitgleich mit der Anmeldung wird von den Eltern der vorgeschlagene Reisepreis eingezahlt, um die Busrechnung überweisen und die Kosten für Unterkunft und Verpflegung bei der Ankunft in Taizé bar bezahlen zu können.

Da sich die Zahl der Teilnehmer schon bei der ersten Infoveranstaltung ungefähr abschätzen lässt, können bereits erste Absprachen über Datum, ungefähre Teilnehmerzahl und genauere Reisekosten mit dem Karlsruher Busunternehmen (www.regenbogen-tourservice.de/taizé-busreisen) abgesprochen werden. In Taizé selbst wird die Anmeldung bis spätestens vier Wochen vor dem Aufenthalt erwartet. Sie erfolgt online über die genannte Homepage-Adresse von Taizé. Darüber hinaus sollten Kolleginnen und Kollegen sich bei ihrem zuständigen Ordinariat über mögliche Zuschüsse für Taizé-Fahrten informieren.

Formalitäten bei der Ankunft in Taizé

Unsere Abfahrt mit dem Bus wird so terminiert, dass ausreichend Zeit bleibt, um noch vor dem Abendessen die Anmeldeformalitäten am Empfang regeln zu können: Bezahlung der Gebühr für Unterkunft und Essen (in der Regel entscheidet man sich bei den drei zur Auswahl stehenden Beiträge für den mittleren als den angemessenen) – Verteilung der Essensmarken an die Schüler – Vorbestellung eines Lunchpaketes für die Heimfahrt, da wir unmittelbar nach dem Hauptgottesdienst am Sonntag die Rückfahrt antreten, um am späten Nachmittag bzw. frühen Abend wieder in Ettenheim einzutreffen zu können – Vereinbarung eines Gespräches der Gruppe mit einem Bruder der Communauté am Ende des Aufenthaltes – einführende Informationen durch jugendliche Betreuer in Taizé über den äußeren Rahmen des Aufenthaltes (Lageplan zur Orientierung auf dem Gelände, Gebetszeiten, Versammlungsorte der Bibelgesprächskreise), Aufbau der Zelte auf dem uns zugewiesenen Platz, Treffen mit anderen Gruppenleitern zur Einführung in die Arbeit mit den Jugendlichen in den Gesprächsgruppen am Freitag und Samstag.

Aufenthalt in Taizé

Während des Aufenthaltes sind Morgengebet, Mittagsgebet und Abendgebet sowie die Teilnahme an den Gesprächsgruppen verbindliche gemeinsame Treffen der Jugendlichen. Dabei ist das Besondere an der liturgischen Gestaltung von Freitagabend bis Sonntag die Ausrichtung an der Liturgie der Ostertage: Karfreitag, Osternacht und Ostersonntag. An jedes Abendgebet am Freitag schließt sich das Gebet vor dem Kreuz an. Die Kreuzesikone von Taizé wird dabei in den Gebetsraum der Brüder von Taizé in die Mitte der Kirche gelegt. Sie wird schweigend von den Jugendlichen verehrt. Jeder kann hier symbolisch auch seine Probleme und Sorgen auf das Kreuz legen und sie so dem gekreuzigten Christus anvertrauen. Das Abendgebet am Samstagabend steht dann ganz im Zeichen des Lichtes der Osternacht, das jeder, ausgehend vom Licht der Osterkerze, seinem Nachbarn mit einer kleinen Kerze weiterreicht, bis der gesamte Raum in ein warmes, helles Licht getaucht ist. Am Ende jedes Abendgebetes bleiben einige der Brüder in der Kirche zurück und sind offen für Gespräche, solange Bedarf besteht.

Die Gruppentreffen an den Vormittagen beginnen mit einer Bibeleinführung in jugendgerechter Sprache durch einen der Brüder. Da die Jugendlichen aus den unterschiedlichsten Ländern kommen, ist Übersetzung notwendig, zu der sich meist auch Freiwillige bereitfinden. Anhand eines vorbereiteten Blattes mit Fragen zum Bibeltext verteilt man sich dann in Kleingruppen, meist auch in gemischten Gruppen aus verschiedenen Nationalitäten – um persönlich über den Text und seine Bedeutung für das eigene Leben ins Gespräch zu kommen. Dabei verstehen sich die erwachsenen Begleiter oder aber auch die älteren Jugendlichen als Gruppenleiter. Am Nachmittag wird dieses Gespräch in der Gruppe in eigener Regie fortgesetzt.

Der Rest der Zeit kann individuell verbracht werden: mit Reden, Spielen, Lesen, Ausspannen, einem Spaziergang und Aufenthalt an der Quelle, einem Besuch der Dorfkirche im Ort mit dem Grab von Frère Roger oder aber auch zum Einüben von Taizé-Liedern. Der Samstagnachmittag wird von Jugendlichen anderer Kontinente als internationales Forum gestaltet. Möglich ist auch eine Wanderung mit einem Bruder in der weiteren Umgebung. Manche Gruppen feiern zwischen den Gebetszeiten mit den Brüdern in diesem Zeitraum selbst vorbereitete Gottesdienste. Auch das Gruppengespräch mit einem Bruder bietet sich am Samstagnachmittag an. Hier haben die Jugendlichen die Möglichkeit, all die Fragen zu stellen, die vor allem das Leben der Brüder in Taizé betreffen: Fragen nach deren Alltag, aber auch nach der persönlichen Motivation, sich dieser Gemeinschaft anzuschließen.

Gestaltung des Schulabschlussgottesdienstes

Im Rahmen eines gemeinsamen Frühstücks in der Schule findet nach diesem Wochenende ein Nachgespräch statt, bei dem die Schülerinnen und Schüler sich über die Eindrücke der vergangenen Tage – soweit nicht schon bei einem Rundgespräch in Taizé selbst geschehen – austauschen können. In Kleingruppen wird im Anschluss der Schulgottesdienst (Ablauf siehe Materialteil) zum Schuljahresende vorbereitet (Gestaltung von Einladungsplakaten, Auswahl der Lieder, Texte und Gebete, Formulierung der Fürbitten), der in unserer alten Turnhalle stattfindet. Daneben werden auch Plakate mit Fotos zum Aushängen im Schulhaus gestaltet und der Artikel für die Schulhomepage (siehe Materialteil) geschrieben.

Taizé-Gebete im Advent und in der Fastenzeit

Um den »Geist von Taizé« auch während des Schuljahres bis zur Fahrt am Ende des nächsten Schuljahres wachzuhalten, gestalten wir mit Schülern (einzelnen Schülern oder den Religionsgruppen der Jahrgangsstufe 10) ein Taizé-Gebet im Advent und in der Fastenzeit (siehe Anhang 4) über einen Zeitraum von jeweils drei Wochen, einmal wöchentlich in der ersten großen Pause. Auch hierfür werden Einladungsplakate gestaltet und im Schulhaus aufgehängt. Wer in der Stunde zuvor unterrichtsfrei hat, richtet in einem Klassenzimmer einen Stuhlkreis mit einer gestalteten Mitte her und legt das notwendige Material bereit. Eine Durchsage am Tag selbst lädt alle interessierten Schüler noch einmal herzlich ein, zehn Minuten in der Hektik eines Schulvormittages zwischen Arbeiten, Klausuren und Referaten zur Ruhe zu kommen und dabei vielleicht seine innere Mitte zu berühren.

→ M5 bietet hilfreiche Materialien rund um die Durchführung der Fahrt, sowie Vorlagen für Gottesdienste im Stile von Taizé.

Franziska Knapp

»Völlig von der Rolle« – Ein Film- und Begegnungsabend

Das schulpastorale Angebot »Völlig von der Rolle« – Ein Film- und Begegnungsabend ist ein auf den ersten Blick niederschwelliges Angebot für Schüler ab der 9. Klasse, das mit verschiedenen Filmen innerhalb eines Schuljahres wiederholt stattfinden kann. Ziel ist es, den Schülern eine Begegnung mit einem Film, mit Mitschülern und letztlich mit sich selbst zu ermöglichen. Der folgende Beitrag führt ein in die Idee und gibt Tipps zur Umsetzung.

Das Kino ist ein Ort, an dem man viel über die Leidenschaft der Menschen erfährt, vorausgesetzt, man lässt sich durch die Ereignisse auf der Leinwand nicht ablenken. (Danny Kaye, Schauspieler, 1913–1987)

Idee und Anliegen

Viele wertvolle Filme regen zu Begegnungen mit sich und anderen an, bzw. rufen geradezu dazu auf. Das Sehen von Filmen hat sich bei Jugendlichen nicht zuletzt durch die fast unbeschränkte Verfügbarkeit von Filmen (z.B. durch das Herunterladen im Internet oder das Kopieren von DVDs) in den letzten Jahren geändert. Ähnlich wie bei der Musik, die den Schülern durch die inflationäre Verfügbarkeit durch das Internet oder den Austausch im mp3 Format oft kostenlos zur Verfügung steht und dadurch kaum noch als Ergebnis eines künstlerischen Prozesses wahrgenommen wird, sehen viele Jugendliche Filme eher beiläufig und oberflächlich und sind es kaum gewohnt, Filme als Kunstwerk zu begreifen und sich weitere Gedanken zu Filmen zu machen bzw. sich darüber auszutauschen. Dies liegt natürlich auch daran, dass die Filme, die speziell für Jugendliche gedreht werden, nicht immer die entsprechenden Impulse für diese Vertiefung bieten.
Hier setzt das schulpastorale Projekt an. Es werden (zunächst vom Lehrer/Schulseelsorger, später eventuell von Schülern) solche Filme ausgesucht, die es wert sind, angesehen und dann auch besprochen zu wer-

den. Es werden Filme herausgesucht, die den Schülern eine Entwicklung ihrer Sehgewohnheiten ermöglichen und inhaltlich den Jugendlichen etwas zu-Mut-en. Je nach ausgewähltem Film begegnen die Schüler bestimmten Situationen des Lebens, wie sie im Film dargestellt werden. Einen Bezug zum eigenen Leben findet bei Schülern oft automatisch statt. Dies wahrzunehmen, zu reflektieren und mit anderen Jugendlichen darüber zu sprechen ist ein zentrales Anliegen dieses schulpastoralen Angebots. Das Erleben von Gemeinschaft in außerunterrichtlichem Rahmen ist ein weiterer sehr kostbarer Aspekt. Je mehr Filme die Schüler durch intensives und bewusstes Anschauen kennenlernen, desto besser können die Jugendlichen auch den Wert eines guten Filmes erkennen und schätzen. Nicht selten zeigen sich Schüler an solchen Abenden von einer anderen Seite als sie das im Unterricht tun (können). Die speziellen Rahmenbedingungen des Abends, die erlebte Gemeinschaft sowie die Impulse durch Film und Gespräche ermöglichen vielen Schülern das Ausbrechen aus einer gewohnten und nicht selten einengenden Rolle. Das auf den ersten Blick niederschwellige Angebot eines Film- und Begegnungsabends für Schüler eröffnet somit auf unaufdringliche und sehr angenehme Art und Weise viele Chancen für die Jugendlichen.

Beschreibung und Tipps zur Umsetzung

Zum Gelingen des schulpastoralen Angebots trägt bereits das Vorgehen vor dem eigentlichen Abend bei. Grundvoraussetzung für die Durchführung des Abends ist, dass sich der Lehrer/Schulseelsorger selber im Vorfeld mit dem Film auseinandergesetzt und geprüft hat, ob sich der Film für solch einen Abend eignet. Ebenso entscheidend für den Einsatz eines Films sind rechtliche Aspekte in Bezug auf das Urheberrecht.
Damit die Schüler eine Entscheidungsgrundlage haben, ob sie an dem Film- und Begegnungsabend teilnehmen wollen, kann im Rahmen des Unterrichts oder in einer großen Pause der Trailer (Vorschau) des Films gezeigt werden. So erhalten die Schüler zumindest einen kurzen Einblick über die Art des Films. Ebenfalls wichtig ist die Vorgehensweise beim Verteilen der Einladung. Beim ersten Filmabend sollte dies durch den Lehrer/Schulseelsorger persönlich erfolgen. Nur so können Fragen zum Angebot direkt geklärt werden. Bei folgenden Film- und Begegnungsabenden können engagierte Schüler die schriftliche Einladung des Leh-

rers/Schulseelsorgers in verschiedenen Klassen verteilen. Von Vorteil ist, wenn diese Schüler bereits an einem Filmabend teilgenommen haben und anderen Schülern davon berichten können.

Für den Film-und Begegnungsabend sollte ausreichend Zeit eingeplant werden. Es empfiehlt sich bei einem Film von ca. 90 Minuten Länge, um ca. 18.30 Uhr zu beginnen. Wichtig ist, dass die Schüler in Ruhe ankommen und miteinander ins Gespräch kommen können, so dass der erste Gesprächsbedarf nicht während des Filmes ausgelebt werden muss. Der Film kann dann um ca. 19.00 Uhr beginnen und ca. um 20.30 Uhr enden. Danach ist Zeit für Begegnung und Gespräch bevor der Abend um ca. 22 Uhr zu Ende gehen kann.
Um eine andere Atmosphäre als in der normalen Unterrichtssituation zu schaffen, empfiehlt es sich, die Sitzordnung im Klassenzimmer aufzulösen und eine geeignete Anordnung der Stühle (z. B. Halbkreis oder ähnlich wie in einem Kino) zu wählen. Es kann auch passend sein, dass sich die Schüler auf mitgebrachten Kissen auf den Boden setzen.
Beim Vorführen des Films sollte auf gute technische Voraussetzung geachtet werden. Es empfiehlt sich, den Film mithilfe eines Beamers auf einer großen Projektionsfläche zu zeigen. Dabei ist auch darauf zu achten, dass der Ton über Lautsprecher gut zu hören ist. Eine schlechte Tonqualität kann zu Störungen bei den Zuschauern führen.
Um ein ablenkungsfreies, bewusstes und konzentriertes Anschauen des Films zu ermöglichen, sollten die Schüler – im Unterschied zum sonstigen Verhalten im Kino – auf Getränke und Knabbereien während des Films verzichten.

Um den Wert eines Films zu unterstreichen, ist es sinnvoll, den Film bis zum Ende zu zeigen. Dazu gehört auch der Abspann, der es ermöglicht, einen »weichen« Ausstieg aus dem Film zu finden, die eigenen Gedanken zum Film zu sammeln oder einfach die Filmmusik zu hören. Diese Aspekte sind im Sinne einer bewussten Entschleunigung sehr wichtig.
Um den Übergang vom Film zum zweiten Teil des Abends zu gestalten kann es für Schüler, die von dem Film besonders angesprochen oder berührt wurden, hilfreich sein, dass sie zunächst nicht gleich sprechen müssen und dennoch die Gelegenheit haben, ihre Gedanken zu äußern. Eine Möglichkeit dazu ist, im Raum verteilt Plakate mit Impulsen (z. B.: »Was mich an dem Film besonders beeindruckt hat …«, »Wenn ich an xy denke …«, »Gefallen hat mir an dem Film …«, »Gestört hat mich an dem

Film …«) aufzuhängen. Hierauf können die Schüler ihre ersten Gedanken notieren und sich in dem Maße mitteilen, wie sie wollen. Anders als im unterrichtlichen Kontext müssen diese »Ergebnisse« nicht besprochen werden, sondern dürfen unkommentiert stehen bleiben.

Zum Gelingen des zweiten Teils des Abends, an dem die Begegnungen und die Kommunikation der Schüler im Vordergrund stehen, können u.a. eine positiv gestaltete Umgebung und eine entspannte Atmosphäre beitragen. Das Bereitstellen von Getränken und Kuchen o.Ä. kann dabei hilfreich und für Schüler sehr ansprechend und motivierend sein. Oft erleichtert solch ein Arrangement es den Schülern, miteinander ins Gespräch zu kommen. Die Sitzordnung im Zimmer erinnert mit kleinen Tischgruppen oder einer großen Tafel an ein Café. Je nach Gruppe kommt ein Gespräch über den Film und darüber hinaus durch die Schüler selbst in Gang oder kann vom Lehrer/Schulseelsorger angestoßen werden. Dabei sollte darauf geachtet werden, dass keine unterrichtliche Atmosphäre entsteht.
Wenn die Filmabende regelmäßig an einer Schule stattfinden, kann das Gebäck immer wieder auch von verschiedenen Schülern mitgebracht werden. So werden die Schüler/innen nach und nach in die Verantwortung für das Gelingen des Abends miteinbezogen.
Ebenso ist es möglich, bei der Auswahl der Filme auf Hinweise von Schülern einzugehen. Es ist dabei wichtig, dass der/die Lehrer/in/der/die Schulseelsorger/in im Vorfeld den Film anschaut und prüft, ob er wirklich für diesen Zweck geeignet ist.

Wichtig ist die Überlegung, welche Rolle der betreuende Lehrer/Schulseelsorger bei diesem Film- und Begegnungsabend ausfüllen will. Sieht er sich als Teil der Gruppe und ist bei den Gesprächen, die in dem »Schülercafé« stattfinden, immer dabei oder gibt er den Jugendlichen den Freiraum, sich alleine zu unterhalten? Beide Vorgehensweisen können Vor- und Nachteile haben. Wichtig ist, dass sich der Lehrer/Schulseelsorger im Vorfeld über seine Rolle und die damit verbundene Wirkung bewusst ist.

Ausgewählte Beispiele für geeignete Filme:
- »Mondscheinkinder«, Regisseurin: Manuela Stacke, 2006 (www.mondscheinkinder-der-film.de)

- »Grüne Wüste«, Regisseur: Anno Saul, 1999 (www.kino.de/kinofilm/gruene-wueste/54230.html)
- »Die große Stille«, Regisseur: Philip Gröning, Nicolas Humbert, 2005 (www.diegrossestille.de)
- »Jenseits der Stille«, Regisseurin: Caroline Link, 1996 (www.kino.de/kinofilm/jenseits-der-stille/40467.html)

Stephan Grünwald

Vogelstimmenwanderung mit biblischen Impulsen

Das Staunen über die Vielfalt der Schöpfung ist eine Möglichkeit, dem in allen geschaffenen Dingen anwesenden Geheimnis des Schöpfers auf die Spur zu kommen. Folgender Beitrag beschreibt die Idee einer Vogelstimmenwanderung mit biblischen Impulsen.

Idee

Ein erfahrender Ornithologe begleitet die Wanderung. Der Akzent liegt aber nicht allein darauf, Vogelstimmen wahrzunehmen und unterscheiden zu können, sondern auch den Gefühlen und Eindrücken nachzugehen, die sich im schweigenden Gehen einstellen. Die Wanderung sollte zwischen 05.00 Uhr und 06.00 Uhr morgens beginnen.

Theologisches

Sie säen nicht, sie ernten nicht. (Mt 6,26) Das Zwitschern der Vögel, die unendliche Vielfalt von Melodien und Modulationen, die schiere Lebensfreude, die sich im Gesang der Vögel ausdrückt, alles das kann den Menschen an den lebendigen Gott erinnern.
Die Aussage der Bergpredigt lenkt die Aufmerksamkeit zudem auf einen Umstand, der viele Menschen in seinem Bann hält. Die permanente Sorge, die tägliche Hast, die Illusion, dass alles von der eigenen Leistung abhängt, relativiert sich, wenn man innehält und der schöpferischen Vielfalt der Vogelstimmen lauscht und schweigend den einen oder anderen Blick auf diese kleinen Boten der Lebensfreude zu erhaschen sucht. Dieses Erlebnis kann zu einer Erfahrung werden, die von innen her zu einer tieferen Gelassenheit verhilft, weil man gewahr wird, dass das Wesentliche im Leben nicht gemacht werden kann und man sich getrost vertrauend dem Vater überlassen kann, der selbst um das einzelne Haar des Menschen weiß.

Hinweise zur Umsetzung

1. Phase: Begrüßung und biblischer Impuls zum schweigenden Gehen (Mt 6,25–26)
Es geht in dieser ersten Viertel- bis halben Stunde allein um das Wahrnehmen. Hören, Lauschen, weniger denken, mehr fühlen. Treffpunkt vereinbaren, eigenes Tempo ermöglichen, Nicht sprechen.
Die erste Phase wird mit einer Blitzlichtrunde abgeschlossen (freiwillig), in welcher die Mitwandernden ihre Gedanken und Gefühle zur Sprache bringen können.

2. Phase: Lauschen auf die Vogelstimmen mit sparsamen Impulsen des Ornithologen
3. Phase: Impuls zu einem weiteren Abschnitt schweigenden Gehens

Mein Leben hat
von je her
eine unverwechselbare Melodie
Sorgen
Unruhe
Angst
machen mich taub für dieses Lied der Liebe
das in mir klingt
ins Herz geschrieben,
von IHM
um wie die Stimmen der Vögel,
die ganze Liebe des Schöpfers
in meinem Leben erklingen zu lassen
hinein in den Chor der Vielen
die wach sind
für das Geheimnis Gottes in ihrem Leben.

4. Phase: Abschluss mit einem kurzen Rückblick und einem Segensgebet

Guter Gott
segne meinen Augenblick,
segne meine Sehnsucht nach Leben,
segne meine Zeit, in der deine Liebesmelodie mein

Leben bereichern möchte,
segne mein Innehalten und meinen Aufbruch,
segne meine Lebensspur,
in der sich meine Stunden und Tage abbilden, bitte
segne mich Vater, Sohn und Heiliger Geist. Amen.

Joachim Kittel

Echt sympathisch – wenn Schüler/innen miteinander über Werte reden

Das Konzept »Schüler für Schüler mit Schülern«, ein Projekt am staatlichen Moll-Gymnasium in Mannheim, wurde von zwei Oberstufenschülerinnen entwickelt. Ziel ist es Schülerinnen und Schüler miteinander ins Gespräch zu bringen und sie zu einer Haltung gegenseitiger Achtsamkeit zu befähigen und damit auch einen Beitrag zur Schulkultur zu leisten.

Konzeptidee

Angeregt durch die Auseinandersetzung mit dem Thema »Markt und Moral« wurde uns bewusst, dass egoistische Verhaltensweisen nicht nur die wirtschaftlichen Märkte bestimmen, sondern dass gesellschaftliches Verhalten nach dem Grundsatz »Jeder ist sich selbst der Nächste« bereits im Kleinen und bei den Kleinen beginnt. Daraus erwuchs für uns die Frage, wie wir Kinder und Jugendliche zu einem Leben mit mehr gegenseitiger Achtsamkeit (»Liebe deinen Nächsten wie dich selbst«) hinführen und befähigen könnten. Nach und nach entwickelte sich das Konzept »Schüler für Schüler mit Schülern«. Unser zentrales Anliegen war es, Kinder und Jugendliche auf ganz unterschiedliche Weise miteinander ins Gespräch zu bringen und zu einer Haltung der Achtsamkeit zu befähigen. Es galt, sie für ihre Mitmenschen zu sensibilisieren und den Schülerinnen und Schülern zu helfen, die eigene Wahrnehmung (Sehen, Hören, Mitfühlen) zu schärfen, und die Bereitschaft zum Mitfühlen und zur Hilfsbereitschaft zu wecken. Das Projekt »Echt sympathisch?!«, das im Rahmen der Projekttage durchgeführt wurde, bildete den Abschluss einer ganzen Reihe von Initiativen und Vorbereitungen (u.a. eine Fragebogenaktion der SMV), die hier nicht im Einzelnen vorgestellt werden können.

Von den 81 Schülern, die sich für unser Projekt angemeldet hatten, wählte ein Lehrergremium je elf Mädchen und Jungen aus fünf verschiedenen

5. und 6. Klassen aus; ungefähr die Hälfte dieser Schüler kam aus Klassen, in denen es auch gewalttätige Auseinandersetzungen gab. Eine ungefähr gleich große Anzahl besuchte den evangelischen, den katholischen und den Ethikunterricht, wobei die einzigen Schüler, die ihren Glauben praktizieren – vier Muslime – aus letztgenannter Gruppe stammten. Dieses Vorwissen und die Umfragen in der Schülerschaft war für die Planung des Projekts, die Entwicklung der Situations-, Teamwork- und Rollenspiele und für die außerschulischen Begegnungen sehr wichtig. In dem vorgegebenen Rahmen können nur Bausteine in Auswahl vorgestellt werden, die nach unserer Erfahrung zu einer nachhaltigen Veränderung der Schülerperspektiven beigetragen haben. Die Entwicklungen und Veränderungen wurden während des Projektes auf Plakaten festgehalten und beim Aktionstag eigenständig präsentiert. Der Vorteil eines Konzepts »Schüler für Schüler mit Schülern« besteht in der auch bei den jüngeren Schülern gefühlten gleichen Augenhöhe. Kinder, so unsere Erfahrung, können sich auch gegenseitig Wertevermittler sein.

Bausteine des Projektes in Auswahl

Vorstellungsrunde

Wer oder was ist mir »echt sympathisch«? Die Schülerinnen und Schüler bildeten Tandems und stellten jeweils das sympathische Gegenüber vor. Deutlich wurde hier schon, dass das Empfinden, was das Miteinander fördert, also die entsprechenden Wertvorstellungen durchaus vorhanden waren.

Rollenspiele

Täglich wurden in Teamwork- und Rollenspielen Konfliktsituationen aus dem Schulalltag durchgespielt, von denen Schüler aller Klassenstufen in unseren Fragebögen beim SMV-Seminar und in Gesprächen berichtet hatten. Kurze Entscheidungsspiele, wechselnde Rollenübernahmen, Sketche, Bewegungs- und Konzentrationsspiele fanden an verschiedenen Orten wie Klassenzimmer, Schulflur, Aula, Hof und Wiese statt. Unsere Auswahl in der Darstellung erfolgt nun nach den Kriterien Beliebtheit bei den Schülern und Effizienz bei der Erreichung des Ziels »Empathiefähigkeit« zu fördern.

– Der barmherzige Samariter (Material 1)
Die Geschichte in Anlehnung an den barmherzigen Samariter spielten die Kinder zuerst mithilfe der ausgeteilten Rollenkarten. Dann nahmen sie Personen- bzw. Rollentausch vor, variierten die Rollen und erfanden neue hinzu. Die auch bei solchen Spielen spontan gemachten Einträge auf den unterschiedlichen Plakaten spiegelten die verschiedenen Blickwinkel wider.

– »Das Tier – ein Lebewesen« (Material 2)
Bei diesem Rollenspiel dachten sich die Kinder noch andere Personen dazu. Ziel war es, dass die Kinder Tiere als Teil der Schöpfung erkennen. Sie erkannten das Gebot eines menschlichen Umgangs mit ihnen.

Situationsspiele (Material 3)

Die Situationsspiele entlehnten wir den beobachteten bzw. geschlichteten Vorfällen und Konflikten des Schulalltags. Für manche Ausgangssituationen gab es unterschiedliche Verhaltensimpulse, die die Kinder weiterentwickelten.
Der Ausgangssatz war jeweils nur ein Hinweis, in welche Richtung die Rolle gespielt werden sollte. Häufig erfanden sie noch andere Möglichkeiten, die sie spielten und anschließend selbst als ›sympathisch‹ bzw. ›unsympathisch‹ beurteilten.
Nach Streitszenen wurden Vorschläge gesammelt, welche Verhaltensweisen die Situation friedlich lösen, welche umgekehrt Konflikte verschärfen, und überlegt, wie unbeteiligte Beobachter helfen könnten. Hier gingen die Grundsätze der Streitschlichtung zumindest in groben Zügen ein.

Teamworkspiele

Die Teamworkspiele waren so erdacht, dass sie genaues Hinhören und Eingehen auf andere erforderten.

– Hinhören

Die Teilnehmer werden in Sechser- oder Achtergruppen eingeteilt. Innerhalb einer vorgegebenen Zeit baut die Hälfte jeder Gruppe aus bunten Bausteinen ein beliebiges Gebilde, die andere Hälfte, die aufgrund einer Zwischenwand die Konstruktion nicht sehen kann, baut nun nach genauen Anweisungen der ersten Hälfte nach. Entscheidend für den Sieg unter den Gruppen ist aber nicht nur, inwieweit deckungsgleich nachgebaut wird, sondern auch, wie viele Gruppenteilnehmer der jeweiligen Hälften aktiv mitwirken, wie stark sie auf Fragen der anderen eingehen bzw. wie gut sie zuhören, was und wie sie bauen sollen.

– Einfühlen

Mithilfe von Augenbinden bzw. von im Sanitätshaus ausgeliehener Rollstühle und einer Trage versetzten sich die Kinder in die Lage von Kranken. Durch die Übernahme der Rolle eines Blinden, eines Rollstuhlfahrers und eines Verletzten auf der Trage empfanden sie nach, auf Hilfe angewiesen zu sein oder vieles nicht machen zu können. Alltagssituation wie das Einkaufen am Schulkiosk oder das Öffnen der Tür waren ebenso wie Aufstehen und den anderen auf die Wiese Nachlaufen auch nicht mehr möglich. Die Rolle des Betreuers fiel den Kindern aber schwerer. Sie konnten als solcher aber üben, Verantwortung für einen anderen zu übernehmen. Wenn der Betreuer des Rollstuhlfahrers die Augen verbunden hatte, so war er selbst auf dessen Hilfe und Direktiven angewiesen.

– Sich einlassen

Mit verbundenen Augen übten die Kinder ebenfalls Achtsamkeit, wenn sie auf vereinbarte nicht verbale Zeichen reagierten. So blieben sie stehen, wenn der andere die Hand losließ. Wenn der Partner ausgetauscht wurde, konnte er dies an den Händen spüren. Hierbei probierten die Kinder noch andere Varianten aus, um ihre Verständigung zu verbessern.

Ins Gespräch kommen – Begegnung der Generationen

Im Anschluss an das Projekt wurden die zuvor durch musikalische Beiträge begonnenen Begegnungen der Schüler mit Menschen aus der Geriatrie der direkt an das Schulgelände angrenzenden Klinik und dem benachbarten Seniorenheim durch Besuche bei Senioren ergänzt und jetzt auch auf die unteren Klassenstufen ausgeweitet, so dass Schüler der Klas-

sen 5 bis 12 beteiligt wurden. Die große gegenseitige Bereicherung, die aus diesen Begegnungen erwachsen, aber auch Schwierigkeiten und Unberechenbarkeiten wären es wert, behandelt zu werden, können im Rahmen dieses Beitrags aber nicht mehr dargelegt werden.
Sehr viel umfassender müsste auch der Wert des wahrhaften »Ins-Gespräch-Kommens« dargestellt werden, der auf jedem Weg, ob in der Streitschlichtung, in der Schülerbetreuung, in der Projektarbeit oder bei den intergenerationellen Begegnungen, erst ein wirkliches Miteinander möglich macht.

→ M6 enthält die Rollenkarten u.a. Materialien zur Nachahmung dieses Projektes

Melanie und Nadine-Annelie Hambsch

II. Glauben leben

Abschiedsgottesdienst für Abiturienten

Das Abitur wird von den meisten Schülerinnen und Schülern als existenzielle Wende ihres bisherigen Lebens empfunden. Die Schule war, trotz mancher Widrigkeiten, ein Ort, der dem eigenen Leben Struktur gab. Der nachfolgende, gemeinsam von Schülern und begleitendem Lehrer vorbereitete Gottesdienst fokussiert das existenzielle Moment des Übergangs im Kontext einer Segnungshandlung, die die heilsame Gegenwart Gottes im Leben des je Einzelnen erfahrbar machen möchte.

Situation

Wenn es das Phänomen der »Wiederkehr der Religion« überhaupt gibt, dann hat es bis jetzt um die Schulgottesdienste einen großen Bogen gemacht. Zu selten gelingt es in Schulgottesdiensten Glaube und Leben so zu verbinden, dass in der Feier für die Schulgemeinschaft etwas von der heilsamen Gegenwart Gottes erfahrbar wird. Dies ist umso häufiger der Fall, je mehr die Feier an kirchliche Anlässe angebunden ist – und je weniger, je mehr sie in Bezug steht zu Ereignissen des schulischen Lebens. Dazu zählen etwa Gottesdienste zur Einschulung oder aus Anlass eines dramatischen Einschnittes in den Schulalltag (etwa der Tod eines Schülers), sowie Gottesdienste zum Ende der Schulzeit. An der Umbruchstelle zwischen Schule und dem »echten Leben« nehmen sie das hier besonders stark empfundene Bedürfnis nach dem Zuspruch guter Mächte auf. Ähnlich anderen »rites des passage« (Geburt, Hochzeit, Begräbnis) werden sie nicht nur von den zum Binnenraum der Kirche Gehörigen in Anspruch genommen, sondern von den »treuen Kirchenfernen« genauso wie von jenen, die mit der kirchlichen Gemeinschaft nicht (mehr) verbunden sind und für die der christliche Glaube und Gott keine relevanten Größen in ihrem Leben sind. Die vor dem Schritt in einen neuen Lebensabschnitt erlebte Ungesichertheit und Fragilität menschlicher Existenz lässt Glaubende und Nichtglaubende Ausschau halten nach Versöhnung mit dem bisher gelebten Leben und der Zusage, dass Leben gelingen kann. Kurz: Schülerinnen und Schüler, Eltern und Lehrer erfahren sich als »segens-

bedürftig«[1]. Weil diese Erfahrung eine Grundkonstante des Menschseins ist, darum gehört das »Segnen zu den Urgesten des Menschen«.[2]
Der christliche Segen macht dabei schon in seinem Gestus deutlich, dass er nicht mit einem »Rund-um-sorglos-Paket« zu verwechseln ist oder mit der Versicherung, dass »es dir in allem gut gehen wird«. Gespendet im Zeichen des Kreuzes, Zeichen des Leidens, Sterben und Auferstehens Jesu Christi, blendet er die unwägbare Wirklichkeit des Menschen nicht aus, sondern sagt die Nähe und Gegenwart Gottes mitten in den Sorgen und Freuden, dem Gelingen und Scheitern des menschlichen Lebens »sichtbar, spürbar, wirksam«[3] zu.

Loslassen und Aufbrechen – ein Segnungsgottesdienst

Die vom II. Vatikanum in Erinnerung gerufene »participatio actuosa« aller an der gottesdienstlichen Feier Beteiligten gilt für Schulgottesdienste in besonderem Maße. Schulgottesdienste sind nicht die Fortsetzung des Religionsunterrichts mit anderen Mitteln. Sie sind keine religionspädagogische Sonderveranstaltung. Sie sind auch nicht von (Religions-) Lehrern kreierte zivilreligiöse Akte, sondern Feiern, in denen die ganze Schulgemeinschaft – Schüler, Lehrer wie Eltern – eingeladen ist, der heilenden Gegenwart Gottes mitten unter uns eingedenk zu werden, das Wort Gottes zu hören, es zu teilen und sich Gottes Segen zusagen zu lassen. Damit dies gelingt, bedarf es der »aktiven Teilnahme« aller, die sichtbar wird in der von allen getragenen Vorbereitung und im Zusammenspiel der von Vertretern allen Gruppen übernommenen Dienste in der Feier.

Vorbereitung

Die gemeinsame Vorbereitung stand deshalb auch am Beginn des hier vorgestellten Gottesdienstes. Nachdem gemeinsam geklärt wurde, ob

---

1 Internationale Arbeitsgemeinschaft der liturgischen Kommissionen im deutschen Sprachgebiet, Pastorale Einführung, in: Benediktionale. Studienausgabe. Hg. v. den liturgischen Instituten Freiburg (Schweiz), Salzburg, Trier, Freiburg 2007, S. 11.

2 Ebd., S. 11.

3 Dietrich Bonnhoeffer – Maria von Wedemeyer, Brautbriefe. Zelle 92, München [5]2006, 185f.

die Gruppe einen gemeinsamen Abschlussgottesdienst feiern möchte, wurde zunächst gemeinsam nach einer Überschrift für den Gottesdienst gesucht. Danach arbeiteten verschiedene Kleingruppen an einzelnen Elementen: Auswahl, Einübung und Begleitung der Lieder; Formulierung der Fürbitten und eines einleitenden Gebetes; Auswahl eines Lesungstextes und Vorüberlegungen zur Gestaltung dessen Auslegung.

Die Rolle des Lehrers konnte sich dabei ganz auf die Moderation und die Sorge um das Gelingen dieses Arbeitsprozesses beschränken, an dessen Ende (nach 3 Unterrichtsstunden) das unten beschriebene Ergebnis stand. Die Teilnahme an dem Gottesdienst, der dann in der letzten Doppelstunde des Kurses vor dem Ende der Schulzeit stattfand, war freiwillig. Allerdings war schon zu Beginn der Überlegungen vereinbart, dass es nur sinnvoll ist, einen gemeinsamen Kurs-Gottesdienst zu feiern, wenn daran auch mindestens 2/3 teilnehmen würden. Für die, die ihre Bereitschaft bekundeten, war die Teilnahme dann verpflichtend. Am Ende nahmen 16 von 19 Schülerinnen und Schülern teil.

Ort und dem Dienst des Vorstehers bzw. Zelebranten

Die Entscheidung, den Gottesdienst in einer nahe gelegenen katholischen Kirche zu feiern, ergab sich aus der konfessionellen Uniformität der Gruppe und war nahegelegt durch das von dem Kurs formulierte Anliegen. Daraus resultierte auch der konkrete Ort der Feier: die Altarinsel der Kirche, in der sich die Gruppe in einem nicht ganz geschlossenen Kreis um den Altar, der »exzentrischen Mitte« (Reinhard Meßner) der Gemeinde, versammelte.
In diesem Gottesdienst übernahm ich als Diakon selbst den Dienst des Zelebranten. Doch kann es bei einem Gottesdienst, in dem die Möglichkeit der Einzelsegnung die Mitte bildet, auch gut sein, einen Geistlichen »von außerhalb« zu bitten, dies zu übernehmen. Das im Segen sichtbar zugesprochene »extra nos« des Heils könnte so besonders deutlich gemacht werden.

→ M7 enthält weitere Materialien wie Ablaufplan und Texte für den Gottesdienst

Matthias Mühl

Abseits des Alltags – ein weihnachtlicher Abendgottesdienst

Nach dem Schulgottesdienst in den Unterricht oder nach dem Unterricht in den Schulgottesdienst, manchmal etwas gehetzt, weil das Zeitfenster zu knapp ist und alle anderen, Schüler wie Lehrer, die nicht am Schulgottesdienst teilnehmen, entweder auf den Unterrichtsbeginn warten oder mittlerweile nach Hause gehen. So gestaltet sich üblicherweise die Situation eines Schulgottesdienstes mitten im Schulalltag, mit allen Vor- und Nachteilen. Warum nicht einmal eine gottesdienstliche Feier mit viel Zeit am Abend und ohne »Zeitfenster«, eine Zeit zum Halt-machen und Innehalten, zumal im vorweihnachtlichen Trubel? Wer kommt, hat sich schon Zeit genommen!

Ein Gottesdienst für »Kleine und Große«

Der Abendgottesdienst bringt es mit sich, dass auch Eltern zusammen mit den Schülerinnen und Schülern eingeladen werden können. Erfahrungsgemäß wird dieses Angebot gerne angenommen, bringt aber für die Gestaltung des Gottesdienstes mit sich, dass sowohl die jüngsten Schülerinnen und Schüler wie auch die älteren Gottesdienstbesucher angesprochen werden möchten.
Das hier vorgestellte Konzept orientiert sich deshalb an drei Gestaltungsprinzipien: sinnenhaft erfahrbare Elemente setzen einen inhaltlichen Aspekt so anschaulich um, dass er zum einen für jüngere zugänglich und verständlich wird, er zum anderen aber auch dem kognitiven Anspruch und Bedürfnis der älteren Schüler und Schülerinnen und der erwachsenen Besucher gerecht wird. Beide sollen außerdem die Möglichkeit haben, durch die Atmosphäre der Feier und die Gestaltungselemente einen Raum der Ruhe, der Meditation und vielleicht der Gotteserfahrung zu finden.

Die Gestaltung der Texte

Ein weihnachtlicher Gottesdienst bringt in besonderer Weise die Herausforderung mit sich, dass scheinbar Altbekanntes anders oder neu gesagt werden muss, um vertieft werden zu können. Außerdem ist das Weihnachtsfest mehr als alle anderen Feste durch kommerzielle Aspekte überfrachtet und von lieb gewonnenen, aber nur noch äußerlichen Traditionen geprägt, die oft, samt dem Verständnis des Festes, noch in den Kinderschuhen stecken. Das Fest in seinem eigentlichen Sinn ist für viele unerschlossen geblieben. Der Sehnsucht, dass hinter all dem äußeren Schein ein inneres Licht und ein tiefer Glanz im Geheimnis von Weihnachten verborgen liegt, wollen die Gedanken und Texte der hier vorgestellten weihnachtlichen Gottesdienste Rechnung tragen.

Die textliche wie auch die musikalische Gestaltung sind dementsprechend so angelegt, dass sie vom Beginn des Gottesdienstes an einen Leitgedanken entfalten: Sowohl die Eröffnung und das weihnachtliche Spiel wie auch Lesung, Meditation und Fürbitten, vor allem aber auch die Lieder sind inhaltlich so verbunden, dass ein deutlicher »roter Faden« sichtbar wird und dem »Hörer des Wortes« ein verweilendes Meditieren, aber auch ein immer tieferes Verstehen ermöglichen. Wer nichts vom Weihnachtsfest weiß, der soll etwas erfahren dürfen, und wer schon alles viele Male gehört hat, der soll es vertiefen und neu anschauen können. Dabei bietet die Atmosphäre der Ruhe und der Meditation den Raum für das Größere: das Geheimnis des Gottes, der uns in einem menschlichen Gesicht in Jesus Christus begegnet und der uns in unseren menschlichen Begegnungen das Größere erfahren lässt.
Um sowohl eine inhaltliche Entfaltung des Themas als auch eine angemessene Sprache zu ermöglichen, wurden die Texte in gemeinschaftlicher Arbeit der Religionslehrerinnen beider Konfessionen verfasst und ein entsprechender Aufbau vorab konzipiert. Die Beteiligung der Schülerinnen und Schüler liegt bei diesem Konzept in der Ausgestaltung der gottesdienstlichen Umsetzung.

Umsetzung und Gestaltung

Die Planung und Durchführung des Gottesdienstes verlangt eine intensive Zusammenarbeit im Vorfeld und ein hohes Maß an Eigenverantwortlichkeit der Schülerinnen und Schüler bei der Feier selbst.
Alle Beteiligten sollten in einer Vorbesprechung die Gelegenheit haben, in das Thema des Gottesdienstes eingeführt und mit den inhaltlichen Zusammenhängen vertraut gemacht zu werden. Bei der Auswahl von Lesern und Spielern sind unbedingt deren Kompetenzen zu berücksichtigen, da der Sinn der Texte nur durch eine entsprechende Gestaltung des Lesevortrags vermittelt werden kann. Dies sollte im Vorhinein auch ausgiebig geprobt werden (Tipps zur Terminierung und zur Umsetzung siehe Begleit-CD).
Schülerinnen und Schüler können bei der Umsetzung der textlichen Vorlagen ihre kreativen und gestalterischen Fähigkeiten in hohem Maße einbringen und werden darin gefördert. Für viele ist es eine erste gelingende Erfahrung, in einem kleinen »Ensemble« eine so intensive Zusammenarbeit, die hohe Verlässlichkeit verlangt, zu erfahren und vor vielen Zuhörern zu sprechen. Der gottesdienstliche Raum bringt es außerdem mit sich, dass sie erleben, wie sich eine Atmosphäre gestalten lässt und nach und nach Raum gewinnt. Sie werden Teil einer Feier, die ihre eigene Dynamik entfaltet und spürbar nicht nur »gemacht« oder inszeniert ist, so dass auch die beteiligten Schülerinnen und Schüler das sie Übersteigende erfahren können.

Die Aufteilung beim weihnachtlichen Spiel (»Dem Stern entgegen …«) in Sprecher und Spieler ermöglicht eine Entlastung für den Einzelnen. Der Sprecher leiht dem Spieler seine Stimme und passt sich an dessen Ausführung an. Die notwendige genaue Abstimmung durch Absprachen und mehrmaliges Proben fördern ein intensives Zusammenspiel und legen eine Auswahl älterer Schüler der Oberstufe für die tragenden Sprechstimmen nahe. Viele Teile sind für Unterstufen- und Mittelstufenschüler nicht sinnvoll zu leisten. Sie können sich bei kleineren Spielrollen oder beim Lesen der Fürbitten einbringen. Die so mögliche klassenübergreifende Zusammenarbeit in der Vorbereitung des Gottesdienstes zeigt in authentischer Weise das Zusammenspiel vieler Gaben und Talente.

Begrüßung und Segen bilden den Rahmen des Gottesdienstes. Beide Teile werden wie die Lesung von den Lehrkräften übernommen. Der übrige, dazwischen liegende Teil der Feier bedarf in keiner Weise deren Beteiligung. Es genügt, wenn jede/r Schüler/in weiß, wann er/sie seinen Teil einbringen muss, damit das runde Ganze entsteht. Die gottesdienstliche Feier entfaltet so ihren Zusammenhang aus sich selbst und wird zum Ruhepunkt in einer für alle Beteiligten, für Schüler, Lehrer und Eltern, oft so unruhigen vorweihnachtlichen Zeit.

→ In M8 finden sich zwei nach dem vorgestellten Konzept ausgearbeitete Gottesdienstmodelle und weitere hilfreiche Materialien zur angemessenen Umsetzung des vorgeschlagenen Modells.

Veronika Marqués Berger/Dagmar Ruder-Aichelin

Schüler für Schüler: Bet & Breakfast vor Ostern

Die religiös geprägten Zeiten bieten sich an, um mit den am Schulleben Beteiligten einen Erfahrungsweg zu gehen. Das nachfolgend vorgestellte Projekt ist ein spirituelles Angebot vor Ostern. Schüler/innen der Werkrealschule in Engen gestalten unter Begleitung der Schulseelsorgerin eine 20-minütige Besinnung, die in ein anschließendes Frühstück mündet.

Anliegen, Motivation und Ziele

Mit einem viermaligen »break« in der Routine der Schulwoche ermöglicht die Schule ein religiös-spirituelles Angebot in der Fastenzeit. Die Fastenzeit soll als Besinnungszeit ins Bewusstsein gerückt werden. Der Weg von Aschermittwoch bis Ostern wird durch seine Anschaulichkeit, das gemeinsame Beten, Singen und Handeln persönlich nachvollziehbar. Ziel ist es, Schüler/innen zu motivieren, für ihre Mitschüler vor Unterrichtsbeginn eine religiöse Besinnung zu gestalten. Hierdurch wird nicht zuletzt die (Schul-)Gemeinschaft durch gemeinsames Vorbereiten, Beten, Singen, Frühstücken und Aufräumen gestärkt und gefördert.
Besinnung und Essen sind gemeinschaftsfördernde Elemente im Schulalltag. Dieser Effekt wird dadurch verstärkt, dass Schüler/innen weitgehend selbst die Verantwortung für die spirituell-religiöse Einstimmung auf Ostern übernehmen. Auf diese Weise wird die Glaubensgemeinschaft im Lebensraum Schule erfahrbar und zugleich den Schülerinnen und Schülern eine Möglichkeit gegeben, ihr Selbstvertrauen durch Übernahme von Aufgaben und Mitverantwortung für die Durchführung zu stärken und auf diese Weise soziale, personale, religiöse und methodische Kompetenzen weiterzuentwickeln.

Planung und Umsetzung

Die Projektleitung liegt bei der Schulseelsorgerin. Sie begleitet zusammen mit zwei Fachkollegen zwei Schülervorbereitungsteams: Ein Team bereitet unter Anleitung der Schulseelsorgerin den morgendlichen religiösen Impuls vor. Das andere Team kümmert sich um die Bereitstellung des Frühstücks. Jede Gruppe umfasst jeweils sechs bis acht Schüler/innen.
Bei der Erarbeitung müssen die unterschiedliche religiöse Ausgangssituation der Schüler/innen, deren unterschiedliche spirituelle Bedürftigkeit und ggf. die Unbeholfenheit und Unerfahrenheit im Umgang mit religiösen Ausdrucksformen angemessen berücksichtigt werden.
Die nachhaltige Umsetzung des Projektes und die Übernahme in das Curriculum der Schule hängen ab von vor- und nachbereitenden Gesprächen mit der Schulleitung, von der Einbeziehung weiterer Religionslehrer und interessierten Lehrkräften. In Bezug auf die Kosten kann von den Schüler/innen ein Eigenanteil von etwa einem Euro erhoben werden.
Um das Konzept angemessen umsetzen zu können, sollten zwei Klassenräume für die Besinnung und für das anschließende Frühstück zur Verfügung stehen. Günstig ist es, wenn eine Erlaubnis zur Benutzung der Schulküche besteht.
Zeitlich sollten für die Umsetzung des Konzepts insgesamt ca. 6 Wochen (2 Wochen Vorlauf für Grobplanung, Einteilung der Schüler/innen, 4 Wochen für die Durchführung) eingeplant werden, vier Termine müssen für die jeweilige Vorbereitung des nächsten »Bet and Breakfast« gefunden werden. Hier empfiehlt es sich, die konkrete Vorbereitung des religiösen Impulses einen Tag vorher einzuplanen, damit in diesem Rahmen der Raum vorbereitet und eine Generalprobe durchgeführt werden kann.
Für die Innen- und Außenwirkung dieses Projektes empfiehlt sich eine Fotodokumentation auf Stellwand im Foyer oder der Schulhomepage. Die sich engagierenden Schüler/innen erhalten im Anschluss daran ein Zertifikat für den Qualipass.

→ M9 enthält vier mit Schülern erarbeitete Vorschläge für einen Erfahrungsweg Bet & Breakfast vor Ostern

Juliane Hecker

Einführung in das betrachtende Beten

Die Einführung in das betrachtende Beten setzt beim Anleitenden eine entsprechende Erfahrung mit dieser Gebetsweise voraus. Das Angebot richtet sich an Schülerinnen und Schüler der Oberstufe, die ihren Glauben vertiefen und entfalten wollen. Schulpastorale Angebote dieser Art werden nicht die Regel sein, aber sie eröffnen jungen Menschen, die in religiöser Hinsicht »mehr« wollen.

Die Gebetsweise der Schriftbetrachtung bzw. das »Beten mit der Heiligen Schrift«[1] eignet sich, um ignatianische Einzel- bzw. Gruppenexerzitien mit Schülern der Oberstufe zu gestalten. In ihr wird das eigene Leben im Licht des Evangeliums betrachtet und gefragt, wie Gott einen geführt hat (zurückblickend), was Gottes Wille für das eigene Leben ist (die Gegenwart betrachtend) und auf welche Weise einer Christus nachfolgen möchte (vorausblickend). Die Schriftbetrachtung ist eine für Schüler durchaus anspruchsvolle und zugleich ansprechende Gebetsform, da sie »alle Dimensionen und Fähigkeiten des Menschen aktiviert«[2]: Fantasie und Vorstellungskraft, die Fähigkeit, sich zu sammeln und zu konzentrieren, Gefühle und Sehnsüchte, Gedächtnis, Verstand und Wille werden gleichermaßen »bean-spruchte«. Der kognitive Überhang wird in der Regel älteren Schülern gerecht, da sie ohnehin in einer Phase des intellektuellen Fragens und des kritischen Zweifelns sind. Damit die Schüler in dieser Übung nicht die Orientierung bzw. den Halt verlieren, erfordert diese Gebetsweise eine gute Anleitung und Begleitung, besonders was den Umgang mit biblischen Texten anbelangt.[3] Es empfiehlt sich außerdem, dass die Jugendlichen die Betrachtung zunächst gemeinsam in einer kleinen Gruppe machen und sich anschließend darüber austauschen. Für den Anfang ist die Dauer von einer halben Stunde ratsam. In vereinfachter Form lässt sich die Schriftbetrach-

---

1 Köster 2003 a. a. O., S. 45: »Beim betenden Umgang mit einem Schrifttext geht es zunächst darum, mit der Lebens- und Glaubenserfahrung einer biblischen Geschichte meine aktuelle Lebens- und Glaubenswirklichkeit anzuschauen und miteinander ins Spiel zu bringen.« (ebd., S. 46).

2 Steinke 2004 a. a. O., S. 74.

3 Eine hilfreiche Einführung in den Umgang mit der Bibel bietet Lambert 2000, S. 98–137.

tung in drei Schritte einteilen[4] und könnte etwa folgendermaßen angeleitet werden:

1. ***Bereitung und Impuls***: Ich suche mir einen geeigneten Ort zum Beten und nehme eine entsprechende Haltung ein. In der Stille nehme ich mich wahr, wie ich jetzt da bin. Gott ist auch da – ich versuche, mich auf ihn einzulassen und auszurichten. Ich lese den zuvor ausgewählten Bibeltext und bitte Gott, jetzt aufmerksam da sein zu können, um zu erfahren, was er mir mitteilen möchte.
2. ***Betrachtung und Gebet***: Vor meinem inneren Auge versuche ich, mir mit allen Sinnen den Schauplatz des Textes plastisch vorzustellen und nach einer Weile meinen eigenen Platz in der Szenerie zu finden. Ich achte darauf, welche Regungen diese Betrachtung in mir auslöst. Dann versuche ich, mit dem Herrn in ein Gespräch zu kommen über das, was mich angesprochen hat und bewegt. Dabei lasse ich mir und Gott Zeit, damit ich nicht ins Monologisieren gerate. Nach und nach werden die Worte weniger, mein Schauen auf Gott wird intensiver.
3. ***Beendigung und Reflexion***: Ich schließe mit einem mir bekannten Gebet. Nach der Betrachtungszeit schaue ich nochmals kurz darauf zurück und notiere mir etwas von dem, was ich eben erfahren habe.[5]

Wenn man mit Schülern Übungen wie diese macht, muss man schrittweise vorgehen und darauf achten, den Einzelnen nicht zu überfordern. Eine Vorübung kann sein, dass man für eine ganze Betrachtungszeit »nur« darauf achtet, wie man jetzt gerade da ist, was man spürt und was man wahrnimmt. Um sich einen Bibeltext leichter vorzustellen, kann es Jugendlichen helfen, wenn sie mit einfachen Strichzeichnungen so etwas wie einen Comic-Strip mit drei Bildern skizzieren. Eine von Schülern gerne angenommene Variation der Schriftbetrachtung ersetzt den »Betrachtungsstoff«, also den Bibeltext etwa, durch ein wichtiges Lebensereignis, das man betrachten und vor Gott bringen will oder einen Men-

---

[4] Lambert spricht von einem »Rahmen geistlichen Tuns« und legt einen »Gang durch die Gebetszeit« dar (vgl. Lambert 2000 a. a. O., S. 62–97). Eine etwas andere Ausformulierung dieses Rahmens findet sich bei Köster 2003 a. a. O., S. 48–52 bzw. S. 58–65.

[5] Nicht nur für Schüler zeigt sich so etwas wie ein roter Faden, der sich durch die verschiedenen Betrachtungsübungen zieht, wenn man direkt im Anschluss daran kurz drei Dinge notiert: 1. Wie geht es mir jetzt? 2. Was ist mir ausgegangen, was habe ich erkannt? 3. Wohin sind meine Gedanken gewandert, wenn ich abgeschweift bin?

schen, den man schätzt. Die drei oben aufgeführten Schritte bleiben dieselben. Und immer wieder sollte man deutlich machen, dass solch eine Betrachtung eine anspruchsvolle Form des Betens ist, bei der nicht alles auf Anhieb klappen wird, sondern dass es dazu einer regelmäßigen und langen Übung bedarf. Um sich tatsächlich auch außerhalb von Besinnungstagen üben zu können, sollte man auch im Schulalltag Angebote schaffen (etwa im Rahmen eines Glaubenskurses[6] oder begleitend zum Sozialpraktikum[7]), bei denen Schüler an den Erfahrungen anknüpfen können, die sie zuvor gemacht haben.

Philipp Görtz

---

6 Vgl. dazu hier im Werkbuch den Beitrag von Jürgen Leide.

7 Während des Sozialpraktikums drängt sich der Betrachtungsstoff (die eigenen Erfahrungen des Dienstes und die Menschen, für die man sich einsetzt) ja geradezu auf.

Frühschichten

Frühschichten gehören zum Grundbestand religiöser Praxis in den geprägten Zeiten. Im Kontext der Entwicklung eines schulpastoralen Angebotes sind sie ein wichtiges Scharnier zwischen Schule und Ortsgemeinde. Der folgende Beitrag bietet ein in der Praxis erprobtes Modell, das zur Nachahmung einlädt.

Zielgruppe

Jugendliche und junge Erwachsene ab 13 Jahren (d. h. ältere SchülerInnen der Sek I und SchülerInnen der Sek II)

Grundgedanke

Jugendlichen einen Zugang zu den geprägten Zeiten (des Advents und der österlichen Bußzeit/Fastenzeit) über das Brauchtum hinaus eröffnen. Dafür wird ein Zeitfenster gewählt, das ihren Alltag im Blick hat: Morgens haben Schüler und Schülerinnen (meist) keine Termine. Es birgt durchaus eine besondere Herausforderung, sich zu so unüblicher Zeit zu so einer unüblichen Veranstaltung zu treffen. Das erhöht den Reiz des Unbekannten.

Zeitrahmen

6.00 Uhr – ca. 7.30 Uhr (mit Offenheit nach hinten), da auch Fahrschüler die Möglichkeit zur Teilnahme haben sollen. Turnus: ein Mal wöchentlich während der Advents- und Fastenzeit. In der Fastenzeit kann es sinnvoll sein, nur 3–4 Treffen zu planen, um die Jugendlichen nicht zu überfordern.

Ort der Veranstaltung

Gemeinderäume der Pfarrei. Raumgestaltung: Geschickt ist es, wenn sich in den Pfarreiräumen ein Meditationsraum befindet und eine Teeküche. Ist das nicht vorhanden, sollte der Raum eine angenehme Atmosphäre haben, die ein Arbeiten auf verschiedenen Ebenen (Stuhlkreis, Tisch(e), Fußboden) ermöglicht. Außerdem sollten die Vorbereitungen für das Frühstück bereits vor dem Beginn so weit gediehen sein, dass es möglich ist, zügig nach dem religiösen Teil zum Essen überzugehen (d. h. Geschirr bereitstellen, Kaffeemaschine laufen lassen usw.). Die Jugendlichen haben oft wenig Zeit bis zum Bus/zur Bahn oder einem besonders frühen Schulanfang.

Aufbau

Die Frühschichten bestehen aus zwei Teilen, die unbedingt zueinander gehören:
a) der Tageseinstieg mit religiöser Auseinandersetzung, Gebet und (je nach Tagesform und Teilnehmenden) Gesang, ca. 30 min.
b) das gemeinsame Frühstück.

Erfahrungen

Die Jugendlichen kommen häufig zunächst nicht wegen des religiösen Anteils, sondern um des gemeinsamen Frühstücks willen, das im Anschluss stattfindet, denn darunter können sie sich etwas vorstellen. Zur Etablierung benötigt die Durchführung von Frühschichten meist eine »Stammgruppe« Jugendlicher, deren Interesse geweckt ist und mit denen der günstigste Zeitpunkt (Wochentag und möglicherweise Beginn) ausgehandelt wird. Diese ziehen u. U. andere nach. Die Örtlichkeit außerhalb des schulischen Rahmens ermöglicht den Schülerinnen und Schülern einen Rollenwechsel, der auch die Auseinandersetzung mit religiösen Themen in anderen als den gewohnten Reaktionsmustern möglich macht.

→ M10 bietet ein erprobtes Modell für die Fastenzeit.

Morgenandacht vor Schulbeginn

Das hier vorgestellte Modell einer Morgenandacht nimmt die besondere Situation von Internatsschülerinnen und -schülern in den Blick und bietet ein spirituelles Element der Sammlung zu Beginn des Tages. Mit entsprechend situativer Anpassung an die Gegebenheiten enthält das Beispiel auch Impulse für die schulpastorale Arbeit in einem anderen Kontext.

Mit den Internatsschülern der Klassen 5 bis 9 veranstalten wir täglich nach dem Frühstück und noch vor Schulbeginn eine Morgenandacht, damit diese ihren Schultag wach, gesammelt und konzentriert beginnen. Im Kreisrund der Krypta erwartet die Jungen und Mädchen ab etwa zwanzig vor acht eine meditative Stimmung: Das Licht ist gedämpft, ein Schüler wählt Musik aus, ein anderer entzündet die Altarkerze. Bis viertel vor acht suchen sich alle still einen Platz und lauschen der verklingenden Musik. Nach einer kurzen Stille bekommen die Schüler einen maximal zehnminütigen Impuls, der sie bereitmacht für die anstehenden Anforderungen und empfänglich für die Begegnungen, Beziehungen und für all das Neue, das der Tag bringen mag. Die Impulse orientieren sich einerseits an der Lebensrealität der Schüler, greifen deren Fragen auf, setzen Schlaglichter auf gemeinsame Erfahrungen oder Begebenheiten der letzten Zeit. Zum anderen regen die Impulse die Schüler zum Nachdenken und zum Fragen an, vermittelt etwa durch eine Kurzgeschichte oder indem einer aus seinem Leben erzählt oder wenn aus den Nachrichten das Zeitgeschehen aufgegriffen und die Menschen, die es unmittelbar betrifft, mit ins Gebet genommen werden. Beendet wird die Morgenandacht meistens mit einer weiteren kurzen Stillephase, um etwas nachklingen zu lassen, sowie mit dem gemeinsamen Vaterunser und einem Segen.

Philipp Görtz

Ökumenische Schulgottesdienste

Die beiden weiterführenden Schulen in Endingen am Kaiserstuhl laden zweimal im Jahr, am Anfang und am Ende eines Schuljahres, zu einem ökumenischen Schulgottesdienst ein, der von der evangelischen und katholischen Fachschaft gemeinsam verantwortet wird. Die nachfolgende Beschreibung skizziert den Kontext, welchem die auf der CD-ROM abgedruckten Gottesdienstmodelle entstammen.

In ökumenischer Verantwortung

Die gemeinsame Vorbereitung unserer Wortgottesdienste zu Schuljahresanfang und Ende steht im Zeichen eines lebendigen ökumenischen Miteinanders. Die ökumenische Dimension wird zunächst dadurch sichtbar, dass die Gottesdienste in Endingen abwechselnd in der evangelischen Kirche und in der katholischen Kirche stattfinden.
Bei den ökumenischen Vorbereitungstreffen der Fachschaften legen wir das Thema fest, hören gemeinsam auf das Wort Gottes und einigen uns auf Gestaltungselemente.
Auf diese Weise wirken die unterschiedlichen konfessionellen Glaubenszugänge bereichernd in unsere Gottesdienste hinein. Wichtig sind uns vor allem musikalische Gestaltungselemente und solche, die Interaktion, »tätige Teilnahme« ermöglichen. Mit der durchgängigen Verwendung von Symbolen wollen wir einen spirituellen und sinnlichen Erfahrungsraum eröffnen, der es den Schülerinnen und Schülern ermöglicht, die Glaubenswirklichkeit mit ihrem eigenen Leben in Beziehung zu setzen. Die ausgewählten Texte unterstützen diese Absicht, sie haben Impulscharakter, sind also kurz gehalten.

Organisatorische Aspekte

Es wichtig, dass ein Kollege/ein Kollegin, die ökumenische Gestaltung koordiniert und moderiert. Auf diese Weise ist sichergestellt, dass die

Werbung, der Kontakt zur Schulleitung und die Kommunikation in die Schulgemeinschaft hinein mit »einem Gesicht« verbunden werden können.
Sofern es möglich ist, wird der Gottesdienst von Vertretern beider Konfessionen geleitet, um auch hier ein Zeichen der gemeinsamen Verantwortung zu setzen.
Die Plakate haben ein gemeinsam entwickeltes, festgelegtes Design, bei dem sich Titel und Motiv ändern, der Rahmen aber bleibt, so dass ein Wiedererkennungseffekt auftritt (vgl. Datei »Plakate 2006–2010«).
Als Liederbuch verwenden wir die Kreuzungen, herausgegeben und verlegt von Martin Müller (www.kreuzungen.com).

Georg Mattes

→ M13 bietet zehn erprobte Gottesdienstmodelle

Die Gottesdienstentwürfe wurden angeregt durch die Bücher von Willi Hoffsümmer:

- Lexikon alter und neuer Symbole. Für die Praxis christlich gedeutet, Matthias-Grünewald-Verlag Mainz 1999
- 150 Bausteine für Schulabschlussgottesdienste. Ökumenische Feiern zum Schuljahresende und zur Schulentlassung, Bergmoser + Höller Verlag Aachen 1997

Prüfungscafé während des mündlichen Abiturs

Das Prüfungscafé wird von Schülerinnen und Schülern der unteren Stufen vorbereitet und gestaltet. Dies bietet sich an, da Mitschüler sich besonders gut in den Stress und die Besonderheit der Prüfungssituation einfühlen können. Ganz nebenbei übernehmen »Schüler für Schüler« Verantwortung füreinander und gestalten auf diese Weise ihr schulisches Zusammenleben.

Prüfungsoasen schaffen während der mündlichen Abiturprüfungen eine stress- und zweckfreie Ruhezone. Sie schenken den Prüflingen etwas Abstand und Entspannung von der Anspannung der Prüfungssituation.
Ich bin für dieses Projekt direkt an die Schülervertretung einer Schule herangetreten. Nachdem diese ihr Interesse bekundet haben, konnten wir durch die Vertrauenslehrerin die Zustimmung des Schulleiters einholen lassen und mit der Stufenkoordinatorin nach einem geeigneten Raum Ausschau halten.
Die weiteren Treffen drehten sich um die Ausgestaltung des Raumes, die Regelung der finanziellen Fragen und die Freistellung der Schülerinnen und Schüler zur Mitarbeit. Vor allem die Oberstufenschüler, die sich in der Schülerverwaltung aktiv beteiligen, sollten angesprochen werden. Die Gestaltung des Raumes wurde möglichst einfach gewählt. Im Klassenraum wurden vorhandene Tische und Stühle zu kleinen Tischgruppen zusammengestellt.
Das Essen (Kuchen) und die Getränke (Saft, Wasser, Tee, Kaffee) wurden durch Sachspenden und Spenden der Schule bzw. der Schülerverwaltung gewährleistet.
An den Tagen der mündlichen Prüfungen wurde das Café von Prüflingen, Lehrern und anderen Schülerinnen und Schülern der Schule besucht.
Die Schülerverwaltung hat sich entschieden, das »Prüfungscafé« in eigener Regie weiterzuführen.

Katrin Terlunen

Stille Pausen

Das Angebot der stillen Pause bezieht sich vornehmlich auf die geprägten Zeiten des Kirchenjahres (Fasten- und Adventszeit). Es handelt sich um ein kurzes spirituelles Angebot der Pfarrei St. Urbanus, Gelsenkirchen, in örtlichen, Gymnasium. Das Angebot steht allen Schülerinnen und Schülern, egal welcher Religionszugehörigkeit offen.

Situation

Gestaltete, stille Pausen bilden eine Alternative, einen bewusst gesetzten Kontrapunkt, zum oft umtriebigen und lauten Schulalltag.
Gerade in der Adventszeit, in der den Menschen die Zeit davoneilt, wollten wir in der Pfarrei St. Urbanus, Gelsenkirchen, einen Punkt zum Innehalten schaffen. In der Kooperation mit dem Kaplan der Pfarrei wurde dieses Projekt konkretisiert. So geben wir uns jeweils ein Thema, das dann durch kleine Impulse in der stillen Pause aufgegriffen wird und sich wie ein roter Faden durch das Gesamtprojekt zieht. Die bisherigen Themen waren:

»Einfach leben«: Fasten, Labyrinth, Schuld, Kreuz;
»Adventszeit«: Licht, Nuss, Wunsch, Duft;
»Adventskalender«: Tür, Nikolaus, Weihnachtslieder.

Der Ablauf der stillen Pause ist immer gleich. Sie findet einmal wöchentlich in einem Raum statt, der von der Fachschaft Religion in einen Religionsraum umgestaltet wurde. Er verfügt über Stühle, Gebetshocker und Matten und ist somit flexibel für die Erfordernisse unterschiedlicher Angebote gestaltbar. Er liegt in der dritten Etage, so dass hier »relative Stille« herrscht.
In der Mitte des Raumes wird eine gestaltete Mitte gelegt. Immer mit Kerze und Kreuz, aber dann individuell zum Thema gestaltet. Es werden Matten im Kreis gelegt und im Hintergrund läuft leise Entspannungsmusik.
Das Angebot findet in der ersten großen Pause statt und wird im Vor-

hinein durch Werbung bei den jeweiligen Religionslehrern bekannt gemacht. Darüber hinaus gibt es Plakate, die in der Schule an zentralen Plätzen aufgehängt werden.
Beim ersten Mal haben wir das Angebot für die gesamte Schülerschaft offen gehalten und es sind hauptsächlich die Schülerinnen und Schüler der Unterstufe erschienen. Bei den darauf folgenden Angeboten haben wir den Fokus hauptsächlich auf die Sekundarstufe II gelegt. Es ist geplant das Angebot fortzuführen, vielleicht gemeinsam mit einer/m Klasse/Kurs zu planen und darüber hinaus ein Angebot für Lehrkräfte der Schule vorzubereiten.

Katrin Terlunen

Taizé-Gebet in der großen Pause

Das Taizé-Gebet in der großen Pause ist Teil eines schulpastoralen Gesamtkonzeptes am Gymnasium Achern und wurde entwickelt, um den Schülerinnen und Schülern, aber auch den Lehrerinnen und Lehrern über die Schulgottesdienste hinaus spirituelle Erfahrungen im Schulalltag zu ermöglichen. Folgender Beitrag bietet eine Beschreibung des Werdegangs und zwei in der Praxis erprobte Modelle.

Ausgangssituation

Die Erarbeitung eines schulpastoralen Konzeptes war ausdrücklicher Wunsch der Schulleitung, so musste hier keine Überzeugungsarbeit geleistet werden – dies mag an anderen Schulen der erste nötige Schritt sein, da im organisatorischen Bereich der Rückhalt durch die Schulleitung gewährleistet sein muss.
Vorbild für die Gebete ist die klösterliche, ökumenische Gemeinschaft von Taizé in Burgund mit ihren meditativen, zu innerer Gelassenheit führenden Gottesdiensten. Viele Schüler kennen Taizé aus der Konfirmationsvorbereitung und der Firmvorbereitung in den Gemeinden, andere kennen nur die Lieder aus Taizé – allen gemeinsam, die die Taizé-Gebete besuchen, ist, dass sie sich von dieser Form der Spiritualität angesprochen fühlen.
Mit dem Taizé-Gebet bieten wir einmal in der Woche in der großen Pause in verschiedenen Blöcken im Schuljahr Ort und Zeit zum Innehalten an. In den Gesängen der Gemeinschaft von Taizé, mit einem Schrifttext und Fürbitten versuchen wir uns selbst aus der Hektik des Alltags ein Stück weit herauszuheben, unsere Gedanken vor Gott zu tragen. In der Gemeinschaft mit den Mitbetenden schauen wir darauf, was uns so wichtig ist, dass wir es eben nicht vom Alltag wegspülen lassen wollen, und wir schärfen unsere Achtsamkeit für die Bedürfnisse der Menschen, die mit uns in unserem Leben unterwegs sind.
In den folgenden Ausführungen werde ich zunächst das Taizé-Gebet am Gymnasium Achern und seine Einbindung in den Schulalltag beschreiben, um anschließend in einer »Checkliste« die Aspekte zusammen-

zustellen, die bedenkenswert sind, um ein Taizé-Gebet erfolgreich an der Schule anbieten zu können.

Vorbereitung und Durchführung

Vorbereitet wird das Taizé-Gebet meistens von den drei Kollegen, die das Gebet im Schuljahr 2005/06 initiiert haben. Allerdings melden sich immer wieder Fachkollegen, die dann mit einer Klasse das Gebet vorbereiten und auch dem Gebet vorstehen. Gelegentlich haben auch schon Schüler selbst die Vorbereitung und Leitung übernommen. Grundsätzlich werden Themen gewählt, die den Jahreskreis oder die Sorgen und Wünsche der an der Schulgemeinschaft Beteiligten aufgreifen.

Das Taizé-Gebet am Gymnasium Achern hat immer den gleichen Aufbau. Nach der Begrüßung wird ein Lied gesungen, meist mit zwei, bei neuen Liedern, mit drei Wiederholungen. Es folgt eine kurze Schriftlesung, die den Schriftstellen der Woche auf der www.taize.de Seite entnommen sind (Bereich: Bibel und Glaube, Kapitel: Wort für den Tag). Es folgt ein Lied und anschließend wird in einigen Augenblicken der Stille Gelegenheit gegeben, die eigenen Anliegen und Gedanken vor Gott zu tragen (ca. 2 Minuten). Im Anschluss werden die Fürbitten gelesen, die sich auf die Schriftlesung beziehen – meist von Schülern. Dann wird wiederum ein Lied gesungen, das Vaterunser gebetet und abschließend wieder ein Lied gesungen. Immer, wenn die Taizé-Gebete wieder einsetzen, wird eine kurze Einführung in die Herkunft des Taizé-Gebetes eingefügt. Am Ende werden noch gute Wünsche für die restliche Woche mit auf den Weg gegeben – manchmal mit einem kleinen Gebets- oder Meditationstext zum Mitnehmen.

Am Gymnasium Achern findet das Taizé-Gebet in der großen Pause statt, um allen Schülern und allen Lehrern ohne Aufsichtspflichten eine Teilnahme zu ermöglichen. Im ersten Jahr wurde ein vierwöchentlicher Rhythmus gewählt und die Termine über einen Kalender am Reli-Brett, der Informationsplattform der Fachschaft Religion in der Schule und in den Klassenzimmern weitergegeben. Darüber hinaus wurde direkt im Vorfeld mit Plakaten Werbung für das Gebet gemacht. Aus verschiedenen Gründen hat sich diese Form an unserer Schule nicht bewährt. Insbesondere, wenn ein Gebet entfallen musste oder ein »regulärer Termin« in die Ferien gefallen wäre, war der Besuch nicht ganz so hoch – ins-

gesamt haben sich die Zahlen zwischen 15 und 80 Besuchern bewegt – bei einer Gesamtschüleranzahl von etwa 1600 Schülern. Inzwischen wird das Taizé-Gebet in Blöcken in den fünf Wochen vor Weihnachten und zwischen den Fasnachtsferien und Ostern angeboten, dafür dann jede Woche einmal. Die »Verlässlichkeit« des Angebotes hat sich im geringeren Aufwand, der für die Bekanntmachung zu treiben ist, niedergeschlagen – inzwischen wird nur noch eine Durchsage gemacht.
Um das Taizé-Gebet gerade solchen Schülern nahezubringen, die Taizé noch nicht kennen, laden die Religionslehrer alternierend Klassen zu den Gebeten ein, wenn sich dies thematisch besonders anbietet, so z. B. beim Thema »Gebet« in der Unterstufe.

Als Örtlichkeit wurde ein Raum am Ende eines Stichflures gewählt. Da die Schüler die Stichflure während der großen Pause verlassen müssen und dies durch eine Aufsicht gewährleistet wird, ist es im Allgemeinen sehr ruhig. Wichtig ist die Einbindung der Kollegen, die vor und nach der großen Pause in dem gewählten Raum unterrichten – um Abbau und Aufbau der Stühle und Tische zu regeln. So möglich haben sich an unserer Schule die Fachschaftsmitglieder in den Raum hineingetauscht – aber auch Absprachen mit Kollegen anderer Fächer gestalten sich unkompliziert.

Die Gestaltung des Raumes muss auch angesichts der kurzen Zeit, die für die Vorbereitung zur Verfügung steht, sehr schlicht sein. Tische und Stühle werden meist von der Klasse, die vor der großen Pause in dem Raum ist, bereits an die Wände gestellt; nach der Pause übernimmt die Klasse die folgt, die Wiederherstellung des ursprünglichen Zustandes. Wie in Taizé setzen sich die Gebetsbesucher auf den Boden. Es gibt eine gestaltete Mitte, die aus Tüchern, einem Bronzekreuz und Kerzen besteht.
Kollegen aus der Fachschaft Religion übernehmen die musikalische Begleitung – meistens verfügen wir über Gitarre und Querflöte. Nachdem wir bei den ersten Versuchen noch mit Liedblättern, die für das einzelne Gebet konzipiert waren, gearbeitet haben, haben wir mittlerweile selbst zusammengestellte Liedblätter, die mit Heftstreifen gebunden sind und daher nach Bedarf erweitert werden können.

Checkliste zur Planung

Im Folgenden möchte ich die Aspekte aus dem ausgeführten Beispiel zusammenstellen, die meines Erachtens zu bedenken sind, wenn die Etablierung eines Taizé-Gebetes an der eigenen Schule ins Auge gefasst wird:

- In welcher Form ist die Schulleitung einzubeziehen?
- In welchem zeitlichen Rahmen kann das Gebet stattfinden (Wöchentlich, monatlich, welcher Wochentag, große Pause, Mittagspause etc.)?
- Welcher Raum ist geeignet (»abgelegen«, Ruhe im näheren Umfeld – eventuell durch Aufsicht)?
- Wer muss eingebunden werden, damit die Raumnutzung abgeklärt ist?
- Welche Materialien sind gegebenenfalls zur Gestaltung des Raumes anzuschaffen und wo werden sie aufbewahrt (Kreuz, Taizé-Hocker, Tücher in liturgischen Farben, Kerzen)? Wie soll die Werbung stattfinden (Plakate, Flyer, Durchsage, Aushang in Klassen, Einladung durch Religionslehrer oder Klassenlehrer, Einladen des Kollegiums)? Wer übernimmt die musikalische Gestaltung (Fachschaft Musik, Schüler, CD von Taizé)?
- Wie kommen die Schüler zu den Liedern? (Liedblatt, Anschaffung von Taizé-Liedheften, Projektion)?
- Wer übernimmt die ***Vorbereitung*** und die ***Leitung*** des Gebetes (Gründung einer Taizé-Gebets-AG, so vorhanden ein Geistlicher Leiter, immer der gleicher Vorstand oder wechseln sich Kollegen oder Schüler in der Leitung des Gebetes ab)?

Am Gymnasium Achern empfinden wir die Taizé-Gebete als Bereicherung des Schullebens.

Stephan Kilb

→ M11 bietet zwei erprobte Modelle mit Ablaufskizze

Trauerarbeit an der Schule

Der Tod und schwere Unglücksfälle gehören zu den Widerfahrnissen, die dort, wo sie in das Schulleben einbrechen, Lähmung und Entsetzen hervorrufen und die Notwendigkeit einer behutsamen und einfühlsamen Trauerarbeit unabdingbar machen. Der folgende Beitrag nähert sich aus der Perspektive des Praktikers dieser Situation.

Ausgangssituation

Dieser Text möchte Mut machen, sich Trauersituationen zu stellen, und Hilfen geben, die ersten Schritte zu gehen. Es kann für dieses Thema aber keine allgemeingültige Lösung geben: Jede Gruppe ist anders, jedes Mal ist es eine neue Situation, auch die Lehrkraft ist jedes Mal anders beteiligt. Ist ein Verhalten bzw. eine Methode das eine Mal angemessen, erreicht sie beim nächsten Mal die Gruppe nicht. Insofern ist der wichtigste Kompass das persönliche Einfühlungsvermögen und das Gespür für die Grenzen der Gruppe wie die eigenen Grenzen. Ebenso steuert die Gruppe selbst das Vorgehen, die Lehrkraft findet sich hingegen in einer Initiatoren- und Moderatorenrolle wieder.
Verschiedene Situationen des Abschieds sind zu unterscheiden: Tod einer Lehrkraft, einer Schülerin/eines Schülers oder der Tod eines Angehörigen. Dabei macht es einen Unterschied, ob es sich um einen plötzlichen Tod handelt oder ob sich der Tod abgezeichnet hat.
Jegliche Aufarbeitung im schulischen Kontext kann nur mit Einverständnis der Beteiligten erfolgen – der Betroffenen wie auch der Gruppe und der jeweiligen Lehrkraft.
Vor allem für die direkt Betroffenen muss klar sein, dass sie sich jederzeit aus der Gruppe zurückziehen dürfen. Es sollte aber abgesprochen sein, wer sie dann begleitet, damit sie nicht allein sind. Auch sollten den Begleitern Hilfen gegeben werden, was sie tun können.
Für die vom Tod unmittelbar Betroffenen gilt die Regel, dass es keine unpassenden Reaktionen gibt. Es kann genauso zu Weinkrämpfen wie zu Lachanfällen kommen. Eine ebenfalls mögliche Reaktion ist der Wunsch, dass die Schule trauerfreier Raum sein soll. Wenn daheim die

Welt aus den Fugen gerät, kann der ritualisierte Schulalltag einen Schutzraum darstellen.

Impulse für die Begleitung

Idealerweise gibt es einen »Raum der Stille« an der Schule. Ist ein solcher Raum nicht vorhanden, ist zu überlegen, ob man einen Raum für eine begrenzte Zeit zu einem Trauerraum umwidmet. Man kann mit einfachen Mitteln versuchen, eine Atmosphäre der Geborgenheit zu schaffen: Als Sitzordnung empfiehlt sich der Stuhlkreis. In der Mitte kann man drei überlappende Tücher in den Farben schwarz, grau und gelb platzieren. Auf sie wird eine große Kerze (z. B. eine ehemalige Osterkerze aus der Ortsgemeinde) gestellt. Dreht man die Kerze, wickeln sich die Tücher spiralig auf. Um die Kerze herum kann eine Bilder-Sammlung ausgelegt werden. Diese besteht aus Schwarz/Weiß- und Farbbildern aus verschiedenen Themenbereichen, zum Beispiel:

- Herbst- und Winterbilder
- Spiegelungen auf Wasser
- Gesichter (fröhliche und traurige)
- Detailfotos
- Wegbilder
- Besinnungsbilder, zum Beispiel von Sieger Köder
- Andachtsbilder

Es empfiehlt sich, eine solche Sammlung vorbereitet auf einer CD zu haben, die im Ernstfall nur noch ausgedruckt werden muss. Dies hat den Vorteil, dass man den Schülerinnen und Schülern die Bilder mitgeben kann, die sie angesprochen haben.

Die weiteren benötigten Materialien aus dem sogenannten Trauerkoffer (Inhalt siehe Checkliste) sollten ebenfalls bereitgestellt werden. CDs aus unterschiedlichen Musikrichtungen sind empfehlenswert. Während die Klasse in den Raum kommt, erleichtert das Abspielen der Musik den Anfang.

Ist ein/e Schüler/in bzw. eine Lehrkraft verstorben, wäre zu überlegen, ob man auf dem entsprechenden Sitzplatz ein gerahmtes Bild mit Trauerflor und eine Kerze aufstellt.

Möglicher Ablauf

Nach der Begrüßung sollte die Lehrkraft das Geschehen für alle zusammenfassen. Dabei sollte die Situation mit klaren, unzweideutigen, aber einfühlsamen Worten geschildert werden. Für die Trauerarbeit ist wichtig, dass man den Tod nicht umschreibt.
Nun kann man dazu einladen, die Bilder zu betrachten. Die Schüler/innen können ein Bild, das sie in diesem Moment besonders anspricht, auswählen und mit an den Platz nehmen. Dann kann ein Gespräch über die ausgewählten Bilder und die damit verbundenen Gefühle erfolgen.
Eine Alternative wäre, die Gruppe einzuladen, den betroffenen Angehörigen einen Brief zu schreiben, in dem sie über ihr Mitgefühl und ihre Gefühle schreiben. Auch könnte dazu eingeladen werden, ein Bild zu zeichnen. Eventuell sammelt man die Briefe/Bilder und gibt sie den Angehörigen zu einem späteren Zeitpunkt.
Beides könnte auch an den Verstorbenen adressiert und ihm in den Sarg mitgegeben werden.
Ist ein/e Schüler/in bzw. eine Lehrkraft verstorben und man hat ein Bild aufgestellt, kann man der Gruppe ermöglichen, brennende Teelichter davor aufzustellen. Über eine spätere Neubelegung des Sitzplatzes muss sehr sorgfältig nachgedacht werden.
Wichtig ist, während der Arbeit auf Pausen zu achten, denn dieser Prozess ist sehr intensiv.
Auf Wunsch der Gruppe kann in Stille ein Gebet gesprochen werden bzw. gemeinsam das »Vaterunser« oder ein anderes Gebet, das der Verstorbene mochte, gebetet werden.
Zum Abschluss kann die Gruppe gemeinsam ein Lied singen (zum Beispiel »Von guten Mächten« oder Ähnliches) oder die Lehrkraft bzw. ein/e Schüler/in trägt einen der Situation angemessenen Text vor.
Mit den direkt Betroffenen und der gesamten Gruppe sollte geklärt werden, in wieweit der gemeinsame Besuch der Beerdigung gewünscht wird und ermöglicht werden kann. Dabei sollte auch über Rituale bei Beerdigungen aufgeklärt werden (zum Beispiel das Nachwerfen von Blumen ins Grab). Das Prinzip der Freiwilligkeit muss dabei unbedingt gewahrt bleiben.

→ M12 enthält eine Checkliste für die Zusammenstellung eines Trauerkoffers und Literaturhinweise.

Trauerraum in Krisenzeiten

Der Tod eines Mitgliedes der Schulgemeinschaft ist in jedem Fall eine Zäsur, erzwingt von sich aus eine Unterbrechung des routinemäßigen Ablaufs. Tritt er plötzlich und unerwartet ein, sind Lähmung und Entsetzen greifbar und der Wunsch nach einem Ort, der es ermöglicht, in Stille zu trauern, ist deutlich spürbar. Folgende Überlegungen berichten von Erfahrungen mit der temporären Einrichtung eines Trauerraumes.

Ausgangssituation

... Die Nachricht verbreitete sich wie ein Lauffeuer. Ein Schüler, der nach einem schweren Unfall noch mit dem Leben gerungen hatte, ist tot. Beratungslehrerin, Schulleiter und Religionslehrer überbringen der Klasse die entsetzliche Nachricht. Die Schüler haben weniger das Bedürfnis zu reden, sie möchten im geschützten Rahmen trauern dürfen.

Der Trauerraum

Für eine begrenzte Zeit wurde der bestehende Raum für besondere Unterrichtsformen in einen Trauerraum umgewidmet. Der Schulleiter stellte bis zum Tag der Beerdigung einen Religionslehrer für die seelsorgliche Betreuung des Raumes frei.

Den unmittelbar betroffenen Klassenkameraden und Freunden wurde erlaubt, den Trauerraum, wann immer sie das Bedürfnis hatten, aufzusuchen, Voraussetzung war alleine die Information des betreffenden Fachlehrers.

Der Trauerraum lag etwas abseits, die Gestaltung wurde nicht vorgegeben, in der Mitte lag ein weißes Tuch bereit, um den Zeichen der Trauer einen Ort zu geben. In den nächsten Tagen gestaltete das wortlose Entsetzen und die greifbare Trauer selbst die Mitte des Raumes. Freunde brachten Postkarten und Bilder und legten sie auf das Tuch. Ausgelegte

Karten wurden beschriftet mit Fragen nach dem quälenden Warum, aber auch mit direkten Anreden an den verstorbenen Schüler.
Zwischenzeitlich hatte die Beratungslehrerin ein Kondolenzbuch besorgt, in welches in den folgenden Tagen viele ergreifende Eintragungen gemacht wurden. Dieses Kondolenzbuch wurde schließlich den Eltern überbracht.
Nach dem Tag der Beerdigung zeigte sich, dass man noch nicht gleich zur Tagesordnung übergehen konnte. Der Trauerraum blieb noch rund zwei Wochen geöffnet, langsam nahm die Zahl der Besuche ab. Grundsätzlich bedarf es einer großen Sensibilität, um den richtigen Zeitpunkt für die Schließung des Raumes zu ermitteln.
In einem Abschlussritual mit der Klasse des verstorbenen Schülers wurde der Raum umgewidmet und seiner eigentlichen Bestimmung wieder zurückgegeben. (Im Anschluss beschrieben)
Die temporäre Einrichtung eines Trauerraumes in dieser Krisenzeit hat sich bewährt und ist zu empfehlen, um der Trauer nicht nur punktuell, sondern für eine gewisse Zeitspanne einen Ort zu geben.

Organisatorische Hinweise

- Trauerkoffer bereithalten
- Der Raum sollte, sofern möglich, etwas abseits gelegen sein. Wo es einen Raum der Stille gibt, kann auch dieser temporär umgewidmet werden, allerdings ist darauf zu achten, dass nach Abschluss ein ritueller Neubeginn ermöglicht wird.
- Freistellung einer Lehrkraft für die seelsorgliche Betreuung, wobei hierunter vor allem die schweigende und mitfühlende Präsenz zu verstehen ist.
- Information der Fachlehrkräfte, Klassenkameraden und Freunden den Besuch zu ermöglichen, es genügt die Artikulation des Bedürfnisses.
- Zusammenführung der Äußerungen im Trauerraum in einem Gottesdienst.
- Abschlussritual mit der Klasse des verstorbenen Schülers, bei einer Lehrkraft in einem anderen Rahmen.
- Rückwidmung des Raumes mit einem Gebet, das das Geschehene aufgreift und die Rückkehr zum Alltag thematisiert.

Joachim Kittel

Abschlussritual und Rückwidmung des temporären Raumes der Trauer

Der Raum war in den Wochen und Tagen der Trauer zu einem Rückzugsraum, zu einem Raum der Stille, aber auch zu einem Raum der Erinnerung, des Lachens und der Freude an der gemeinsamen Geschichte mit dem verstorbenen Freund und Klassenkameraden geworden. Mit dieser Energie, aber auch mit den entstandenen Zeugnissen der Trauer, der Verbundenheit und der Hoffnung war der Raum spürbar gefüllt.
Bevor der Raum wieder seinem schulischen Zweck zugeführt werden konnte, war es nötig, den Trauerprozess abzuschließen. Neben der aktuellen, schulischen Notwendigkeit, den Raum zurückzuwidmen, schien mir dies auch vor dem Hintergrund des fortlaufenden Unterrichts in diesem Raum von großer Bedeutung für die Schüler zu sein. Räume werden nicht nur »räumlich«, mit ihren Raumdaten, erinnert, sondern auch mit den Erlebnissen, die in den Räumen stattgefunden haben. Erinnerungen an Räume sind also auch emotionale Erinnerungen. Diese können, so sagt uns die moderne Hirnphysiologie, möglicherweise traumatisch mit dem Betreten des Raums erinnert und erneut aktualisiert werden. Dies galt es zu verhindern, indem der Raum von diesem Erlebnis gelöst wurde, indem das Erlebnis gemeinsam und doch individuell abgeschlossen wurde.

Als spürbar war, dass die erste Phase des fassungslosen Trauerns vorüber war, beriet ich mit den Schülern, was mit dem im Raume Entstandenen geschehen sollte, wie wir den Raum seiner schulischen Bestimmung zurückgeben könnten.
Allen war klar, dass die Briefe, Bilder, Blumen, ja auch die Tränen, die Angst, aber auch das Lachen, das hier entstanden war, nicht einfach »entsorgt« werden konnte, sondern viel eher tatsächlich »ent-***sorgt***« werden musste.
Zunächst gab es keine Ideen dazu, eine solche Situation hatte noch niemand erlebt. Auf meinen Vorschlag, die entstandenen Zeugnisse, die einem selbst wichtig waren, an sich zu nehmen, die Briefe, Wünsche oder auch die Geheimnisse oder letzten Worte durch ein Ritual freizugeben, loszulassen, an den verstorbenen Schüler zu schicken, entstand eine spürbare Erleichterung in der Gruppe. Wir entschieden uns die Briefe, Blumen, ... an Heliumballons zu hängen und in einer gemeinsamen Aktion in den Himmel zu schicken. Briefe, Texte, die keinem Absender zu-

geordnet werden konnten, erhielten »Paten«, die sich für die »Entsorgung« zuständig erklärten. Gemeinsam räumten wir den Raum aus und suchten für alles einen guten Ort.
Zu einem abgesprochenen Termin trafen sich die beteiligten Schüler und Lehrer auf dem Pausenhof, um in einer gemeinsamen Aktion die bunten Ballons zu entsenden.
Mit dem gemeinsam formulierten und gesprochenen Satz »Ralf[1], danke! Möge es dir dort, wo du jetzt bist, gut gehen!« ließen wir die Ballons los. Trauer, Besinnlichkeit, aber auch Zufriedenheit und Trost in der gemeinsamen Aktion bestimmten die Atmosphäre. Je nach Bedürfnis gingen die Schüler ruhig oder in kleine Gespräche vertieft in den Unterricht zurück. Der Raum war jetzt wieder ein normaler Unterrichtsraum.

Praktischer Hinweis:

Heliumflaschenverleiher sind im örtlichen Telefonbuch oder in den gelben Seiten zu finden. Das Befüllen der Ballons geht problemlos.

Regina Rothmund-Speidel

[1] Name geändert

Wortgottesfeier – Impulse zur Gestaltung

In der Regel werden Schulgottesdienste als Wortgottesfeiern gestaltet. Die Erfahrung mit Liturgie und Gottesdienst ist bei den Beteiligten oft unterschiedlich ausgeprägt. Was gehört zu den Grundlagen eines Wortgottesdienstes, welche Rolle spielt das Wort Gottes, die Bibel, in diesem Gottesdienst, was gilt es generell zu beachten, damit am Ende ein spiritueller Erfahrungsraum entsteht, in den hinein sich Gott selbst durch sein Wort dem Einzelnen und den vielen zusagen kann? Der folgende Beitrag nimmt diese Fragen auf und bietet Denkhilfen für die eigene Vorbereitung.

Auswahl des Themas

Es bietet sich an, ein aktuelles Thema der Klasse oder aus dem Unterricht zu wählen, z.B. zum Ende einer Unterrichtsreihe. Neben den »klassischen« Themen wie Freundschaft, Gemeinschaft, Vertrauen, Sinn des Lebens, Zukunft, einander Verzeihen oder zum Kirchenjahr passend können es auch Themen sein, die tagespolitische Ereignisse aufgreifen oder/und in Bezug zu einem im Unterricht erarbeiteten Text oder Musikstück stehen.

Die besten Themen sind natürlich die, die Schüler/innen selber vorschlagen, allerdings ist dabei vor allem der Bezug zu den Schülern, aber auch die »Gottesdiensttauglichkeit« zu prüfen. Bei sehr komplexen Themen kann es u.U. schwierig sein, dies für einen Gottesdienst aufzubereiten.

Bildung von Kleingruppen

Erfahrungsgemäß lässt sich ein Wortgottesdienst am besten in Kleingruppen vorbereiten:

- Musik und Lieder (Schüler können auch ihre eigene Musik mitbringen)

- Fürbitten
- Kleingruppen, die ein kleines Rollenspiel zur Einführung ins Thema vorbereiten oder auch weitere kleine Szenen, falls die Schüler/innen Spaß daran haben
- Texte (Evangelium, weitere Texte)
- Eventuell eine zum Thema passende PowerPoint-Präsentation

Handelt es sich um Unterstufenklassen, dann können auch Bilder gemalt oder Collagen für den Gottesdienst erstellt werden.

Ablauf planen und einüben

Wenn die einzelnen Elemente soweit stehen, kann es vor allem bei den Jahrgangsstufen 5 und 6 wichtig sein, einmal den kompletten Ablauf anzuschauen.
Für alle Klassen gilt: Die Rollenspiele müssen einmal in der Kirche geprobt werden, das deutliche und langsame Sprechen muss eingeübt werden.

Alle mit einbeziehen

Wenn eine Klasse für den gesamten Jahrgang einen Gottesdienst vorbereitet, ist es wichtig, dass nicht der »Kino Effekt« einsetzt, »wir gucken mal, wie ihr Gottesdienst feiert«. Daher sollte in der Vorbereitung auf Elemente geachtet werden, die alle ansprechen, über die Lieder hinaus. Ein gemeinsam gesprochenes Gebet, eine kurze »Murmelphase« oder Fragen, die die Schüler/innen an ihre Mitschüler/innen richten.

Einsatz von Medien im Gottesdienst

Wortgottesdienst mit Film

Je nach Thema des Gottesdienstes kann auch mit einem Film gearbeitet werden.

Variante A:
Einen Filmausschnitt zur Einstimmung wählen, und danach geht es im normalen Ablauf des Wortgottesdienstes weiter

Variante B:
Mehrere Filmausschnitte, maximal 5–6, je nach Länge der Ausschnitte. Die einzelnen Ausschnitte können entweder die Elemente des Wortgottesdienstes begleiten:
1.–2. Ausschnitte zur Einstimmung
3. Ausschnitt vor einem Schriftwort/Evangelium
4. Ausschnitt als Überleitung zu den Fürbitten
5.–6. Ausschnitte zum Abschluss

Wortgottesdienst mit modernen Musikstücken

Um die Schüler/innen stärker mit einzubinden, ist es gut möglich, sie zu bitten, zu einem bestimmten Thema ihre eigenen Musikstücke auf CD/ USB Stick mitzubringen. Wichtig ist dabei, dass die Schüler/innen bereit sind, in kurzen Sätzen etwas dazu zu sagen, was ihnen dieses Stück bedeutet.

Weitere Gestaltungselemente

Literaturstücke, Szenen aus einem Theaterstück, selbst geschriebene Texte oder auch die Vorstellung von Kunstwerken können in den Mittelpunkt eines Gottesdienstes gestellt werden.

Gute Erfahrungen haben wir mit der Präsentation der selbst gebauten Kreuze oder auch dem Kreuzweg aus der 6. Klasse gemacht. Solche Formen schaffen für alle Beteiligten neue Zugangsmöglichkeiten zu Lebens- und Glaubensfragen.

Für alle Gestaltung gilt:

- Den Gottesdienst nicht überfrachten
- Mut zur Stille und ruhigen Elementen
- Mut zur Ordnung, keine liturgische Achterbahn
- Einüben von liturgischen Grundhaltungen (z. B. Aufstehen zu Beginn, beim Evangelium, zum Vaterunser und Segen; Hände ausbreiten zum Vaterunser, einander den Frieden wünschen etc.)
- Neue Lieder einüben, Lieder berücksichtigen, die eventuell gerade aktuell im Chor gesungen werden
- Gestaltungselemente, die die Schüler/innen selber einbringen, haben immer Vorfahrt.
- Schüler/innen ansprechen, ob sie etwas zur musikalischen Gestaltung beitragen möchten

Umgang mit dem Wort Gottes

Ob es in der Wortgottesfeier nun um das Thema Klassengemeinschaft, Streit, Freundschaft, Zivilcourage, Advent, Erntedank oder auch um Idole geht: Mitte der Feier bleibt ein Wort aus der Bibel, aus dem Alten oder Neuen Testament.

Dabei ist es wichtig, dass die biblischen Texte nicht unvermittelt oder unverbunden zum Gesamtthema im Ablauf auftauchen, so nach dem Motto: »Ach ja, wir brauchen ja auch noch eine Bibelstelle«.

Es gilt, die Brücke zu schlagen zwischen der Lebenswelt der Jugendlichen und den Glaubensgeschichten der Bibel. Dies schafft Anknüpfungspunkte für die eigene Glaubensbiografie. »Warum soll ich mich mit diesen »alten« Geschichten, die eh keiner versteht, beschäftigen?«; dies ist eine beliebte Frage vor allem in der Mittelstufe, also von Schüler/innen im Alter zwischen 12 und 15. Sie befinden sich mitten in der Pubertät, die natürlich auch Auswirkungen auf ihr Fragen nach Religion hat, nach der Relevanz von Gott in ihrem Leben. In dieser Zeit die biblischen Texte als Möglichkeit der Orientierung, als Angebot für den eigenen Glauben vorzustellen, bietet einerseits die Chance, sich selber zu positionieren, gegebenenfalls auch in kritischer Distanz zum Text. Andererseits, gerade in dieser Phase der Unsicherheiten, der Identitätssuche tut es gut, eine verlässliche Botschaft zu hören von einem Gott, der mich kennt und meine Wege mitgeht.

Und ein Drittes: Die Sprache der Bibel, ihre Bilder und Geschichten sind sicher erklärungs- und übersetzungsbedürftig, damit Jugendliche einen Zugang finden können. Dennoch – genau diese Sprache, diese zeitlosen Bilder sind es, die sie ahnen lassen, dass es doch »mehr als alles geben muss«.
Wer die biblische Lesung durch den kleinen Prinzen oder Hoffsümmer Texte ersetzt, nimmt ihnen diese Chance, Teil einer Erzählgemeinschaft zu werden.

Simone Honecker

→ Weiterführende Hilfen auf www.wortgottesfeier.de
Vgl. auch die Neuerscheinung zum Thema Schule und Gottesdienst: Institut für Religionspädagogik, Handreichung für die Vorbereitung von Schulgottesdiensten. (Freiburg 2011). Zu beziehen über den Online-Shop des Instituts: www.irp-freiburg.de/

III. Glauben vertiefen

Experiment Beten – ein Glaubenskurs für junge Leute

In den geprägten Zeiten bietet es sich an, intensive Zeiten der Glaubenssuche und des Glaubensgesprächs zu ermöglichen. Der folgende Beitrag stellt ein erprobtes Modell vor, das sich auch im Kontext von Schule verwirklichen ließe.

Ausgangssituation

Die folgenden Ausführungen beziehen sich auf die folgenden Publikationen:

J. Kittel, Magnifikat. Experiment Beten. Gebete für Jugendliche und junge Erwachsene, Düsseldorf 2006.
J. Kittel, Magnifikat. Experiment Beten. Ein Glaubenskurs für Jugendarbeit, Firmvorbereitung und Schulpastoral. Leitfaden für Begleiter/innen (Düsseldorf 2009).

Anders als der Untertitel des Gebetsbüchleins vielleicht nahelegt, geht es in diesem Buch nicht um das Nachsprechen von vorgefassten Gebeten, sondern um eine Einübung in das persönliche Beten. »Experiment« bleibt dieses Tun deshalb, weil unterschiedliche Zugänge eröffnet und angeboten werden, die es dem Einzelnen ermöglichen sollen, seinen eigenen Zugang zu finden, um in die lebendige Beziehung zu Jesus Christus hineinzuwachsen bzw. sich von Gott selbst ergreifen zu lassen. Alles, was lebt und existiert, zeugt von den Spuren Gottes. In diesem ersten, anfänglichen Staunen über die Vielfalt und Schönheit ereignet sich der Glaube an Gott in einem ersten und ursprünglichen Sinn. Die Einübung in den Glauben und in das Gebet ist verbunden mit der inneren Aufmerksamkeit dafür, dass Gott uns Menschen in allen Dingen begegnen will. Diese Aufmerksamkeit ist ganzheitlich zu verstehen.

Der Glaubenskurs setzt das Buch »Magnifikat. Experiment Beten. Gebete für Jugendliche und junge Erwachsene« voraus und baut darauf auf.
In einem ersten Schritt sollen die Teilnehmer/innen in das Buch eingeführt werden. Es gibt im vorderen Teil Hinweise zum Umgang mit dem Büchlein (5–11), die gemeinsam erarbeitet oder gelesen werden können.

Sie führen ein in den Aufbau des Buches, es finden sich dort einige Tipps für das persönliche Beten und schließlich zwei Vorschläge, wie ein Morgen- bzw. Abendgebet aussehen kann.

Aufbau des Kurses

Der Glaubenskurs umfasst einen Zeitraum von vier Wochen. Dieser Glaubenskurs ist einem inneren Prozess nachempfunden, der sich bei der Suche des Menschen nach Gott auf je unterschiedliche Weise ereignet.
Jede einzelne Woche steht unter einer Leitfrage:

1. Woche: Wer bist du, Gott?
2. Woche: Wer bist du, Mensch?
3. Woche: Wie bist du, Gott?
4. Woche: Wo bist du, Gott?

Die einzelnen Tage beginnen mit einem hinführenden Text und sind in drei Rubriken untergliedert, die nachfolgend noch einmal kurz erläutert werden.

Biblisch glauben

Im Hören und Verkosten von Gottes Wort entsteht ein innerer Raum, in welchem Gottes Geist selbst wirksam ist und den Glauben des Menschen von innen her berührt und erfüllt. Die Bibel ist Gottes Wort in Menschenwort, das in mein konkretes Leben hineinreicht.

Nachdenklich glauben

Weil ein Mensch, der an Gott glaubt, die Wirklichkeit Gottes nie erfassen kann, ist es wichtig, den eigenen Glauben auch vernünftig begründen zu können. Die Hoffnung des Christen richtet sich nach dem Zeugnis des Neuen Testaments auf einen Gott, der in Jesus Christus die Weisheit der

Gelehrten irritiert, die zu wissen meinten, wer Gott sei. Es ist jedem Menschen aufgegeben, sich den Fragen nach Gott in seinem Leben zu stellen und dabei den aufbrechenden Widersprüchen nicht auszuweichen.

Die Hoffnung, die aus dem Glauben an Jesus Christus erwächst, gründet letztlich im Zeugnis von ganz vielen Menschen, die seine Bedeutung in ihrem Leben erfahren und darüber nachgedacht haben. Um diese Hoffnung zur Sprache bringen zu können, ist es wichtig, sich mit den biblischen Grundlagen vertraut zu machen, wie sie die Kirche vorstellt. »Wenn Christen Gott sagen, reden sie von …«
Erst die durchdachte und angeeignete Gestalt meines Glaubens bewahrt mich vor Fehldeutungen und Kurzschlüssen.

Leben spüren

Wer sich berühren lässt, die eigenen Gefühle reflektiert und wahrnimmt, der wird aufmerksamer für die Spuren Gottes in seinem Leben.
Zunächst ist das Gefühl der Ort, wo der Mensch mit seiner innersten Mitte in Berührung ist. Positive Gefühle (Liebe, Geborgenheit, Freude, Gelassenheit, …) sind ein Geschenk der schöpferischen Liebe des göttlichen Geistes, die in jedem Menschen waltet. Die Intuition ist der Ort der Einheit von Denken und Fühlen; wo immer ein Mensch sich intuitiv öffnet für das Wirken des göttlichen Geistes, ereignet sich Schönheit und Kunst.
Auch das Abgründige gehört zu unserem Menschsein. Negative Gefühle (Neid, Eifersucht, Hass, …) können die Möglichkeit zum Guten behindern oder gar zerstören.
Es ist ein Moment intellektueller Redlichkeit, sich immer wieder zu fragen, welche Gefühle in meinem Leben bestimmend sind. Letztlich geht es darum, das Leben in allen Facetten zu spüren und wahrzunehmen, um das eigene Leben zu ermöglichen.

Allgemeine Hinweise zur Durchführung des Glaubenskurses

Der Glaubenskurs kann auf unterschiedliche Weise durchgeführt werden. Der ausgearbeitete Vorschlag setzt voraus, dass es ein wöchentliches Gruppentreffen gibt, bei dem die Teilnehmer sich ihre Erfahrungen gegenseitig mitteilen und in einem Gruppenexperiment diese Erfahrungen vertiefen.

Der Glaubenskurs ist nicht der Ort, um ein Pensum zu absolvieren. Für den Einzelnen geht es um das Erspüren und Einüben einer inneren Haltung. Aufmerksam werden für die Spuren Gottes im eigenen Leben. Das alles soll in großer Freiheit und ohne Leistungsdruck geschehen. Jeder Teilnehmer soll den persönlichen Weg gehen dürfen, der ihm entspricht. Die Erfahrung zeigt, dass junge Menschen sich mit Zeiten der Stille und des Gebets oft schwertun. Im Magnifikat werden zwei Gebetszeiten vorgeschlagen. Hier muss mit sehr unterschiedlichen Zugangsweisen der einzelnen Teilnehmer gerechnet werden. Die vorgeschlagene Struktur gibt ein Raster an die Hand, das der Einzelne nach den eigenen Bedürfnissen verändern darf. Es soll kein Korsett verordnet werden, sondern im Mittelpunkt soll die Freiheit stehen, damit zu experimentieren und sein eigenes Modell zu entwickeln. Hier ist seitens der Begleiter das Bedürfnis des Einzelnen sensibel zu erspüren und im Zweifelsfall eher der größeren Freiheit Raum zu geben. Dennoch bedarf es eines verbindlichen Elements, das der Einzelne nach Möglichkeit in seinen Alltag integrieren sollte.

Ignatianischer Tagesrückblick als verbindliches Element

Das Element, das alle Teilnehmer verbindet, ist der Tagesrückblick Der Einzelne soll bereit sein, sich für diesen »Blick zurück« Zeit zu nehmen. Es geht darum, diesen Tag des Glaubenskurses vor dem inneren Auge Revue passieren zu lassen und dabei auf Gedanken und Gefühle zu achten und diese vor Gott zur Sprache zu bringen.

Joachim Kittel

Glaubenskurs: »Woran glaubst du?«

Das Projekt: »Woran glaubst du?« wendet sich an Jugendliche ab der Klasse 10. Inhaltlich geht es um die Auseinandersetzung mit dem eigenen Glauben und der Frage, was im eigenen Leben wichtig ist und welche Rolle Gott dabei spielt.

Ausgangssituation

Jugendliche befinden sich in einer Lebensphase der Veränderung und Suche. Jugendliche heute sind pragmatisch, aber auch skeptisch. Sie haben Angst vor der Zukunft, bleiben aber optimistisch. Werte sind wichtig. Kirche stehen sie jedoch distanziert gegenüber, aber sie sind auch neugierig und haben eine Sehnsucht nach Lebenssinn, nach einem Halt in ihrem Leben.
Hier will das Projekt Denkanstöße geben, sich mit den eigenen Werten, Sehnsüchten und Vorstellungen auseinanderzusetzen. Andere (Glaubens-) Positionen werden vorgestellt und laden zur Diskussion ein. Diese kann den Horizont öffnen und helfen, eine eigene Position zu finden und darüber auch mit anderen Jugendlichen ins Gespräch zu kommen.

Inhalte und Methoden

Inhalte und Methoden der Projektreihe sind: Filmbetrachtung, Interview mit einem Priester und der Glaubensdialog mit Jugendlichen. Kreative Techniken, Fantasiereisen und Gesprächskreise geben Möglichkeiten zu einem individuellen Zugang und (kritischer) Auseinandersetzung mit dem Thema Glauben. Die Projektreihe kann darüber hinaus in ein Fotoprojekt münden, dessen Ergebnisse z. B. in der Schule ausgestellt werden.

Ziele: Annäherung an eigene Glaubenswerte, Auseinandersetzung mit anderen Einstellungen und Werten, (kritischer) Dialog im Klassenverbund

- Zielgruppe: Schülerinnen und Schüler der Klasse 10 (Religionsklassen; Gruppengröße 20 Personen ist ideal)
- Zeitaufwand: 4 Schulstunden (mindestens); Doppelstunden haben sich bewährt. Es hat sich ebenfalls bewährt, die Fragen an den Glaubenszeugen in einer Unterrichtsstunde im Vorfeld vorbereiten zu lassen. (Bei Erweiterung, um das Fotoprojekt ist der Zeitaufwand höher. Siehe unten)
- Personal: zwei Personen
- Material: Laptop, Boxen, Beamer, DVD/CD Player, Buttonmaschine (für kleine Buttons), Arbeitsvorlagen, Papier und Bastelmaterial

→ M15 Ablaufskizze/Weiterführung als Fotoprojekt/Evaluationsbogen

Katrin Terlunen

»Komm- und sieh-Kurs«

Seit 1999 wird am St. Benno-Gymnasium in Dresden Jugendlichen der Jahrgangsstufe 11 ein intensiver religiöser Weg angeboten, der sogenannte »Komm- und sieh-Kurs« (KusK). Die Verantwortlichen wollen die Chance einer freien, religiösen Schule in einem atheistischen Umfeld offensiv zu nutzen. Viele Jugendliche sind offen für Wahrnehmung und Stille, für Transzendenz, Gebet und Gotteserfahrung. Es muss »nur« echt sein – nur Leben weckt Leben, ist die Erfahrung des Autors Jürgen Leide, der mit anderen den KusK vor siebzehn Jahren erstmals entwickelt und durchgeführt hat.

Ziel des »Komm- und sieh-Kurses«

Ziel des »Kus-Kurses« ist es, 17-, 18-jährigen Jugendlichen in dieser wichtigen Entwicklungsphase ihres Lebens eine Unterstützung zu sein bei der Suche nach sich selbst und ihrer Identität, bei ihrer Suche nach Tragfähigem und Wesentlichem in ihrem Leben, bei der Suche nach spirituellen Prozessen und einem personalen Gottesverhältnis, dem Du Gottes. Der Kurs will helfen, dass ein tragfähiger religiöser, sinn- und wertorientierter Grund im Einzelnen wachsen kann, der den Einzelnen befähigt, das je eigene Haus des Lebens auf Fels zu bauen, um in den Herausforderungen seines Lebens darauf stehen und wachsen zu können. Auf dieser Grundlage kann der Blick dann auch frei werden und sich weiten für die Verantwortung für den anderen und für die Welt. Der Zugang zum Glauben wird nicht primär durch eine Belehrung von außen geweckt oder vertieft, sondern ist eine »Herzensangelegenheit«, er basiert auf der inneren Wahrnehmung und dem prozesshaften Sich-Einlassen auf diesen Weg. Die Anthropologie kommt vor der Theologie, die »Gnade baut auf der Natur auf«, um es mit Thomas v. Aquin auszudrücken. Dies wird im KusK von der ersten Stunde an konsequent trainiert. Diese Einübung von Wahrnehmung und inneren Prozessen führt schnell dazu, dass die Jugendlichen die eigene Innenwelt spannend und real erleben. Aus diesem inneren Zugang zu sich selbst ergeben sich für jeden

Einzelnen seine weiteren persönlichen Fragen und Schritte – auch die religiösen – ganz individuell.

Der Weg im Überblick

Besinnungstage für Schülerinnen und Schüler als prozessinitiierendes Element

Zwei Besinnungstage für Schülerinnen und Schüler der 11. Klasse in einem Bildungshaus, also auf »neutralem« Boden. Die Jugendlichen werden angeleitet zu einer eigenen Gebets- und Meditationspraxis. Dies dient der Vorbereitung auf die sich an die Besinnungstage anschließenden Exerzitien im Alltag

Exerzitien im Alltag (sechs Wochen)

Jeder Teilnehmende erhält ein Ringbuch mit Impulsen für die Tage der kommenden sechs Wochen. Täglich wird dafür eine Zeit der Stille von 20 bis 30 Minuten eingeplant. Jede Woche trifft sich noch zusätzlich die Gruppe als Ganzes, um sich auszutauschen, um Fragen und Inhalte miteinander zu besprechen oder zu vertiefen, um innezuhalten und in die Wahrnehmung zu finden, um miteinander zu singen und Gebetsweisen einzuüben. Diese sechs Wochen schaffen Innehalten, Orientierung und Ausrichtung. Sie bereiten quasi den Boden und schaffen innere Offenheit. Von daher sind sie für den gesamten Gruppenprozess sowie für den einzelnen Jugendlichen sehr wichtig,

Einwöchiger Aufenthalt in Assisi, dem Geburtsort des heiligen Franziskus (Italien)

Durch die Exerzitien im Alltag vorbereitet fahren die Jugendlichen nach Assisi, um dort eine Woche Exerzitien zu machen. Diese Exerzitien sind sehr prozessorientiert angelegt und im Leitungsteam wird besonders darauf geachtet, die innere Spur der Jugendlichen aufzugreifen und weiter zu führen. Es gibt für die Zeit in Assisi verbindliche Grundsätze, die den

Exerzitiencharakter der Assisi-Tage sichern. Dazu gehört – als eine tragende Säule dieser Tage – eine feste Anbindung an die Gebetszeiten in San Damiano (eine für Franziskus bedeutsame Kapelle, die heute von Franziskanerbrüdern und den Novizen der Provinz Umbrien betreut wird).
Eine weitere wesentliche Säule des KusK ist die Mitbegleitung durch eine Ordensschwester der Franziskanerinnen von Sießen. Zu Assisi gehören für die Jugendlichen auch Begleitungsgespräche mit einem der Erwachsenen, die den Kurs begleiten.

Mancher Leser mag sich vielleicht schon gedacht haben: »Das sind ja alles schon sehr hohe, noch dazu religiöse Ansprüche, das sind doch viel zu hohe Erwartungen!« Die Erfahrung zeigt: Genau dies ist wichtig! Die Jugendlichen wissen von Anfang an ganz genau und sehr transparent, was an Herausforderungen auf sie wartet und ihnen auch zugemutet wird. Die Werbung für den KusK gleicht eher einer Antiwerbung: »Es ist völlig in Ordnung, wenn italienische Sonne und »Gelato« dich locken. Aber das kannst du auch im Sommerurlaub privat haben. Kläre deine Motive und melde dich bitte nicht an, wenn es dir vorrangig um eine schöne Italienwoche in der Schulzeit geht. Denn dann wird diese Woche für dich eine sehr anstrengende, vermutlich auch eine ärgerliche Zeit werden.« Jugendliche »reizt« diese Herausforderung und sie sind bereit, sich für die Dauer eines zeitlich begrenzten Projekts auch auf etwas »ganz anderes« einzulassen und damit eine intensive Erfahrung zu machen. Noch einmal anders gesagt:
Jugendliche brauchen ein Gegenüber, Gesprächspartner, ein Bild von gelebtem Leben, Erfahrungsräume sowie eigene Erfahrungen, die sie in der Auseinandersetzung überprüfen und reflektieren können. Diese Lebenssehnsucht muss aufgegriffen werden, man muss dieser stillschweigenden Sehnsucht mehr Nahrung geben. Noch bei jedem KusK war überraschend und beeindruckend, wie elementar diese Sehnsucht in jedem grundgelegt ist und wie kraftvoll sie sich ihren Weg sucht. Beide Aspekte sind wesentliche Ausgangspunkte des beschrieben Kurses.

→ M16 enthält eine ausführliche Beschreibung der Kursinhalte.

Jürgen Leide

Lebenswoche – Leben und Glauben im Schulalltag verbinden

Die »Jugendverbände der Gemeinschaft Christlichen Lebens« (J-GCL[1]) als christliche Schülerinnen- und Schülerverbände im BDKJ engagieren sich als solche immer schon stark in der Mitgestaltung von Schulkultur, Schulpolitik und Schulpastoral. Eine Form dieses Engagements ist die Durchführung von Lebenswochen (*LeWos*). Sie ermöglichen Schüler/innen, ihren (Schul-)Alltag, das Zusammenleben in der Gruppe sowie ihr Leben und Glauben insgesamt mitten in diesem Alltag bewusster wahrzunehmen, zu erleben, zu reflektieren und kreativ (um)gestalten zu lernen. Gottes Spuren im Alltag entdecken. Nachfolgend wird das ausgereifte Konzept entfaltet.

Wer aus den J-GCL wann begonnen hat, Lebenswochen zu konzipieren und anzubieten, ist nicht bekannt. Sie wurden früher nur im Mädchen- und Frauenverband der GCL (GCL-MF) durchgeführt[2], mittlerweile werden sie auch koedukativ angeboten. Sie sind natürlich auch als geschlechtshomogene Maßnahme für Jungen möglich.
In der konkreten Ausgestaltung der **LeWo**s gibt es durchaus regionale Unterschiede, die Grundausrichtung ist aber gleich. Die nachfolgenden Konkretionen beziehen sich v.a. auf praktische Erfahrungen aus Kooperationen der J-GCL-Bundesebene mit den Diözesanverbänden Augsburg und Speyer[3].

---

1 Mehr siehe unter www.j-gcl.org – Die wesentlichen Profilelemente der J-GCL (»GCL-Mädchen und Frauen« und »GCL-Jungen und Männer«) sind »Schule/ Bildung«, »Ignatianische Spiritualität« und »Zweiverbandlichkeit/ Geschlechtergerechtigkeit).

2 Um dieser historischen Tatsache Rechnung zu tragen und eine bessere Lesbarkeit zu ermöglichen, werden nachfolgend ausschließlich weibliche Sprachformen verwendet.

3 Eine Veranstaltungsform wie die LeWo lässt sich auch jenseits eines Jugendverbandes durchführen, die Einbettung der LeWo in einen funktionierenden jugendverbandlichen Alltag vor Ort birgt aber vielfältige Vorteile: Ehrenamtliche jugendliche geschulte Leitungspersonen stehen zur Verfügung. Die Begleitung der Teilnehmer/innen kann längerfristig und kontinuierlich (auch über die Maßnahme hinaus) erfolgen. Durch die Teilnahme von Leuten, die selbst auch Gruppen leiten, entsteht ein zusätzlicher multiplikatorischer Effekt. Durch Auseinan-

1. Lebenswoche – was ist das?

Während einer Schulwoche leben Schüler/innen in einem Haus bzw. einer Wohnung in lokaler Nähe zu den von ihnen besuchten Schulen zusammen. Jede LeWo steht unter einem von den ehrenamtlichen Teamer/innen[4] selbst gewählten Gesamtthema. Spirituelle Tagesein- und -ausstiege sowie thematische Einheiten abends (teils auch nachmittags) bilden den groben Rahmen.

Der Rahmen

Zeit

Eine Woche in der Schulzeit, in der vom Schuljahresverlauf her eher wenig Klausuren/Schulaufgaben anstehen; Beginn: Sonntagabend (oder Montag nach der Schule); Ende: Freitagnachmittag, nach gemeinsamem Putzen und gemeinsamer Reflexionsrunde. – Die ***LeWo*** kann einmal pro Jahr oder öfter stattfinden.

Ort

Selbstverpflegungshaus/-wohnung (mit mind. einem Gruppen-/Aufenthaltsraum und Übernachtungsmöglichkeit), von wo aus es den Teilnehmerinnen möglich ist, morgens rechtzeitig in ihre Schule(n) zu kommen.

Räume

Schön ist es, wenn die Örtlichkeit die Gestaltung von verschiedenen Räumen bzw. Raumecken für Erledigung von Hausaufgaben, für spirituelle und thematische Einheiten sowie zum gemeinsamen »Chillen« und Spielen erlaubt.

---

dersetzung mit verschiedenen Themen im Verband gibt es vielfältige Anregungen zur Themenwahl und es geschieht Bewusstseinsbildung über den lokalen Tellerrand hinaus.

[4] Aus unserer Sicht ist es sinnvoll, die Leitung bezogen auf die Geschlechtszugehörigkeit entsprechend der Zielgruppe zu besetzen, d.h. z.B. für Jungen als Zielgruppe männliche Leitungspersonen, für koedukatives Setting eine geschlechtsgemischte Leitung.

Teilnehmer/innen
zwischen 6–15 Schüler/innen ab 14 Jahren.

Leitung
zwei leitungserfahrene junge Frauen (Schülerinnen bzw. in Ausbildung oder Beruf befindlich), unterstützt von einer Hauptamtlichen/Hauptberuflichen.

Programm
Alltag mit Schule, Musikunterricht, Sport usw. eingebettet in gemeinsames Leben, Beten/Besinnung und vielfältiges Auseinandersetzen mit dem ***LeWo***-Thema, welches die jugendliche Leitung festgelegt hat. Themen waren in den letzten Jahren: »Der rote Faden meines Lebens« – »Body and soul« – »Ich will so bleiben wie ich bin. Du darfst!« – »Sinn und Sinnlichkeit« – »Wenn das Leben Dir eine Zitrone gibt, mach Limonade daraus.« – »I did it my way …« – »… ich mach mir die Welt, wie sie mir gefällt!«

Feste Elemente der Lebenswoche

Geteilte Verantwortung fürs Alltägliche und Schulung sozialer Kompetenz

Ob es nun um Einkaufen, Kochen, Abspülen oder Aufräumen geht, die Verantwortung hierfür liegt in der Hand der gesamten Gruppe. – Auch im Bereich der Tagesein- und -ausstiege und der Raumgestaltung werden die Teilnehmer/innen zur Mitgestaltung animiert.
So kann Zusammenleben und Verantwortungsübernahme eingeübt werden. Die Gruppe fungiert hier als Anregung, Kontrolle und Lernmodell für die Einzelnen[5]. Besonders wichtig ist hier auch, dass mithilfe der Gruppe und der Leitung das konstruktive Austragen von Konflikten gelernt werden kann. In vielfacher Hinsicht kann (und muss) hier soziale Kompetenz eingeübt werden.

---

5 Jenseits einer expliziten Zielsetzung kann eine Anregung aus der ***LeWo***-Gemeinschaft z. B. auch darin bestehen, dass Jugendliche den Wert von Speisen, die aus frischen und gesunden Zutaten zubereitet sind, (wieder) neu für sich entdecken.

Etwas »von sich« mitbringen:

Jede wird durch die schriftliche Einladung aufgefordert, etwas Persönliches bezogen auf das Thema mitzubringen. Zu Beginn der **LeWo** wird jede/r innerhalb eines Programmpunktes dazu eingeladen, »das Ihre/Seine« zu zeigen und zu erläutern. Die anderen aus der Gruppe können nachfragen, kommentieren oder Auffallendes äußern. Dadurch bereits wird jede/r Teilnehmer/in in ihrer/seiner Individualität sicht- und ansprechbar.
Konkret: Beim Thema »Sinn und Sinnlichkeit« z.B. sollte jede/r einen Sinnspruch mitbringen, der ihr/m besonders gut gefällt, beim Thema »I did it my way ...« Fotos, die die eigene Person in unterschiedlichem Lebensalter zeigen.

Miteinander sprechen über das, was die Einzelnen ausmacht und bewegt

Dieses – zeitlich wie inhaltlich oft sehr intensive – Sprechen findet im »offiziellen« **LeWo**-Rahmen unter bestimmten Fragestellungen und Zielsetzungen statt (bspw. auch beim »Feuerzeugspiel«[6]), aber auch – ganz wichtig – im informellen Bereich, wie z.B. in »Zwischendurchgesprächen«, »Küchengesprächen«, »Spätabendsgesprächen«. Die zeitlichen Möglichkeiten, die sich durch das intensive Zusammenleben bieten, werden von den **LeWo**-Teilnehmerinnen gerne genutzt und geben einen Anreiz, sich diese Zeit füreinander auch jenseits der **LeWo** öfter zu nehmen.

---

6 »Feuerzeugspiel« (sehr interessantes Spiel um eigene Ansichten, Träume, Meinungen, Vorlieben usw.): Alle Spielteilnehmer/innen machen es sich in einer Runde bequem. Eine/r nimmt ein Feuerzeug (oder einen beliebigen anderen Gegenstand) in die Hand und darf sich eine Frage ausdenken, die sie/er einer anderen aus der Runde gerne stellen würde, äußert sie und übergibt mit der Frage das Feuerzeug an die/den Befragte/n. Diese/r sollte die Frage beantworten, muss aber nicht. Nach der Beantwortung darf sie/er selbst einer/m Anderen eine Frage stellen. Wird die Frage nicht beantwortet, geht das Feuerzeug an die/den Fragende/n zurück. Bei der Formulierung der Fragen sind der Fantasie keine Grenzen gesetzt. Es kann auch thematisch fokussiert gespielt werden.

Rituale innerhalb der Woche

Solche Rituale sind oft themenbezogene Lieder bzw. Musikstücke, die während der **LeWo** immer wiederholt werden und damit die »**LeWo**-Identität« aktuell und für die Erinnerung prägen. In solchen Ritualen lebt die **LeWo** mit ihren Themen und Erfahrungen auch im Alltag fort. Natürlich sind auch andere wiederkehrende thematische Elemente denkbar wie z. B. ein Text, ein Tanz o. Ä.

Konkret:

Als musikalische **LeWo** – Rituale fungierten bspw. »I did it my way ...« von Frank Sinatra als morgendliche Weckmelodie, das Lied »Unter dem Pflaster, ja da liegt der Strand ...« (**LeWo** »Ich will so bleiben wie ich bin ...«) oder ein abendlich spontan gedichtetes **LeWo**-Lied nach der Melodie von »Lalelu«, das als Ergänzung zum Tagesausstieg die Ereignisse des gemeinsamen Tages vertonte.

Vielfältige und ganzheitliche Auseinandersetzung mit dem LeWo-Thema

– Kreative Auseinandersetzung

Ob nun individuelles Bemalen der eigenen Gesichtsgipsmaske zum Thema »My way«, Entwickeln und Umsetzen von Fotomotiven zum Thema »Sinn und Sinnlichkeit«, wichtiger Bestandteil einer **LeWo** sind immer auch kreative Elemente. Auch die Schreibwerkstatt[7] zum **LeWo**-Thema gehört mancherorts zu den festen **LeWo**-Bestandteilen.

– Spirituelle Auseinandersetzung

Tageseinstieg: Bevor alle Teilnehmer/innen das Haus Richtung Schule verlassen, bietet der Tageseinstieg die Möglichkeit, den beginnenden Tag als immer neu gestaltbare Zeit zu begreifen, einen Gedanken, eine Frage oder auch eine (Wahrnehmungs-)Übung (evtl. auch auf einem kleinen »Hosentaschenzettelchen«) als Begleiterin mit in den Tag zu nehmen.

---

7 Ein bewährtes **LeWo**-Element ist die **»Schreibwerkstatt«,** ausgehend von einem Textanfang, der das **LeWo**-Thema aufgreift. Konkret schrieben die Schülerinnen in der **LeWo** »My way« 45 min lang Texte ausgehend von der Überschrift »Von einer, die auszog das Leben zu lernen«. Anschließend wurden die hochinteressanten und oft auch literarisch sehr kunstvollen Texte in gemütlicher Runde bei Fruchtpunsch vorgetragen und kommentiert.

Der Tageseinstieg kann folgende Struktur haben: Lied, Text, Fragen zur Besinnung, Stille, kurzes Gebet, Lied. Er sollte höchstens eine Viertelstunde dauern.
Tagesausstieg: Dieser kann mit Texten, Übungen, Liedern und Gebeten entweder entlang dem **LeWo**-Thema gestaltet sein oder aber – zur Einübung für eine entsprechende Praxis im Alltag – als ignatianischer Tagesrückblick (s. u.).

– kognitiv-argumentative Auseinandersetzung
Auch intellektuelles Differenzieren und Beleuchten des Themas ist fester Bestandteil der **LeWo**.
Konkret: Im Rahmen der **LeWo** »Body and soul« wurde – aus aktuellem Anlass (da am Internationalen Tag gegen Gewalt an Frauen) – der Film »Lilja4ever« (Biografie eines osteuropäischen Mädchens, das mit falschen Versprechungen in die Zwangsprostitution geschleust wird) gezeigt und diskutiert.

Rückmeldeumschläge

Jeder/m Teilnehmer/in wird am Anfang der Woche ein wiederverschließbarer Umschlag gegeben. Sie/Er kann ihn – mehr oder weniger kunstvoll – mit ihrem Namen versehen. Die Umschläge werden an einem zentralen Ort der gemeinsamen »**LeWo**-Wohnung« aufgehängt. Jede/r Teilnehmer/in hat die Möglichkeit, einer anderen unter dem Motto »Was ich Dir schon immer sagen wollte …« ein Zettelchen mit einem persönlichen Feedback ins »Postfach« zu stecken. Das Feedback kann äußern, was einer/m an einer/m anderen auffällt, was ihr/m gefällt, was sie/er sie gerne mal fragen würde, was sie/er an ihr/m kritisch sieht usw. Rückmeldungen können allgemein gehalten sein oder sich ganz konkret auf Ereignisse und Wahrnehmungen während der **LeWo** richten. Wichtig ist, dass jedes Zettelchen auch mit dem Namen der/s Autors/in gekennzeichnet ist, damit Rückfragen und Antworten möglich sind. Die »Postfächer« füllen sich so im Laufe der Woche. Im Rahmen der abschließenden Reflexionsrunde bekommt jede/r ihre/seine »Post« überreicht.

Etwas für sich mitnehmen

Es ist Ziel einer jeden Maßnahme in der Jugend(verbands)arbeit, dass die Teilnehmer/innen in einem positiven Sinn etwas für sich mitnehmen. Im *LeWo*-Konzept geschieht dies im übertragenen wie im ganz konkreten Sinn: Jede/r soll am Ende – verbunden mit der abschließenden Reflexionsrunde – etwas in die Hand bekommen, was die Anstöße für ihre/seine persönliche Entwicklung (im Zusammenhang mit dem *LeWo*-Thema, aber auch unabhängig davon) oder auch für die Gruppe weiterwirken lässt. Etwas, was das Thema auch im Alltag nachhaltig sichtbar macht. **Konkret:** Zum Abschluss der *LeWo* »Body and soul« war das bspw. eine Pflanzenölseife, ein andermal ein *LeWo*-Adventskalender für die sich anschließende Adventszeit oder ein Wandjahreskalender aus den selbstgemachten Fotos zu »Sinn und Sinnlichkeit«. Auch einen individuellen Kissenbezug mit zentralen Elementen oder Erfahrungen kreativ zu gestalten ist eine (zeitaufwendigere, aber schöne) Methode nachhaltiger Reflexion.

2. Reflexion: Zentrales Element ignatianischer Jugendspiritualität – konkret in der LeWo

Wie die ignatianische Jugendspiritualität im Allgemeinen[8] ist auch die *Lebenswoche* geprägt durch die Förderung von Wahrnehmungsfähigkeit sowie durch die Förderung von Kreativität und Fantasie[9]. Gerade durch

---

[8] Siehe dazu: Joachim Kittel, Ignatianische Experimente, in: Jung, Martina, Kittel, Joachim (Hg.), Schulpastoral konkret. Eine jugendverbandliche Perspektive, 2004, 96ff.

[9] Neben gängigen gestalterischen Ausdrucksmitteln wie Malen, Gipsen, Tonen, Fotografieren, werden in den J-GCL auch sprachlich-kreative Elemente gerne und oft praktiziert. Neben der o.g. *Schreibwerkstatt* ist hier ein weiteres bewährtes, sprachlich-kreatives Element zu nennen. Es entstammt den »GemEx« (Gemeinschaftsexerzitien) der J-GCL Augsburg: *»Die poetische Lichterspur«*. Jede/r Teilnehmer/in assoziiert zehn Begriffe zum Hauptthema und schreibt sie getrennt auf kleine Zettelchen, welche nach der Einzelarbeit in einem Raum für alle zum Lesen ausgelegt werden. Jede Person sucht sich aus dem Begriffe-Pool fünf Begriffe aus, zieht sich zurück und schreibt unter Verwendung dieser Begriffe einen mehr oder weniger poetischen Text. Die fertigen Texte werden bei der Leitung abgegeben und von dieser nachts in der Natur als Stationen entlang brennend auf-

die Kreativität tanken die *LeWo*-Teilnehmer/innen Inspiration für den Alltag und Impulse für das eigene Leben.
Die ***Praxis und Förderung der Reflexion*** ist es jedoch, die Fortschritte auf dem Weg zu »mehr« Leben gerade auch im Rahmen der ***LeWo*** einübbar und erlebbar macht.

Vielfältige Reflexion auf dem Weg zu »Mehr«

Ignatius hielt sich und andere immer dazu an, nach dem »magis«, dem »Mehr« zu streben. Nicht im Sinne chronischer Unzufriedenheit, sondern im Sinne ständigen Anreizes. So will auch ignatianische Bildung Offenheit für Veränderungen ermöglichen, Lust machen am lebenslangen Lernen und an der ständigen Weiterentwicklung der eigenen Fähigkeiten mit der Bereitschaft, sie für andere einzusetzen.
LeWo ist »Leben satt«, d.h. das Leben wird in seiner ganzen Bandbreite erfahrbar (Kreatives, Denken, Kommunikation, Beten, Kochen, Lebenserhaltung/Lebensgestaltung usw.). Die ***Lebenswoche*** bietet verwoben in Schule und sonstigen Alltag eine Vielzahl von Zwischenräumen, in denen die Teilnehmer/innen über das eigene Leben reflektieren (lernen) und zahlreiche, verschiedenartige Anregungen zur eigenen, aktiven Lebensgestaltung erhalten:
Durch die Aufgabe »etwas von sich mit zu bringen«, durch die vielfältige Auseinandersetzung mit dem konkreten ***LeWo***-Thema, durch die Beschäftigung mit den Rückmeldungen von anderen, durch Gespräche, durch »LeWo-Rituale«, durch den ignatianischen Tagesrückblick, durch kreative Einheiten geschieht Reflexion in einem umfassenden Sinn:

– Reflexion über die eigene Person
Durch die Reflexion über die eigene Art, zu leben, zu denken, zu fühlen, zu glauben, zu planen usw. geht es hier um eine Ermutigung zu realistischer Selbstwahrnehmung, auch darum, sich selbst annehmen und lieben zu lernen, was gerade im Jugendalter eine große Herausforderung darstellt. Die ***Lebenswoche*** bietet mitten im Leben reflektierendes Abstand-

---

gestellter Fackeln angeordnet. Die Teilnehmer/innen laufen diese poetische Lichterspur schweigend nacheinander ab und lesen die aus der Gruppe entstandenen Texte.

nehmen vom Leben, um über das eigene Leben, seine Ausrichtung und seinen Sinn nachdenken zu können.

– Reflexion über »(das) Andere«
Lebenswoche bedeutet immer auch Konfrontation mit vielem und Reflexion über vieles, was mir fremd, befremdlich, unbekannt, neu ist. Reflexion über andere ***LeWo***-Teilnehmer/innen, über das Zusammenleben mit anderen, über andere Meinungen, andere Träume, andere Sichtweisen auf meine Person, andere Arten, (Glauben) zu leben.

– Reflexion über Beziehungen
Beziehungen sind gerade im »***LeWo***-Alter« das Thema schlechthin. Beziehungen in der Clique, zu den Eltern, zu Freund(inn)en, zu Partner(inne)n, zu Gott. in der Reflexion und im Austausch mit anderen wird die eigene Beziehungsgestaltung bewusster und Gestaltungsmöglichkeiten erweitert.

– Reflexion über Geschehnisse und Entwicklungen
In der Auseinandersetzung mit dem ***LeWo***-Thema kommen auch aktuelle religiöse, politische, ethische usw. Themen zur Sprache. Ziel ist hier, die Teilnehmer/innen dabei zu unterstützen, zu einer differenzierten Wahrnehmung und verantwortungsvollen Mitgestaltung der Geschehnisse und Entwicklungen in Schule, Kirche und Gesellschaft zu gelangen.

In der ***LeWo*** wird ganz greifbar: Leben ist das, was mich alltäglich prägt, UND Leben ist das, was ich alltäglich präge. Ich habe jederzeit, jeden Tag die Möglichkeit, mich neu zu orientieren, Richtungsänderungen vorzunehmen und mein Leben aktiv zu gestalten.

Reflexion ganz praktisch – »Ignatianischer Tagesrückblick«

Eines der großen Werke des heiligen Ignatius ist sein Exerzitienbuch. Dort verdeutlicht er, wie Menschen einüben können, ihren eigenen Weg im Leben und »Gott in allen Dingen« (Ignatius v. Loyola) zu finden, d.h. wie sie ihrem Leben eine grundlegende und tragende Orientierung geben können.
Diese »Orientierungseinübung« ganz schlicht in Form eines täglichen ignatianischen Tagesrückblicks geschehen (s. Exerzitienbuch Nr. 43).

Dieser erfordert nur 15 min Zeit, eine Umgebung, in der wir für diese Zeit Ruhe haben, und die Bereitschaft, uns darauf einzulassen.
Bekannt ist dieser Tagesrückblick auch als »Gebet der liebenden Aufmerksamkeit«, da es im Wesentlichen darum geht, mich selbst und das, was ich am zurückliegenden Tag gelebt und erlebt habe, anzuschauen mit dem Blick eines Menschen, der mich liebt, mich und mein Leben aufmerksam anschaut in dem Wunsch, dass es ein gelungenes Leben wird. Nicht das scharfe Analysieren und Zerpflücken des eigenen Lebens ist also das Ziel, sondern das liebevolle Anschauen meiner Person und meines Lebens.

Kurzleitfaden

Zu allererst ist es wichtig, eine gute Sitz- oder Liegeposition einzunehmen und zur Ruhe zu kommen (z. B. indem ich die Augen schließe und auf das Kommen und Gehen des eigenen Atems achte).

Dann empfiehlt der heilige Ignatius das Vorgehen nach den folgenden fünf Punkten (hier sprachlich etwas aktualisiert):

1. Gott danken für alles Gute und Schöne, das ich heute erlebt habe.
2. Darum bitten, dass ich mich selbst ehrlich wahrnehme und mir nichts vormache.
3. Anschauen, was ich heute gelebt und erlebt habe – vom Aufstehen Schritt für Schritt bis jetzt.

Ich schließe die Augen und schaue den vergangenen Tag wie einen inneren Film an. Abschnitt für Abschnitt, Morgen, Vormittag, Mittag, Nachmittag, Abend. Ich urteile nicht, sondern schaue liebevoll mich und mein Leben an.
Was habe ich heute gedacht, gesagt und getan? Was ist heute alles geschehen vom Aufstehen bis jetzt, welche Situationen und Stimmungen fallen mir ein? Welchen Menschen bin ich heute begegnet?
Besonders wichtig: Welche Gefühle waren heute bedeutsam? Ich lasse diese Gefühle noch in mir nachklingen. Wo bleibt ein gutes Gefühl, wo ein weniger gutes? Was bewegt mich jetzt noch? In welche Richtung geht diese innere Bewegung?

4. Gott um Verzeihung für meine Fehler bitten.

5. Mit Gottes Hilfe herausfinden, welche Schritte aus der inneren Bewegung dieses Tages für mich weiter folgen könnten/sollten.

Zum Schluss: ein Vaterunser.

Damit die Jugendlichen sich intensiver auf den Tagesrückblick einlassen können und dazu »verleitet« werden, ihn auch im Alltag nach der **LeWo** weiter zu praktizieren, empfiehlt sich das kreative Gestalten und Benutzen eines je individuellen Tagesrückblick-Buches.

Die Lebenswoche lässt sich im Vorbereitungsaufwand sehr gut »dosieren«, ist als Angebot, einmal eingeführt, ein sehr beliebter »Selbstläufer« und auch an Unterrichtsthemen anknüpfbar. Sie unterstützt Schüler/innen ganzheitlich in ihrer Entwicklung und inspiriert sie zur Gestaltung von Glauben, Gemeinschaft und Gesellschaft. Ein bewährtes Konzept.

Birgit Springer

Meditativer Tanz

Das meditative Tanzen ist eine von vielen Meditationsformen. Durch die sich wiederholenden Schritte und Gebärden kann ein innerer stiller Raum eröffnet werden. Durch die Einbeziehung des Leiblichen kann der Tanzende im achtsamen Spüren und in der Wahrnehmung seiner selbst neu oder vertieft Zugang zu seinem Inneren erlangen. So kann im mehrfachen Wortsinn etwas in Bewegung kommen. Umgekehrt kann das, was an eigener Sehnsucht, an Freude, an Dankbarkeit, spürbar ist, in das Tanzen hinein gelegt werden und Ausdruck finden. Meditativer Tanz bedarf der Freiwilligkeit, die Überlegungen und Praxisbeispiele zielen vor allem auf schulpastorale Angebote für Lehrerinnen und Lehrer; Eltern und Erwachsene.

Umschreibung

Das meditative Tanzen meint vor allem Kreistänze, die in einer Gruppe um eine gemeinsame Mitte getanzt werden. Zumeist wird religiöse oder klassische Musik verwendet, die einen ruhigen und rhythmisch klaren Charakter hat. Die Schrittfolgen und Gebärden sind einfach und strukturiert und werden im Laufe des gehörten Musikstücks ständig wiederholt. Das ermöglicht, dass die Tänzerinnen und Tänzer sich schnell in die Form einfinden können.

Bezugspunkt

Das christlich fundierte meditative Tanzen ist nicht nur auf das Erspüren der eigenen Mitte ausgerichtet, sondern sieht als Bezugspunkt die Mitte des menschlichen Lebens, Gott selbst als Quelle und Ursprung. Die gestaltete Mitte kann als Symbol für die Mitte im christlichen Sinne verstanden werden und in der bewussten Ausrichtung auf sie kann der Tanz zum Ausdruck dafür werden, dass die Tänzer/innen sich neu auf den hin ausrichten, dem sie das Leben verdanken, bei dem sie neue Kraft auftanken können und mit dem sie tiefer in Beziehung treten wollen.

Wirkung

Tanzen ist eine sehr tief wirkende Weise, sich auf Themen, auf Musik, auf Meditation einzulassen. Das Tanzen spricht tiefe Schichten im Menschen an und kann als heilsam und befreiend erlebt werden. Ruhe, Gelassenheit und Entspannung können sich einstellen, die sich sowohl auf der inneren wie auch auf der körperlichen Ebene bemerkbar machen. Durch das meditative Tanzen können Menschen wieder in inneres Gleichgewicht kommen. Und nicht zuletzt ist hier eine Möglichkeit zur spirituellen Erfahrung eröffnet.

Erfahrungen

Der meditative Tanz wird auffallend oft gerade von Menschen als wohltuend beschrieben, die in ihrem beruflichen oder alltäglichen Kontext sehr viel Denkarbeit leisten müssen. »Ich bin immer so in meinem Kopf«, wird da manchmal gesagt, »ich sehne mich so danach, einfach mal ohne Denken sein zu dürfen.« Nicht selten sind es Menschen mit pädagogischen Berufen, die es sehr genießen können, sich unter Anleitung des Tanzleiters oder der Tanzleiterin in ruhiger Bewegung, mit ruhiger Musik einmal »fallen lassen zu können«, nichts denken, nichts reden, nichts diskutieren zu müssen. Schweigen dürfen, ohne dass es bedrückend oder gar peinlich würde, das ist beim gemeinsamen meditativen Tanzen möglich.
Das ausgesprochene Bedürfnis, weg vom »Kopf« zu kommen, bestärkt mich als Tanzleiterin immer wieder in meinem Grundsatz: »Weniger ist mehr«. Es wäre kontraproduktiv, zu einer Veranstaltung mit meditativem Tanz einzuladen und dann einen Tanz nach dem anderen einzuüben. Ständig Neues lernen zu müssen verhindert das Loslassen-Können, das Genießen-Können, und ließe eine Meditationserfahrung nicht zu. Deshalb sehe ich in der Einfachheit und in den Wiederholungen der Tänze einen großen Wert. Ich übe einen Tanz in kleinen Etappen ein. Der Fokus

wird einzeln auf Schrittfolgen, Wege und Gebärden gelegt. Bei jeder Wiederholung eines Tanzes kann das beinhaltete Thema ein Stückchen tiefer sinken, können Kopf und gesamter Körper ein bisschen mehr loslassen. Ich kann vor jeder Tanzwiederholung kleine Impulse setzen, die den Blick für verschiedene Aspekte des Themas öffnen und dazu helfen, das je Eigene in den Tanz mit hineinzugeben.
In der wiederholenden Bewegung entdecken viele eine für sie geeignete Form von Meditation. Eine Erzieherin: »Ich kann in der Bewegung besser zu innerer Sammlung kommen als im stillen Sitzen. Ich werde nicht so sehr von allen möglichen Gedanken zerstreut, sondern bin in der Bewegung mehr bei mir selbst.«

Stolperstein

Ich erinnere mich gut, wie ein kirchlicher Verwaltungsbeamter am Rande einer Tagung zum Besten gab, wie er sich mit einem dienstlichen Auftrag – es ging um die Erstellung des Haushaltsplans einer Kirchengemeinde – nichts ahnend auf den Weg zu einer abendlichen Pfarrgemeinderatssitzung machte. Als er vom Gremium als Gast willkommen geheißen worden war, staunte er nicht schlecht, als plötzlich die Stühle zur Seite gerückt wurden, um als »geistlichen Impuls« zum Einstieg in die Sitzung miteinander einen meditativen Tanz zu tanzen. Völlig überrascht fand er sich Hand in Hand in einem Kreis fremder Menschen und hatte keine Chance, der Situation zu entkommen. Die Art, wie er über dieses Erlebnis erzählte, witzig bis zynisch überzogen, offenbarte sein als Übergriff empfundenes Erleben. Sein Fazit: »Jedenfalls geh ich da nie mehr hin; das soll künftig mein Chef selbst tun!«
Meine Haltung beim Tanz und meine Art, mich auf Musik zu bewegen, sprechen eine deutliche nonverbale Sprache, selbst dann, wenn die Schritte und Richtungen vorgegeben sind. Es wird dabei mittels unendlich vieler Nuancen mehr über mich selbst ausgesagt als durch viele Worte, die ich spreche. Das ahnen viele Menschen schon im Voraus und spüren eine innere Abneigung gegen (meditatives) Tanzen. Niemals darf jemand deshalb zum meditativen Tanzen gedrängt oder damit irgendwie überrumpelt werden. Das ist für mich der Grund, warum ich dem Angebot »Meditatives Tanzen« für eine bestehende feste Gruppe, etwa für eine Schulklasse, skeptisch gegenüberstehe. Wo Menschen sich nicht völlig

freiwillig zum Mitmachen entscheiden können, ist die Gefahr groß, dass Einzelne ihren inneren Schutzraum übertreten fühlen. Wo jemand gegen seinen Willen sich gezwungen fühlt mitzumachen, weil er sonst zum Außenseiter würde, wird mehr zerstört als gewonnen.

→ M17 enthält eine Auswahl an detaillierten von der Autorin choreografierten Tanzbeschreibungen.

Cäcilia Kittel

Oasentage

Die Besinnungstage am Canisius-Kolleg in Berlin heißen Oasen. Sie finden im Klassenverband in drei Jahrgangsstufen statt, die unterschiedliche Schwerpunkte setzen. Der folgende Beitrag beginnt mit einer Einordnung in den ignatianischen Kontext dieser Besinnungstage.

Selbstfindung als ein Weg, Gott zu finden

Für den heiligen Ignatius ist der Schöpfer kein Anfangspunkt in einer Kette, in der irgendwann einmal ich als kleines Glied auftauche. Der Schöpfer wirkt jeden Moment in seinen Geschöpfen. Und wenn er auch der große, transzendente Gott bleibt, von dem das Bilderverbot spricht, so lassen sich die Spuren seines Schaffens doch in jedem Wesen finden, vor allem aber da, wo sich der Mensch seiner inneren Regungen selbst bewusst wird. Das meint Ignatius' optimistische Devise: »Gott in allen Dingen finden.« Insofern bleiben z.B. Besinnungstage mit Schülerinnen und Schülern im rein Äußerlichen, wenn sie den Jugendlichen nicht helfen, ihre eigene Person und ihr persönliches Wachsen in und an ihrem konkreten sozialen Umfeld zu reflektieren. Denn Selbstreflexion ist eben nicht nur ein wichtiger Baustein des sozialen Lernens, sie ist die Voraussetzung, um des Schöpfers ganz persönliche Ansprache und seine Spuren im eigenen Leben zu suchen. Umgekehrt verfehlen Besinnungstage, die soziales Lernen um seiner selbst Willen praktizieren, ohne dies in geeigneter Weise in den größeren Kontext des Gebetes und der Reflexion am Leben Christi einzubinden, die eigentliche Tiefendimension, um die es geht. Hier geht es um zwei Straßengräben und klar ist allerdings auch, dass Besinnungstage heute noch mehr als früher unter Rahmenbedingungen stattfinden, welches die Einlösung dieses anspruchsvollen pädagogischen und katechetischen Ziels nicht eben leichter machen. Insofern ist jedes Konzept immer nur ein vorläufiges, gehört das Scheitern am Anspruch mit zum Versuch, und natürlich die Klarheit darüber, dass wir nur Orte zeigen können, wo es sich lohnt zu suchen. Gott muss ich selbst finden lassen.
Die künftigen Abiturienten werden ca. ein viertel Jahr vor dem Abitur

noch ein letztes Mal zu einer Oase eingeladen, an der sie ihre besondere Schwellensituation am Ende der Schule und vor dem Beginn eines neuen Lebensabschnittes reflektieren können. Die Teilnahme an Oasen ist grundsätzlich freiwillig. Die Oasen der jüngeren Schüler/iInnen werden von zwei Lehrkräften und zwei Oberstufenschülern/innen begleitet, die im Team zusammenarbeiten.
Für Begleitung geistlicher Übungen gibt Ignatius von Loyola eine wichtige Grundregel aus, die ich an das Ende dieses »Kochrezeptes« stellen möchte. Alles an diesem »Rezept« kann nach Gusto variiert werden, diese Grundregel nicht: Wer Exerzitien begleitet, muss – so Ignatius von Loyola« gegenüber den inneren Prozessen derer, die begleitet werden, sein wie eine Waage. Waagen können nur funktionieren, wenn sie sich – von sich aus – nach keiner Seite neigen. Anders gesagt: Geistliche Übungen kann nur die Person begleiten, die ihre eigenen Urteile, ihre Absichten und Neigungen beiseitestellen kann, um absichtsfrei einen Übungsraum zu eröffnen, in welchem die Übenden selbst Erfahrungen machen können, diese selbst zu reflektieren lernen, um eigene Schlüsse daraus ziehen zu können. Oder nochmals anders gesagt: Exerzitien kann nur begleiten, wer einen Raum eröffnen kann, in welchem der Schöpfer alleine mit dem Geschöpf handeln kann. Die beiden Seiten, »einen Übungsraum eröffen« einerseits und die »Absichtslosigkeit« der begleitenden Person andererseits, beschreiben jenen schmalen Grat, auf dem Begleitung zu geschehen hat, wo es sich um geistliche Übungen handeln soll. Jede Absicht, und sei sie noch so pädagogisch wertvoll gemeint, die von außen den Übungsraum für eigene Zwecke instrumentalisiert, zerstört für die Übenden den Raum als Raum eigener Erfahrungen mit sich, mit den anderen und mit Gott. Störungen der Tage durch die Teilnehmenden sind auch daraufhin zu reflektieren. Denn Störungen können auch eine gesunde Reaktion auf Fremdbestimmung in einem intimen Bereich sein. Fehlende Absichtslosigkeit ist aber der Versuch einer Fremdbestimmung, wie gut sie auch immer gemeint ist. Hat das Team also den Rahmen der Absichtslosigkeit transparent gemacht und eingehalten? Insofern ist es sehr wichtig, den Schülerinnen und Schülern am Anfang der Oasentage ein klares Signal zu geben: Wir machen euch ein Angebot und wir werden den Rahmen schützen, in dem ihr üben könnt. Ob ihr die Übungen nutzt, ist eure Entscheidung. Insofern sind auch Enttäuschungen auf der Seite des Teams, wenn die Schüler/innen die Oasentage nicht »richtig« nutzen, gut zu reflektieren. Was bedeutet »richtig«? Ist »richtig« nicht nur ein Spiegel unserer Absichten? Und sind die auftretenden »Störungen«

nicht nur ein Spiegel dafür, dass Schüler/innen spüren und sich instinktiv dagegen wehren, dass das Ergebnis ihres Übens schon gemessen wird am Maß von Absichten, die von außen an sie heran getragen werden. Oasentage sind z. B. kein Mittel, um die Klassengemeinschaft zu verbessern. Das ist Aufgabe der alltäglichen Arbeit in der Klasse, wenn Oasen auch manchmal den positiven Nebeneffekt haben können, dass sich die Situation in einer Klasse verbessert.
Gott alleine mit den Seelen handeln lassen, und die Seele in aller Freiheit mit ihrem Schöpfer, darum geht es in Oasentagen. Die Begleitenden aber begleiten die Erfahrungen im Gespräch und bewahren den Erfahrungsraum mit aller Klarheit und Entschiedenheit vor Störungen. Das ist die Kunst des Begleitens geistlicher Übungen auch dort, wo Schülerinnen und Schüler ihre ersten, anfanghaften Schritte geistlichen Übens tun.

→ M18 ***Programmbeispiel*** einer »Oase« für Schülerinnen und Schüler der siebten Klasse

Tobias Zimmermann

»Über den Tellerrand« – Sozialexerzitien mit Jugendlichen

Im Rahmen von Sozialexerzitien werden Schüler(innen) dazu animiert, über den Tellerrand der eigenen Lebenswelt zu schauen sowie sich und ihr Leben mit Fremdem und dem Glauben zu konfrontieren.[1] Entwickelt wurde das Konzept von Pfarrer Harald Klein (ehemaliger Schulpfarrer im Bistum Limburg, bis 2010 tätig an der Bischof-Neumann-Schule in Königstein/Taunus und Kirchlicher Assistent der dortigen J-GCL-Ortsgemeinschaften)[2]. Im Rahmen des Projektes »glauben-lernen-handeln« der J-GCL-Bundesverbände wurde das Konzept weiterentwickelt und in seiner Wirkung auf Jugendliche erforscht[3]. Im Unterschied zu mittlerweile an manchen Schulen praktizierten »Compassion-Projekten« bieten die J-GCL-Sozialexerzitien: tägliche und nachhaltige Reflexion, die aus Erlebnissen Erfahrungen werden lässt, sowie umfassende Weitung und Bereicherung des Erfahrungs- und Entwicklungsraumes von Jugendlichen durch die intensive spirituelle Einbettung der Maßnahme.[4]

---

1 Den Jugendverbänden der Gemeinschaft Christlichen Lebens (J-GCL) ist gerade diese Horizonterweiterung ein großes spirituelles, pädagogisches wie politisches Anliegen. Die wesentlichen Profilelemente der J-GCL (»GCL-Mädchen und Frauen« und »GCL-Jungen und Männer«) sind »Schule/Bildung«, »Ignatianische Spiritualität« und »Zweiverbandlichkeit/Geschlechtergerechtigkeit). Mehr siehe www.j-gcl.org.

2 Die Sozialexerzitien sind inspiriert von ähnlichen Konzepten der »Gemeinschaft Christlichen Lebens« (www.gcl.de) und von den magis-Experimenten der Jesuiten (www.ignatianisch.de).

3 Näheres, auch zu den Auswirkungen von Sozialexerzitien auf Jugendliche (mit Originalzitaten aus den Auswertungsfragebögen), ist nachzulesen in: Jugendverbände der Gemeinschaft Christlichen Lebens (Hg.), glauben-lernen-handeln. Experimente in der Schulpastoral. Ein Projekt der J-GCL. Abschlussbericht, 2008, 31–49. – In dieser Publikation ist auch das Experiment »Lass mich nicht allein!« dokumentiert. Das Konzept der im Rahmen dieses Experimentes entwickelten Schulung »Jugendliche begleiten Jugendliche« kann als Praxismappe mit allen Materialien und Begleit-CD bei mail@j-gcl.org für 10 € zzgl. Porto bestellt werden. – Der o. g. Abschlussbericht ist dort für 6 € zzgl. Porto erhältlich.

4 Von den J-GCL durchgeführt bieten die Sozialexerzitien noch ein zusätzliches »Plus«: Möglichkeit der kontinuierlichen Weiterentwicklung von persönlichen, sozialen, spirituellen u. a. »Entdeckungen« während der Sozialexerzitien durch

Das Konzept

Ziel der Sozialexerzitien ist es, Jugendlichen durch Konfrontation mit einfachem Lebensstil, täglicher Arbeit in sozialen Einrichtungen (z.B. für Obdachlose)[5], unbekannter Großstadt, Gruppenleben auf engstem Raum und spirituellen Impulsen für jeden Tag persönliche, politische und spirituelle Lernerfahrungen zu ermöglichen. Die Sozialexerzitien bieten Schülern und Schülerinnen die Gelegenheit, ihren eigenen Glauben und ihr eigenes Leben (enger) zusammenzuführen und weiterzuentwickeln.

Einfachheit erleben

Anreise mit Regionalexpress; Schlafen mit Isomatte und Schlafsack; Einfachheit der Einrichtungen bzw. des Klientels der sozialen Einrichtungen; Schlichtheit auch bei der Gestaltung der spirituellen Einheiten (EINprägung in Wiederholung statt VIELzahl von Elementen)

Sich auf Fremde(s) einlassen

(Groß-)Stadt; unbekanntes soziales Milieu (z.B. Obdachlosenmilieu); enges Zusammenleben mit Mitschüler(inne)n, die die Jugendlichen sonst nur vom Unterricht her kennen; sich auf eng(st)em Raum mit Menschen konfrontieren, die anders sind und leben als ich (mit den Gruppenmitgliedern, der Leitung, den Nutzer[inne]n, den Mitarbeiter[inne]n in den verschiedenen Einrichtungen, den Menschen in der Großstadt); tägliche spirituelle Tagesein- und -ausstiege usw.

Verantwortung teilen

Die Verantwortung für Einkaufen, Kochen, Abspülen oder Aufräumen liegt in der Hand der gesamten Gruppe. Auch in der sozialen Einrichtung bekommen die Schüler(innen) eigene Verantwortung übertragen.

In sozialen Einrichtungen mitarbeiten

für täglich mindestens sechs Stunden Mitarbeit in Einrichtungen

---

die jugendverbandliche Einbettung des Angebotes und – soweit gewünscht – der einzelnen Teilnehmenden.

5 Alternativ: integrative Kindertagesstätten, stationäre Kinder- und Jugendhilfe, Behindertenarbeit, ambulante oder stationäre Alten- und/oder Krankenpflege, ambulante Dienste o.Ä.

Statt zu beurteilen das Wahrnehmen schulen und vertiefen
sehen und dahinter sehen, hören und dahinter hören; die eigene Aufmerksamkeit gezielt fokussieren; andere Menschen und sich selbst wahrnehmen statt beurteilen

reflektierend Erfahrungen (mit-)teilen
Erlebnisse während der Woche durch gezielte Aufmerksamkeit, Reflexion und Darüber-Sprechen zu geteilten Erfahrungen werden lassen (praktische Hilfen hier z.B. auch Sozialexerzitien-Tagebuch (s.u.), informelle Gespräche, Bibliodrama)

gemeinsam als Gruppe Glauben leben
gemeinsam beten und singen, sich mit Bibelstellen auseinandersetzen

Leben und Glauben verbinden
durch spirituelle Impulse über den Tag (»Fokus der Aufmerksamkeit« morgens in der Gruppe, im- und explizit christliche Elemente in der sozialen Einrichtung, »magis-Runde« abends in der Gruppe – Erläuterungen s.u.)

Rückmelden, Wünschen, Danken
Sowohl bezogen auf die Gruppenmitglieder als auch auf die Einrichtung werden die Jugendlichen zu Feedback und Dank angeregt (Erinnerungskarte der Gruppenmitglieder für jede[n] Teilnehmende[in], Auswertungsgespräche mit Jugendlichen, Leitung und Einrichtungsleitung).

Organisatorischer Rahmen

– **Teilnehmende:** bis zu zwölf Schüler(innen) der 12. Klassenstufe (d.h. in der Regel 18-Jährige[6]), die bereit sind, sich auf Unbekanntes einzulassen.
(Die Sozialexerzitien sind gerade als Angebot für »gut situierte« Jugendliche zu empfehlen.)

6 Es gibt Einrichtungen, die minderjährige Schüler(innen) nicht als Mitarbeiter(innen) zulassen.

– **Ausrüstung:** Schlafsack, Isomatte; eigene Bibel; Büchlein, welches als Sozialexerzitien-Tagebuch dient; private Utensilien.
– **Leitung:** zwei (gruppen-)pädagogisch und (jugend-)pastoral erfahrene Personen (ehrenamtlich oder hauptamtlich/-beruflich; bei gemischtgeschlechtlichen Gruppen eine männliche und eine weibliche Leitungsperson). Selbstverständlich wäre es wünschenswert, die Leitungspersonen hätten selbst vorab Sozialexerzitien erlebt.
– **Zeit:** optimal ist eine volle Woche (z. B. Abfahrt Samstag, Rückkehr Samstag der nächsten Woche). Es bietet sich entweder eine Woche in den Schulferien an oder eine (evtl. verlängerte) Projektwoche der Schule.
– **Ort:** eine (Groß-)Stadt mit mehreren sozialen Einrichtungen christlicher Prägung, die Jugendlichen eine bisher unbekannte Lebenswelt eröffnen.[7]
– **Räumlichkeiten für die Exerzitiengruppe:** Für männliche und weibliche Teilnehmende sollte es mindestens einen Übernachtungsraum geben, in denen diese mit Isomatte und Schlafsack übernachten können. Ansonsten wichtig: sanitäre Anlagen; Möglichkeit, Frühstück und schlichtes Abendessen zubereiten zu können; einen Aufenthaltsraum für die Gesamtgruppe, in dem die spirituellen Einheiten und das gemeinsame Essen stattfinden können. Bei mehreren Möglichkeiten ist eher die schlichtere zu wählen.[8]

Ablauf

Der tägliche spirituelle Rahmen[9]

Morgendlicher »Fokus der Aufmerksamkeit«:

Zu Beginn jeden Tages soll die Aufmerksamkeit der Schüler(innen) auf einen Aspekt fokussiert werden. In der Regel ist es eine Frage, die als Fokus dient und die Jugendlichen dann durch den gesamten Tag beglei-

---

7 Die Sozialexerzitien der J-GCL fanden in Hamburg statt. Dort gibt es etliche Einrichtungen für Obdachlose mit (unterschiedlichem) christlichem Hintergrund, in denen die Jugendlichen mitarbeiteten.

8 In Hamburg wohnten wir im Keller des Priesterseminars. Denkbar wären auch Räume in einem Pfarrzentrum o. Ä.

9 Die hier beschriebenen Sozialexerzitien sind ein Versuch, im Rahmen von nur einer Woche für Jugendliche einen spirituellen Prozess ahnbar zu machen, der

ten soll. Die einzelnen, mit einer Bibelstelle fundierten und durch ein schlichtes Lied gestützten Fokusse sollen den Teilnehmenden in ihrem inneren Exerzitienprozess Orientierung und Unterstützung bieten und diesen für sie möglichst ertragreich und nachhaltig gestalten. (Konkreteres s. u.)

Abendliche »magis-Runde«:

Die »magis-Runde« soll helfen, mehr aus den Sozialexerzitien und generell aus unserem Leben zu machen. »magis« (dt. »mehr«) bezeichnet ein dynamisches Kernstück ignatianischer Spiritualität. Nach Ignatius von Loyola ist unser Glauben ein Weg mit Christus und ein Wachstumsprozess zu immer ***mehr*** Gemeinschaft und Leben mit Gott.

Für dieses Wachsen des »mehr« sind Gebet, Austausch und geistliche Begleitung wichtige Hilfen. Gerade in den Sozialexerzitien kann gut gelernt werden, was es heißt, Gott in allem zu suchen und zu finden, nicht nur im Guten und Schönen, sondern auch im Unverständlichen und Schmerzhaften.

Das Ziel der abendlichen magis-Runde besteht darin, dies gemeinsam auszuprobieren und zu tun. Der heilige Ignatius empfahl, sich für die wichtigste Gebetszeit, den täglichen Tagesrückblick, zumindest 15 Minuten Zeit zu nehmen. Ganz in seinem Sinn werden in der magis-Runde der Sozialexerzitien Eindrücke und Erfahrungen des Tages, fokussiert auf den »Fokus der Aufmerksamkeit« des jeweiligen Tages, miteinander geteilt. (Konkreteres s. u.)

---

sie bereichert, und der viel umfassender und intensiver in den 30-tägigen Exerzitien nach Ignatius von Loyola erlebbar ist. Nicht alle Prozessschritte können mit eigenen Fokussen bedacht werden, aber aufscheinen: Ankommen > »Fundament« und »Trost«: das Schöne der Welt entdecken und sich freuen, dass Gott die Welt gut geschaffen hat > statt zu beurteilen: wahrnehmen > tiefer gehen > sich innerlich berühren lassen > Wunden und Bedürftigkeit bei sich/anderen spüren und Schmerz empfinden > »Gott suchen und finden in allen Dingen«, Spuren Gottes entdecken > sich der Versuchung stellen (»unterscheiden«) > Gott nachfolgen (»entscheiden«, wem ich dienen will) > Reich Gottes aufbauen im Alltag > da sein wollen bzw. mich Gott zur Verfügung stellen > Gnade und Segen erbitten > Veränderung spüren, in den Alltag zurückkehren.

Der chronologische Wochenablauf

Tag 1 – Anreisetag (Samstag)

- Kostengünstige Anreise mit Nahverkehrszügen (z. B. mit Wochen-end-Ticket)
- Räume beziehen
- Gemeinsames Essen
- Anfangsrunde …

… mit Organisatorischem: Einspeichern aller Handynummern, Überblick über die Woche, Klären von Fragen

… und Spirituellem: 1. Einführung zu Ignatius von Loyola und seiner Spiritualität sowie zu Grundgedanken der Sozialexerzitien 2. Lied: Komm herein und nimm dir Zeit für dich … 3. Bibeltext-Runde: Alle bringen ihre eigene Bibel mit. Z. B. kann der Lobpreis des Zacharias (»Benedictus« Lk 1, 68–79) Satz für Satz reihum gelesen werden. Alle meditieren nochmal über dem Text mit der Frage: »Welches Wort, welcher Satz spricht mich hier und heute an? Welches ist mein Wort, mein Satz am Beginn dieser Exerzitien?« Nach der Einzelbesinnung nennen alle »ihren« Satz/»ihr« Wort und erzählen, warum sie daran hängen geblieben sind. 4. Liedwiederholung

- Gemeinsamer Stadtbummel[10]
- (Einführung in die) Magis-Runde (s. u.)

Tag 2 – Stadt-Kennenlern-Tag (Sonntag)

- Tageseinstieg mit Wahrnehmungsspaziergang (Alle versuchen, nur wahrzunehmen, was sie sehen, ohne zu bewerten/zu beurteilen.)
- Lunchpakete packen, Gottesdienst

Danach Optionen:

- Stadtführung (sozialer Brennpunkt, sozial interessante Viertel)
- Wahrnehmungsspaziergang in verschiedenen Vierteln (Die Jugendlichen schweigend und einzeln mit der Frage »Was nehme ich wahr?« losschicken.)
- Besichtigung von markanten Orten der Stadt (z. B. in Hamburg: Hafenrundfahrt)
- mit Netzkarten für den ÖPNV und Stadtplan bestückt erster Besuch

---

[10] Dieser Stadtbummel und die Stadtführung(en) – wie auch ggf. eine Hafenrundfahrt in Hamburg – (siehe Tag 2) sind pädagogisch bedeutsam als »Kontrastfolie«. Die Jugendlichen lernen die Stadt zunächst touristisch sehen. Auf dieser Folie sieht dann z. B. die Obdachlosenarbeit (im gleichen Viertel) ganz anders aus.

der verschiedenen Einrichtungen, falls an diesem Tag möglich, verbunden mit Gesprächen (und Gebeten) dort.

Tag 3–7 – Arbeitstage (Montag bis Freitag)

→ ca. 7.15 Uhr: spiritueller Tageseinstieg[11] mit »Fokus der Aufmerksamkeit«:

→ ca. 7:30 Uhr: gemeinsames Frühstück

→ den Tag über

– jede(r) Jugendliche:

mindestens sechs Stunden Arbeit in den verschiedenen sozialen Einrichtungen[12] und Freizeit je nach »Schicht« (mittags werden die Teilnehmenden in »ihren« Einrichtungen verpflegt oder versorgen sich selbst); Pflege des Sozialexerzitien-Tagebuchs

(In Hamburg arbeiteten die Jugendlichen in den Einrichtungen Herz Ass, Alimaus, Café mit Herz, Jesus Center, Haus Betlehem)

– Kleingruppen von Jugendlichen (mit oder ohne Begleitung der Leitung):

Einkauf und Essensvorbereitung für abends; Besuch bei den Einrichtungen, in denen die jeweils anderen arbeiten (auch um dort z. B. mit Nutzer[inne]n ins Gespräch zu kommen); Gespräche mit Leitungspersonen/ Mitarbeiter(inne)n bzw. Führungen durch die Einrichtungen oder die nähere Einrichtungsumgebung dort; spontane Aktionen (wie z. B. Fußballtraining mit der Obdachlosenmannschaft einer Einrichtung)

– Leitung:

Besuch der Exerzitien-Leitung bei den Einrichtungen, um Kontakt zu pflegen, Absprachen zu treffen, von Entwicklungen zu erfahren, Feedback zu den Jugendlichen einzuholen; gegen Ende der Woche: Auswertungsgespräche mit Jugendlichen, Leitung und Einrichtungsvertretung in den einzelnen Einrichtungen;

→ ca. 18.00 Uhr: gemeinsames Abendessen

→ nach dem Abendessen: »magis-Runde«

---

11 Es fördert die Nachhaltigkeit der Exerzitien, die spirituellen Impulse in schriftlicher Form zu verteilen. Sie können so ins Exerzitien-Tagebuch eingeklebt werden.- Natürlich können auch gemeinsames Feiern der Eucharistie oder gemeinsames Beten der Laudes (mit Einführung!) den Exerzitienprozess vertiefen.

12 Alle Schüler(innen) sollten – soweit möglich – im gleichen Arbeitsfeld (z. B. Obdachlosenarbeit) eingesetzt sein, da sonst der Vergleichsmoment fehlt. Auch sollten die Arbeitszeiten ähnlich sein, damit gemeinsame »Gruppenzeiten« jenseits der Arbeit in den Einrichtungen gesichert sind.

→ Optionen fürs Abendprogramm:
– alternative Führung durch einen Stadtteil, der als sozialer Brennpunkt gilt oder sozial besonders interessant ist (in Hamburg: St. Pauli, Schanzenviertel)
– Geld-Sammeln für eine der sozialen Einrichtungen (z. B. auf der Reeperbahn für eine der Obdachlosen-Einrichtungen)
– gemeinsamer Stadtbummel durch verschiedene Stadtviertel
– optional: Auseinandersetzung mit den entsprechenden sozialen Feldern bzw. deren Klientel über ausgewählte Medien und Austausch dazu (z. B. im Feld »Obdachlosenprojekte«: DVD »Die Nonne vom Kiez« – ein Film über Sr. Gerharda, eine Mit-Gründerin, die Leiterin der »Alimaus«, einer Hamburger Obdachlosen-Einrichtung; Lesung aus Obdachlosen-Biografien/-Erfahrungsberichten o. Ä.)
– Ein Abend (z. B. Mittwoch) sollte zur völlig freien Verfügung sein.

Tag 8 – Abreisetag (Samstag)

- Tageseinstieg: Abschließend kann u. a. auch nochmals das Benedictus (s. o.) zur Hand genommen werden mit der Fragestellung: »Was war mein Wort, mein Satz am Beginn der Exerzitien? Wie hat das Wort, der Satz sich durch die Erfahrung der Exerzitienwoche verändert?« Austauschrunde dazu.
- Schön ist auch, nochmals reihum das Eindrücklichste der Woche auszusprechen (Welches Bild, welche Frage, welche Erkenntnis bleibt mir?) und die Gedanken dazu, wie die Exerzitien im Alltag weiterleben könnten.
- Zur Erinnerung bekommt jede Person die Wünsche-/Feedback-Karte überreicht. (siehe Fußnote 18)
- Rückreise mit Nahverkehrszügen

Ob nun im geschilderten »Original« oder in Variationen: Die Teilnehmenden und wir sind von der weitreichenden Wirksamkeit der Sozialexerzitien überzeugt und können die Durchführung einer solchen Maßnahme nachdrücklich empfehlen.[13]

Birgit Springer/Harald Klein

---

[13] Bei Fragen können Sie sich an Pfarrer Harald Klein (pfr.klein@web.de; 0160–94169250) oder Birgit Springer (birgit.springer@j-gcl.org; 0821–3199804) wenden.

Sport-Religionswoche

Die Sport-Religionswoche ist ein fester Bestandteil des schulpastoralen Angebots des Gymnasiums Nonnenwerth. Die sportlichen Herausforderungen und die damit verbundenen Grenzerfahrungen stärken die Gemeinschaft der teilnehmenden Schülerinnen und Schüler und eröffnen Räume, um miteinander Leben und Glauben zu teilen. Der folgende Beitrag beschreibt die Zielsetzung und lädt ein zur Nachahmung.

»In die Auslage ... und los!«

»Die Skulls flach auf des Wasser legen, die Hände zusammenhalten, mit dem Rollsitz nach vorn, in die Auslage ... und los!« Vier Schüler sitzen im Ruderboot, folgen den Anweisungen des Übungsleiters und machen erste Erfahrungen in der Kunst des Ruderns. Ähnliche Rufe klingen von den drei anderen Booten herüber – wobei auf einem ein Sportlehrer, auf dem anderen eine Religionslehrerin als Steuermann bzw. Steuerfrau sitzen. Während auf dem Baldeneysee in Essen eine Gruppe von Schülerinnen und Schülern sich im Rudern übt, sitzen andere in Jollen auf der Edersee und proben die Wende, lernen das Kreuzen und das Fahren am Wind. Eine dritte Gruppe klettert im Hochseilgarten und versucht am nächsten Tag gemeinsam ein Floß zu bauen, um damit auf der Mosel zu rudern. Zur gleichen Zeit sind Bergwanderer im Grenzgebiet zwischen Deutschland und Österreich unterwegs, um von ihrer Hütte in 1400 Metern Höhe aus die umliegenden Berggipfel zu erklimmen – wo sie voll Stolz über ihre Leistung den Ausblick genießen und sich vor dem Abstieg gegenseitig mit Blasenpflastern aushelfen. Am Abend, beim religiösen Teil der Fahrt, werden sie dann über Grenzen und Grenzerfahrungen sprechen. Alle sind Schüler der MSS 11 des Gymnasiums Nonnenwerth und sind im Rahmen der Sport-Religionswoche unterwegs.
Seit vielen Jahren hat diese Veranstaltung der Schulpastoral ihren festen Platz an unserer Schule. Zu Beginn des Schuljahres, meist in der zweiten Schulwoche, fahren die Schüler der Jahrgangsstufe 11 in vier Gruppen für eine Woche weg in Begleitung je eines Sport- und eines Religionslehrers. Dabei geht es zunächst um ein Kennenlernen über die alten Klas-

sengrenzen hinaus. Deshalb wird bei der Zusammensetzung der Gruppen auf eine »gute Mischung« aus den Klassenverbänden der ehemaligen Zehner geachtet, nachdem die Jugendlichen im Vorfeld drei Fahrtenwünsche angeben konnten. Es hat sich auch gezeigt, dass Seiteneinsteiger, die von anderen Schule zu uns in die Oberstufe kommen, durch diese Fahrt rasch integriert werden.
»Eine tolle Zeit, in der es auch die Möglichkeit gab, den ein oder anderen näher kennenzulernen.« (Schülerzitat)
Beim sportlichen Angebot geht es darum, eine Sportart anzubieten, die im regulären Unterricht nicht vorkommt und die sich zudem besonders zur Förderung der Sozialkompetenz eignet. Beim Rudern geht eben nichts, wenn man sich nicht auf den gemeinsamen »Takt« einigt, und wenn es beim Segeln heißt ***»Alles klar zur Wende!«***, dann kann man nicht erst diskutieren, sondern muss zupacken. Beim Klettern – ob im Hochseilgarten oder in den Bergen – muss einer dem anderen Sicherheit geben und achtsam sein. Bei alldem ist es durchaus gewollt, dass auch Grenzerfahrungen gemacht – und reflektiert! – werden. Und für das Miteinander ist es durchaus förderlich, wenn Schüler erleben, dass auch Lehrer ins Schwitzen und an ihre Grenzen kommen – oder kentern und unversehens im Wasser landen.
Die religiöse Zielsetzung der Fahrt bezieht sich auf drei Bereiche und wurde von der Fachkonferenz Religion wie folgt formuliert:

Miteinander leben

Die Begegnungen zwischen Lehrern und Schülern und der Schüler untereinander sollen geprägt sein von der Motivation,

- grundsätzlich offen zu sein für die Person des anderen,
- sensibel zu sein für das, was ihr gut tut,
- das Gute für sie zu wollen und zu tun.

Die Art des Umgangs sollte bestimmt sein von gegenseitigem Respekt und Toleranz.

Miteinander reden

Es sollte genügend Zeit sein, in der sich die Gruppe mit Fragen der Sinnfindung und mit religiösen Themen auseinandersetzt.
»Wir diskutierten eifrig untereinander und ließen den Lehrern fast keine Chance, auch mal ein Wort beizutragen.« (Schülerzitat)

Miteinander beten/meditieren/sich besinnen

Im Tagesverlauf gibt es Freiräume, die der gemeinsamen Besinnung, dem Gebet oder der Meditation dienen. Dabei besteht die Möglichkeit, die Schülerinnen zu ihnen bis dahin unbekannten religiösen Ausdrucksformen hinzuführen.
Die Umsetzung dieser Ziele sieht im konkreten Ablauf der Fahrt in der Regel so aus: Sobald die Zusammensetzung der Gruppe feststeht, findet ein Vortreffen der die Fahrt begleitenden Lehrer mit den Schülern statt. Dabei geht es neben organisatorischen Fragen um ein Gespräch über die Zielsetzung der Fahrt. Die Schüler haben dann die Möglichkeit, Wünsche zu äußern, welche religiösen Themen behandelt werden sollten.
Der Tagesablauf sieht meist so aus: Nach dem gemeinsamen Frühstück bildet eine Morgenmeditation – die oft auch von den Schülern selbst gestaltet wird – den Einstieg in den gemeinsamen Tag. Tagsüber stehen dann die sportlichen Aktivitäten im Vordergrund – bei denen selbstverständlich auch der Religionslehrer mitmacht. Der religiöse Teil beginnt meist nach dem Abendessen und dauert ca. 1 ½ bis 2 Stunden; die Bergwanderer nutzen natürlich auch die Möglichkeit, meditative Elemente (z. B. Wahrnehmungsübungen, Meditationen zu ***Baum, Wasserfall, Schutzhütte*** ... als Symbol) in den gemeinsamen Weg einzubauen.
»Fernab von langweiligen Relibuchtexten setzten wir uns in kleinen Gesprächsgruppen mit Fragen des Lebens und des Glaubens auseinander.« (Schülerzitat)
Das Spektrum der angesprochenen bzw. kreativ behandelten Themen ist sehr groß: Von der Frage ***Wer bin ich? Wie komme ich rüber? Wie verhalte ich mich?*** über ***Persönlichkeitsentwicklung und das »innere Team«*** bis zur Erprobung der Teamfähigkeit in der ***Brückenbauübung***; von der ***Spurensuche im Leben und im Glauben*** über ***Gestaltung von Wertpyramiden*** bis zum kreativen Ausdruck von Zukunftsträumen im ***idealen Planeten***; von der Frage ***Wer ist Jesus für***

mich? über ***Gottesbilder*** und ***Vorstellungen vom Leben nach dem Tod*** bis zum Austausch über ***Erfahrungen mit dem Gebet.*** Und in diese Gespräche bringt sich nicht nur der Religions-, sondern auch der Sportlehrer mit ein!
Bevor der Abend dann in den gemütlichen Teil übergeht, erfolgt oft noch ein Abendgebet.

»Am ersten Abend bekamen wir als Betthupferl einen Bibelspruch, den wir dann am Abschlussabend vorstellen sollten.« (Schülerzitat)

Die Sport-Religions-Woche ist an unserer Schule ein Element der Schulpastoral, das sich über viele Jahre hin bewährt hat und einer ganzheitlichen Bildung und Erziehung entspricht. Durch diese Aktivität versuchen wir – neben anderen Veranstaltungen der Schulseelsorge – umzusetzen, was wir im Leitbild unserer Schule formuliert haben: ***»Wir sind Christen – unterwegs als Glaubende, Fragende und Suchende –, die miteinander eine im franziskanischen Geist wurzelnde Schule gestalten.«*** Gerade in dieser gemeinsamen Woche werden wesentliche Aspekte franziskanischer Spiritualität konkret: ***Lebensgestaltung aus dem Glauben, Achtung vor der Würde jedes Menschen, Geschwisterlichkeit und Behutsamkeit im Umgang mit der Schöpfung.***
An der Sport-Religionswoche nehmen in der Regel alle Schülerinnen und Schüler des Jahrgangs teil. Wenn im Vorfeld der Fahrt oft der Sport der motivierende Faktor ist, so wird rückblickend auch der religiöse Aspekt der Woche als bereichernd bewertet. Und so endet der Erfahrungsbericht einer Schülerin über die Sport-Religionswoche mit folgendem Satz:

»Diese Woche war alles andere als langweilig, hat Spaß gemacht und ist absolut empfehlenswert.«

Andrea Becker

IV. Perspektiven

Gotteserfahrungen im Kontext der Schule – *Träumerei oder realisierbare Vision?*

Zu Chancen und Grenzen einer mystagogischen Schulpastoral.
Carsten Roeger ist neben seinen Aufgaben als Pfarrer zweier Gemeinden in der Schulpastoral engagiert.

Carsten Roeger

Ausgangssituation

Der Titel dieses Beitrags klingt anspruchsvoll. Vermutlich sind nicht wenige LeserInnen[1] geneigt, Gotteserfahrungen im Kontext der Schule als Träumerei anzusehen.

In der Tat ist Schule ein anspruchsvoller pastoraler Ort. Zudem steht Schulpastoral vor der Schwierigkeit, im Bereich Schule ihren Platz zu finden und Unterstützung zu erfahren.

Am ehesten ist dies im sozialen Bereich möglich, da es ein gemeinsames Ziel der für die Erziehung Verantwortlichen ist, SchülerInnen soziale Kompetenz und Werte zu vermitteln, und Kirche hier ein willkommener Kooperationspartner ist. Dezidiert religiöse Fragen werden eher distanziert betrachtet. Gründe für diese Skepsis können darin gesehen werden, dass viele am Schulgeschehen Beteiligte eine so große Distanz zur Kirche haben, dass sie sich nicht einmal mehr für Reformen der Kirche interessieren. Nicht wenigen Schülern, Eltern und Lehrern ist ein personales Gottesbild fremd und zentrale christliche Glaubensinhalte erscheinen als nicht (mehr) plausibel. Zudem konstruieren viele, nicht nur junge Menschen ihre Weltanschauung selber und sind nur wenig dazu bereit, sich tiefgehender über eigene religiöse Erfahrungen und Vorstellungen auszutauschen.

Insgesamt stehen viele Menschen im schulischen Bereich der Kirche wohlwollend und skeptisch zugleich gegenüber, ihre Dienste werden funktional gerne in Anspruch genommen.

---

1 Aus Gründen der Lesbarkeit wird bisweilen nur die maskuline Form verwendet, selbstverständlich ist die feminine Form immer mitzudenken, sofern der Kontext nicht anderes nahelegt.

Für Kirche ist es unverzichtbar, sich auf diesen spannenden und herausfordernden pastoralen Ort einzulassen und die Erfahrungen der am Schulgeschehen Beteiligten ernstzunehmen, andernfalls würden weniger Erfahrungen in das kirchliche Gottesbild mit einfließen, so dass es enger und begrenzter würde. Dies wieder würde nicht nur zu einer weiteren Abnahme der Attraktivität des kirchlichen Glaubens führen, gravierender wäre vielmehr noch die Tendenz, dass Gottes Vielfalt weniger wahrgenommen und sich das kirchliche Gottesbild so vom facettenreich biblischen Gottesbild entfernen würde.

Schulpastoral – ein Vorschlag zur Definition und zum Inhalt

Schulpastoral ist das ***pastorale*** Handeln innerhalb der Organisationseinheit ***Schule***, das sich vorwiegend außerhalb des Unterrichtes an Schüler, Lehrer, Eltern und sonstige Mitarbeiter richtet.

Die am ***Schul***geschehen Beteiligten sind Adressaten und soweit möglich auch Träger von Schul***pastoral***.

Schulpastoral verwirklicht sich in der Zuwendung zu einzelnen am Schulgeschehen beteiligten Menschen, in einer Vielzahl von vom Geist des Evangeliums getragenen Aktivitäten im Bereich der Schule, in der Hinführung zur Erfahrung Gottes im schulischen Bereich und in der Feier von (Schul-)Gottesdiensten.

In Schulen, in denen Religionsunterricht erteilt wird, arbeitet die Schulpastoral eng mit diesem Fach zusammen, um ein »zumindest ansatzweises Vertrautmachen mit Vollzugsformen des Glaubens«[2] zu fördern, ohne welches »die unterrichtliche Einführung in die Wissensformen des Glaubens ohne nachhaltige Wirkung bleiben [sc. wird].«[3]

Im Zentrum des schulpastoralen Verständnisses des vorliegenden Beitrags steht die Hinführung der am Schulgeschehen Beteiligten zur Erfahrung Gottes. Ihre ›Vision‹ ist eine lebendige und tragende Gottesbeziehung, die aus der Erfahrung Gottes immer neu gestärkt wird. Kurz: Schulpastoral wird mystagogisch verstanden.

In diesem Verständnis bildet die mystagogische Schulpastoral die zen-

---

2 Sekretariat der DBK (Hg), ***Der Religionsunterricht vor neuen Herausforderungen*** (Die deutschen Bischöfe 80), Bonn 2005, S. 24.

3 Ebd. S. 24.

trierende Mitte und stellt den Sinnhorizont für schulpastorale Maßnahmen und Verwirklichungen dar. Diese wechselseitigen Bezüge können und müssen zwar nicht immer sofort verbalisiert werden, bilden aber stets den spirituellen Hintergrund jeglichen pastoralen Handelns.
Auch wenn sich der Hilfeempfänger einer caritativen Zuwendung nicht unbedingt der Bedeutung des Handelns im Sinne Jesu – »Was ihr für einen meiner geringsten Brüder getan habt, das habt ihr mir getan.« (Mt 25, 40) – bewusst ist und es ihm auch unter Umständen nicht vermittelbar ist oder eventuell besser nicht gesagt wird, ist sich jedoch der Schulseelsorger dieser Dimension seines Handelns bewusst.
In ähnlicher Weise wird schulpastorales Handeln nicht bei Gemeinschaftserlebnissen stehen bleiben, sondern – sofern möglich und angezeigt – versuchen, diese Räume auf Gott hin aufzuschließen. Personzentrierte Angebote werden dafür wach sein, in Gesprächen – wenn es sich ergibt – auch Jesus als Hilfe bei der Orientierungssuche oder anderen Problemen ins Spiel zu bringen. Das diakonische Engagement der Schulpastoral, das sich in der Mitarbeit in den Bemühungen um Schulkultur verwirklichen kann, versteht sich als Mitarbeit am Reich Gottes und bemüht sich, diese theologische Dimension ihrer Arbeit bei sich bietenden Gelegenheiten auch zur Sprache zu bringen.
Der Zusammenhang verschiedener schulpastoraler Elemente mit dem Leitgedanken der Mystagogie lässt sich treffend mit dem ignatianischen Grundwort ›je-nachdem‹ beschreiben. Ignatius brachte damit zum Ausdruck, »man solle dieses oder jenes so oder so oder auch anders tun, *je nachdem* die Person, die Umstände, die Situation, die Zeit es für gut, passend, angemessen, hilfreich usw. erscheinen lassen.«[4]
Mystagogische Schulpastoral wird auf viele bekannte Aktivitäten der Schulpastoral zurückgreifen und vielfache Projekte und Aktionen initiieren, *je nachdem* was an der jeweiligen Schule möglich und geboten ist. Sie wird sich dabei aber stets an ihrem grundlegenden Ziel der Hinführung der am Schulgeschehen Beteiligten zur Erfahrung Gottes und an ihrer ›Vision‹ einer lebendigen und tragenden Gottesbeziehung dieses Personenkreises ausrichten und so nicht der Gefahr der Verzettelung erliegen.

---

4 W. Lambert, *Aus Liebe zur Wirklichkeit.* Grundworte ignatianischer Spiritualität, Mainz ⁴1998, S. 177 (Hervorhebung im Original).

Erfahrungen als Ausgangspunkt einer mystagogischen Schulpastoral

Damit das zugegebenermaßen anspruchsvolle Ziel von Gotteserfahrungen im Kontext der Schule überhaupt in eine realisierbare Nähe rücken kann, bedarf es angesichts des Erfahrungsschwundes in unserer durch Reizüberflutung geprägten Zeit zunächst einer Hinführung zu Erfahrungen überhaupt. Zum Erfahrungsschwund trägt neben abnehmenden Gemeinschaftserfahrungen beim Essen die Synthetisierung der Esskultur bei. Anstelle von in der Natur vorkommenden Geschmacksstoffen werden künstliche Geschmacksverstärker eingesetzt.

Bei abnehmender Naturverbundenheit und zunehmender Unkenntnis über die Herkunft unserer Lebensmittel steht zu befürchten, dass irgendwann für Kinder ein Fisch ein panierter, rechteckig gepresster Balken ohne Haut und Knochen ist. Hinzu kommen eine zunehmend mediale Vermittlung von Wirklichkeit, eine Zunahme der elektronischen Kommunikation und das Aufhalten in virtuellen Räumen und der mit diesen Phänomenen verbundene Verlust von primärer und unverstellter Erfahrung.

Ein weiterer Hinweis auf Erfahrungsverlust ist in der Beschleunigung des Lebens zu finden. Dem modernen Menschen, der immer unterwegs ist, fehlt die Zeit, sich auf Orte einzulassen, er sucht das Maximum an Angeboten zu nutzen und vermeidet konsequent Zeiten des Leerlaufes. Unter dem Diktat der Beschleunigung verschwindet die Wirklichkeit von Zeit und Raum und damit von Erfahrung.

Die obigen Überlegungen legen nahe, ein wesentliches schulpastorales Anliegen in der Ermöglichung von Erfahrungen zu sehen. Für nicht wenige Schüler wird ein gemeinschaftliches Essen mit ›natürlichen‹ Lebensmitteln eine neue Erfahrung sein. Die Erfahrung von Gemeinschaft kann durch eine Vielzahl von bewährten Kooperationsspielen gefördert werden. Auch das Angebot einer Entschleunigung z. B. durch Stilleübungen, Wahrnehmungsübungen und Traumreisen trägt zur Ermöglichung und zum Bewusstwerden von Erfahrungen bei.

Das Hinführen zu und die Ermöglichung von Erfahrungen überhaupt sind m. E. entscheidende Hilfen, um zu Erfahrungen mit Gott hinführen zu können. In diesem Zusammenhang ist die Unterscheidung von Erlebnis und Erfahrung von grundlegender Bedeutung. Ein Erlebnis wird erst durch seine Deutung zur Erfahrung.

Beispiel: Eine Frau bekommt von ihrem Freund, der beruflich weiter weg ist, per Fleurop einen Blumenstrauß. Dieses Erlebnis kann auf zwei Weisen gedeutet werden, die zu entgegengesetzten Erfahrungen führen. Die Frau kann den Blumenstrauß als Zeichen dafür deuten, wie sehr ihr Freund sie vermisst, und macht die Erfahrung der Liebe. Sie kann den Blumenstrauß aber auch als Zeichen deuten, dass ihr Freund ein schlechtes Gewissen hat, und macht dann die Erfahrung der Enttäuschung.

Gott im Kontext der Schule erfahren

Leitend für einen mystagogischen Ansatz von Schulpastoral ist das berühmte Diktum von Karl Rahner: »Der Fromme von morgen wird ein ›Mystiker‹ sein, einer, der etwas ›erfahren‹ hat, oder er wird nicht mehr sein.«[5] Dabei möchte K. Rahner, der »geradezu eine proletarische Abneigung gegen alles Elitäre und Esoterische [sc. hatte]«[6], Gotteserfahrung keineswegs als elitär missverstanden wissen, vielmehr kann sie sich zu jeder Zeit und an jedem Ort ereignen, sie geschieht »am Material des normalen Lebens, dort also, wo Verantwortung, Treue, Liebe usw. absolut getan werden«[7]. Gotteserfahrungen ereignen sich also durchaus auch am Ort Schule und im konkreten Alltag der am Schulgeschehen Beteiligten.

Für einen mystagogischen Ansatz von Schulpastoral spricht auch, dass der Kern des Christentums – wie Odo Casel schon 1932 prägnant formulierte – weder »eine Weltanschauung mit religiösem Hintergrund«[8] noch »die Lehre oder Moral Christi, sondern die Person Christi als des Gottmenschen«[9] ist.

Die Erfahrung Gottes kann sowohl im alltäglichen Leben als auch in der Liturgie gemacht werden. Der eine mag sehr geprägt durch bestimmte Liturgien sein (z.B. Taizé-Gottesdienste oder Eucharistiefeier mit dem Papst auf dem Weltjugendtag) und findet Gott bevorzugt in der gemeinschaftlichen Feier; der andere erfährt Gott eher in einer persönlichen in-

---

5 Rahner, *Schriften VII* S. 22.

6 J. B. Metz, *Unterbrechungen*. Theologisch-politische Perspektiven und Profile, Gütersloh 1981, S. 49.

7 Rahner, *Schriften XIII* S. 247.

8 O. Casel, *Das christliche Kultmysterium* (hrsg. von B. Neunheuser), Regenburg ⁴1960, S. 29.

9 O. Casel, *Glaube, Gnosis und Mysterium*, Münster 1941 (= Sonderdruck des gleichnamigen Beitrags in: JLW 15 (1941), 155–305), S. 193 f.

dividuellen Begegnung, in der ihm aufgeht, dass er Gott in den alltäglichen Dingen des Alltags begegnen kann.
So unterschiedlich die Gewichtung beider Wege auch sein mag, beide ergänzen einander und kommen nicht ohne den anderen aus.
Für beide Verständnisse von Mystagogie können programmatisch zwei für das Verständnis von Mystagogie wegweisende Theologen des 20. Jahrhunderts stehen: Odo Casel (1886–1948) für die liturgische Mystagogie und Karl Rahner (1904–1984) für die transzendentale Mystagogie.
Pointiert formuliert Michael B. Merz den unterschiedlichen theologischen Ansatzpunkt, jedoch gleichen Hintergrund.
»Während Rahner von der Notwendigkeit der Gotteserfahrung für den Suchenden als Individuum ausgeht, macht Casel diese Gotteserfahrung in der Feier der Liturgie, der Mysterien fest. [...] ***Beide*** suchen in Phasen der Glaubenslosigkeit und menschlicher Ratlosigkeit einen Weg der Gotteserfahrung möglichst ursprünglicher und überzeugender Art.«[10]

Gott im (schulischen) Alltag erfahren – Transzendentale Mystagogie

Um Gott im Alltag erfahren zu können, ist es notwendig, Erlebnisse zu deuten. Das macht den entscheidenden Unterschied zwischen einem Leben als Christ und einem Leben als Nichtchrist aus. Äußerlich betrachtet verlaufen die Biografien aller Menschen in einem Spannungsbogen von Gelingen und Scheitern, von Liebe und Verlassenheit. Erst die Deutung der jeweiligen Erlebnisse im Leben lassen einen Unterschied erkennen und können helfen, Erlebnisse als Erfahrungen Gottes zu interpretieren.
Der wichtigste Begriff in diesem Zusammenhang ist die ›Transzendentalität des Menschen, d. h. der Mensch erfährt einerseits seine Grenzen und seine Endlichkeit, andererseits ahnt er aber auch, dass es etwas gibt, das ihn übersteigt und das der Grund seiner Existenz ist. Dieses ›Etwas‹ nennt Karl Rahner ›Geheimnis‹ oder Gott. Der Mensch existiert sozusagen immer als Fragender auf das, was ›hinter‹ der Grenze des Sichtbaren liegt. Der Mensch ist auf dieses Geheimnis bezogen, da das menschliche

---

10 M. B. Merz, ***Liturgie und Mystagogie***. Eine vergessene Form der Spiritualität, in: Schilson, Arno (Hg.), Gottes Weisheit im Mysterium. Vergessene Wege christlicher Spiritualität, Mainz 1989, S. 298–314; hier: S. 307 (Hervorhebung von cr).

Sein in dieser Deutung nur als Teilhabe am absoluten Sein, d.h. als Teilhabe an dem hinter der erkennbaren Grenze Liegenden denkbar ist. Dieses Geheimnis ist somit zugleich die Ermöglichung jeder menschlichen Erkenntnis eines Gegenstandes, eines Menschen, eines Ereignisses. Umgekehrt kann jeder Gegenstand, jeder Mensch, jedes Ereignis als ein Hinweis auf das ›Geheimnis‹ auf Gott verstanden werden.[11]

Gott zu erfahren heißt folglich, den Alltag auf Gott hin zu buchstabieren.

Karl Rahner geht davon aus, dass es Erlebnisse gibt, die geradezu danach rufen, dass der Mensch nicht bei den Erlebnissen stehen bleibt, sondern weiter nach demjenigen fragt, der ein solches Erlebnis im Letzten ermöglicht.

»So, wenn man plötzlich die Erfahrung personaler *Liebe* und Begegnung macht, plötzlich selig erschreckt merkt, wie man in Liebe absolut, bedingungslos angenommen wird, obwohl man für sich allein in seiner Endlichkeit und Brüchigkeit dieser Bedingungslosigkeit der Liebe von der anderen Seite gar keinen Grund und keine zureichende Begründung geben kann, wie man ebenso liebt, in unbegreiflicher Kühnheit die gewusste Fragwürdigkeit des anderen überspringend, wie diese Liebe in ihrer Absolutheit einem Grund vertraut, der ihr selbst nicht mehr untertan ist, ihr in seiner Unbegreiflichkeit zuinnerst und von ihr unterschieden zugleich ist.«

»Da ist einer, dem geschieht, daß er verzeihen kann, obwohl er keinen Lohn dafür erhält und man das schweigende Verzeihen von der anderen Seite als selbstverständlich annimmt.«[12]

Eine wertvolle Ergänzung der von Rahner wiedergegebenen Transzendenzerfahrungen bietet die Beobachtung J. Rösers von Sex als »manchmal [...] letzte Einfallsschneise einer Rest-Ahnung von Transzendenz«[13]. Gotteserfahrungen sind also im Letzten auf Gott hin gedeutete Erlebnisse. Um Gotteserfahrungen machen zu können, bedarf es daher a) gewisser Kenntnisse des christlichen Glaubens, b) einer Offenheit für christliche Erlebnis-Deutungen und c) Mystagogen, d.h. Menschen, die bei diesen Deutungen helfen.

---

[11] Eine gute und immer noch lesenswerte Einführung in das transzendentale Denken bietet: K.-H. Weger, *Karl Rahner*. Eine Einführung in sein theologisches Denken, Freiburg/Basel/Wien 1978.

[12] Rahner, Karl, *Schriften IX* 168–170 und ders., *Erfahrung des Geistes*, Meditationen auf Pfingsten, Freiburg/Basel/Wien 1977, S. 37–45.

[13] J. Röser, *Sex des Lebens*. Revolutionen des Geschlechtlichen und die Religion, in: CiG 21 (2003), S. 163–164, hier: S. 164.

Fazit: ***Transzendentale Mystagogie*** möchte den am Schulgeschehen Beteiligten Erfahrungen mit Gott im alltäglichen (schulischen) Leben ermöglichen und ihnen unthematische Gotteserfahrungen thematisch erschließen. Im Initiieren von Berührungspunkten mit einer das Empirische übersteigenden Wirklichkeit und in der Sensibilisierung für Erfahrungen der Transzendenz sieht eine transzendentale Mystagogie die Chance, Menschen im Umfeld der Schule für Gotteserfahrungen aufzuschließen, um sie dann auf den christlichen Gott hin deuten zu können. Zugleich erkennt sie, dass es notwendig sein kann, Vorgaben für die Gotteserfahrung aktiv einzubringen.

Gott in der Liturgie erfahren – Liturgisch geprägte Mystagogie

Ähnlich wie es für Gotteserfahrungen im Alltag notwendig ist, eben diesen Alltag auf Gott hin zu buchstabieren, so ist es für Gotteserfahrungen im Gottesdienst erforderlich, die Liturgie auf Gott hin zu deuten. Auch im gottesdienstlichen Bereich gilt, dass das Erlebte – zumindest meistens – gedeutet werden muss, damit es zu einer wirklichen Erfahrung mit dem Gott Jesu Christi werden kann. Einfach etwas Schönes zu erleben reicht nicht, kann aber ein guter Anfang sein. Hinzu kommt, dass das, was die jungen Menschen im Alltag bewegt, auch im Gottesdienst vorkommen muss, damit Erfahrungen mit Gott möglich werden bzw. umgekehrt, dass ein vom alltäglichen Leben losgelöster Gottesdienst nur schwer zu Erfahrungen mit dem Gott, der das eigene Leben begleitet, führen kann.

Für SchulseelsorgerInnen ist es folglich eine nicht geringe Herausforderung, jungen Menschen im Gottesdienst Erfahrungen mit Gott zu ermöglichen. Um keine Frustrationserfahrungen vorzuprogrammieren, darf von ab und an stattfinden Schulgottesdiensten nicht zu viel erwartet werden. Vielmehr bedarf es hier wie in vielen Bereichen des steten Übens, das zum einen die Bereitschaft junger Menschen voraussetzt, sich auf Gottesdienste regelmäßig einzulassen und zum anderen auch von den schulischen Rahmenbedingungen her möglich sein muss.

Trotz der nicht einfachen Situation können SchulseelsorgerInnen wesentlich dazu beitragen, dass zumindest einige junge Menschen ein kleines Stück auf dem Weg der Gotteserfahrungen in der Liturgie weitergehen.

Ein stimmungsvoll und sinnenhaft gestalteter Gottesdienst – bspw. mit Lichterfahrungen in der Dunkelheit und ruhiger Taizé-Musik (je nach Sangeslust der Mitfeiernden auch mal vom Band) – kann das Gefühl der

Jugendlichen ansprechen. Wenn diese mit einem positiven Gefühl aus dem Gottesdienst wieder herausgehen, wäre das schon ein großer Erfolg. Allerdings haben sie bisher im Wesentlichen ›nur‹ etwas erlebt. Wenn es im Gottesdienst selber und/oder im Nachklang gelingt, die gottesdienstlichen Erlebnisse mit dem Gott Jesu Christi und dem eigenen Leben in Verbindung zu bringen und bspw. das erlebte Licht in der Dunkelheit auf Jesus zu übertragen, der Licht in den Dunkelheiten des eigenen Alltags sein möchte, kann der Gottesdienst zu einer Erfahrung mit Gott werden. Damit ein Gottesdienst zur Erfahrung mit Gott werden kann, ist es zudem nötig, das gottesdienstliche Geschehen zu verstehen. Zum einen ist es daher wichtig, bei Formulierungen darauf zu achten, möglichst wenige Worte zu gebrauchen, die jungen Menschen eher unbekannt/unverständlich sind oder die sie befremdlich finden. Zum anderen ist es notwendig, gottesdienstliches Geschehen angesichts der Abnahme religiösen Wissens zu erklären. Das meint nicht, alles im Vorhinein zu erklären, sondern vieles kann erst nach dem Erleben geklärt werden. Ein schönes Beispiel aus der alten Kirche ist Cyrill von Jerusalem, der seinen Taufbewerbern viel von der Taufe vor der Taufe erzählt, aber weiß, dass er vieles erst den Neugetauften nach der Taufe erklären kann, da sie durch das Erlebte viel zugänglicher für seine Worte werden.[14]

Odo Casel, der Vater der liturgischen Mystagogie, wurde nicht müde zu betonen, dass das Christentum keine Weltanschauung mit religiösem Hintergrund sei, sondern dass die Person Christi im Mittelpunkt stehe, der wir in der Feier der Liturgie begegnen. Auf dem Hintergrund eigener liturgischer Erfahrungen, sowie der antiken Mysterienkulten, in denen die Menschen in dramatischen Riten das Schicksal der Götter begingen und durch ihre Teilnahme an den Riten am Geschick der Götter teilnahmen und so vom Tod zum Leben gelangten, erläutert Odo Casel die Vergegenwärtigung der Heilstat Christi, seines Todes und seiner Auferstehung im mysteriengleichen Vollzug der Liturgie. Bei aller auf den ersten Blick vorhandenen Fremdheit dieser Idee können m. E. doch Anknüpfungspunkte in den bei Jugendlichen beliebten Fantasy-Spielen gefunden werden.[15]

Odo Casel bezieht sich dabei auf die wohl Jugendlichen recht schwer ver-

---

14 Vgl. Cyrill von Jerusalem, ***Die heiligen Geheimnisse.*** Die Taufe (1. Unterweisung), in: Vericel, Maurice, Cyrill von Jerusalem, Stuttgart 1963, S. 91–97.

15 Eine kurze Einführung in das Denken Odo Casels bietet: A. Schilson, ***Odo Casel. Leben aus liturgischer Erfahrung***, in: Pauly, Stephan (Hg.), Theologen unserer Zeit, Stuttgart/Berlin/Köln 1997, S. 139–153.

mittelbare Feier der Eucharistie, an der ich im Bereich Schule bzw. Jugendarbeit trotz aller Schwierigkeiten festhalte, da es – wie Wolfgang Beinert kurz und knapp feststellt – ohne Eucharistie keine Kirche gibt.[16] Gute Erfahrungen bei dem Versuch, die Eucharistie mit der Lebenswelt junger Menschen zusammenzubringen, habe ich im Einbezug von Elementen der Thomasmesse gemacht, die die Eucharistiefeier um verschiedene Angebote – z.B. Mandalas, Fürbittstation, Plakatstation(en) oder Impulsstation für eigene Gedanken – ergänzt, die nach der Predigt angeboten werden und die dann in einem kurzen Gespräch, in den Fürbitten und der Präfation mit eingebracht werden.[17]
Fazit: ***Liturgische Mystagogie*** möchte den am Schulgeschehen Beteiligten Erfahrungen mit der Nähe Gottes und der Anwesenheit Jesu und seines objektiv gegenwärtig gesetzten Heilshandelns in den Schulgottesdiensten ermöglichen sowie ihnen das einzigartige und unüberbietbare Erleben des Mysteriums nahebringen. Die Feier der Liturgie möchte zudem dazu beitragen, dass sie ihre besondere Würde als zur liturgischen Feier Berufene und als mit der Teilhabe am göttlichen Leben Beschenkte erfahren.

Keine Träumerei ... Ein paar abschließende Bemerkungen

Rechtliche und inhaltliche Perspektiven von Schulpastoral

Abgesehen von den rechtlich abgesicherten Schulgottesdiensten, für deren Ermöglichung bei Bedarf die Schulleitung Sorge zu tragen hat, ist rechtlich gesehen die Luft für Schulpastoral an (öffentlichen) Schulen sehr dünn. Religiöse Veranstaltungen wie bspw. ›Tage religiöser Orientierung‹ ***sind*** als Schulveranstaltung ***möglich, soweit*** sie von der Schulkonferenz befürwortet werden. Sollte ein solches Einverständnis nicht möglich sein bzw. die Schulsituation dies nicht zulassen – bspw. aufgrund eines zu geringen Schülerinteresses oder aufgrund allgemeiner disziplinarischer Probleme – kann die Kirche solche Veranstaltungen selber in

[16] Vgl. W. Beinert, ***Eucharistie wirkt Kirche – Kirche wirkt Eucharistie***, in: StZ 215 (1997), S. 665–677.
[17] Vgl. C. Roeger, ***Arbeitshilfe Schulpastoral***. Liturgische Vorschläge für die Umsetzung des Bistumsjubiläums in der Schulpastoral, Münster 2004, in: http://www.carstenroeger.de/nachgedacht.thm (20.01.2011).

eigener Verantwortung durchführen. Teilnehmende Schüler und Lehrer **können** für diese Veranstaltung beurlaubt werden. Im Rahmen der offenen Ganztagsschule sind kirchliche Angebote **möglich**, wenn die Schulkonferenz dies beschließt.[18] Um in der Schule pastoral tätig werden zu können, bedarf es folglich eines vertrauensvollen Verhältnisses zu den jeweiligen Schulen und guter Argumente, um auch der Kirche skeptisch gegenüberstehenden Schülern, Lehrern und Eltern (als Mitglieder der entscheidenden Schulkonferenz) den Wert eines kirchlichen Engagements plausibel zu machen.

Eine selektive Auswahl von Möglichkeiten und Ideen wird im Folgenden kurz skizziert:

→ Gute Chancen bieten Win-Win-Situationen. SeelsorgerInnen machen ein gutes Angebot, das die Lehrer nicht be-, sondern entlastet.
  Bsp.: Katholische und evangelische SeelsorgerInnen sind an ein Gymnasium mit dem Angebot eines religiösen Tages herangetreten, an dem das Kennenlernen des sozialen Engagements der Kirche, die Natur als Ort des Staunens und religiöse Orte sowie Gedenksteine im Mittelpunkt standen. Die inhaltliche und organisatorische Gestaltung des Tages wurde im Wesentlichen von den SeelsorgerInnen übernommen, so dass die beteiligten (Religions-)LehrerInnen nicht zusätzlich zu ihren sonstigen Aufgaben belastet wurden.

→ Verlässliche, regelmäßige Gesprächszeiten an der Schule, so dass die SchülerInnen, aber auch LehrerInnen und Eltern eine Möglichkeit haben, über ihre Sorgen ins Gespräch zu kommen.

→ Hilfen zur Identitätsfindung.
  SchülerInnen werden sich angesichts der Selektionsfunktion von Schule einem nicht komplett in das schulische System eingebundenen Seelsorger eher öffnen. Zugleich kann der Seelsorger die Funktion eines bedeutend Anderen einnehmen, der den SchülerInnen hilft, ihren Standpunkt näher zu bestimmen. Zudem kann der christliche Glaube und das christliche Wertesystem als ein Angebot für gelingendes Leben eingebracht werden.

→ Kinder und Jugendliche brauchen auch aus psychologischer Perspektive eine religiöse Erziehung oder Begleitung, da bereits frühkindliche Erfahrungen eine religiöse Dimension einschließen.

---

18 Einen kurzen Überblick zu rechtlichen Aspekten bietet: W. Middendorf, ***Gottesdienst in der Schule***. Hinweise zu rechtlichen Aspekten, in: Kirche und Schule 9 (2007), S. 31–33.

Das kleine Kind erkennt sich im Angesicht von Mutter oder Vater wie in einem Spiegel und fühlt sich dabei in seiner persönlichen Existenz entweder bestätigt oder verneint. Diese Erfahrung des Kindes kann bereits als religiös bezeichnet werden. Daraus folgt, dass bereits dem Kind auch eine Sprache angeboten werden muss, die es ermöglicht, solche Erfahrungen zum Ausdruck zu bringen oder sie zumindest anzusprechen und mit anderen darüber zu kommunizieren. Andernfalls bleibt eine ganze Dimension des menschlichen Lebens aus der Kommunikation ausgeschlossen. Zu einer gelingenden Erziehung gehört somit, dass die existenziellen Fragen des Kindes und des Jugendlichen Gehör finden und ihnen von den Erwachsenen verlässliche Antworten angeboten werden. Dies schließt ein, dass Erwachsene ihre individuellen Sichtweisen mit denen anderer zeitgenössischer Menschen und den um Sinn ringenden Theologen und Philosophen der Vergangenheit kritisch vergleichen.[19]

→ Ein wesentliches Erziehungsziel – angesichts mancher Unzufriedenheit heute – besteht in der Entwicklung einer Lebenszufriedenheitskompetenz. Hier kann der Glaube an Gott und die Person Jesu eine wichtige Rolle spielen. Zum Erwerb von Lebenszufriedenheitskompetenz gehören u.a.:
→ die Kompetenz zur Emotionsregulation, d.h. die Fähigkeit, negative Gefühle zu verringern und Glück, Zufriedenheit und inneres Gleichgewicht zu erfahren, statt unkontrollierbaren Einflüssen (in der Außenwelt) oder emotionalem Chaos (im Innern) ausgeliefert zu sein. Jesus kann in diesem Zusammenhang als jemand nahe gebracht werden, der sich vor wichtigen Entscheidungen in die Einsamkeit zurückzog, um mit dem Vater zu sprechen und von da aus Kraft und innere Klarheit gewonnen hat.
→ Aufbau und Aufrechterhaltung eines hinreichend positiven Selbstwertgefühls, deren Gelingen für das ganze Leben darüber entscheidet, ob das eigene Leben als sinnvoll und befriedigend erfahren werden kann. Das Sich-Bejahtwissen von Gott kann eine wertvolle Hilfe bei der Bewältigung dieser Entwicklungsaufgabe darstellen.
→ Entwicklung und Aufrechterhaltung einer positiven Lebenseinstellung, die durch bewussten Dank an Gott gefördert werden kann. Jesus kann als Beispiel für jemanden dienen, der für Speis und Trank

---

19 Vgl. F. Schweitzer, ***Postmoderner Lebenszyklus*** und Religion. Eine Herausforderung für Kirche und Theologie, Gütersloh 2003, S. 52–58.

dankt, die Natur als Gottes gute Schöpfung liebt und bei Gastmählern genießen und feiern kann.[20]

→ Die bei sicherlich den meisten am Schulgeschehen Beteiligten vorhandene Sehnsucht nach einem erfüllten Leben kann ein weiterer Ausgangspunkt sein, um die religiöse Dimension ins Spiel zu bringen. Einen guten Aufhänger bietet folgendes persönliche Glaubenszeugnis der Coesfelder Schriftstellerin Petra Fietzek:
»Für mich persönlich wäre die Welt ohne Gott entsetzlich. Nicht, weil ich die Welt nicht schön fände oder nicht Musik, das Blühen der Bäume oder Liebe wahrnehmen könnte. Auch nicht, weil ich resignierte unter der Last von Krisen in mir, um mich herum, auf dieser Erde. Nein, die Welt wäre ohne Gott für mich entsetzlich, weil sie für mich keinen Sinn hätte, der meiner Sehnsucht nach Sinn genügt.«[21]

Chancen der liturgischen Mystagogie

→ Angesichts des oft eher mangelnden Interesses von SchülerInnen an Gottesdiensten und der oft eher rudimentären liturgischen Praxis stellt sich berechtigterweise die Frage, ob eine liturgische Mystagogie im Bereich Schule nicht dem Bereich der Träumereien zuzuordnen ist. Trotz der zweifellos vorhandenen Schwierigkeiten gibt es die Hoffnung stärkende Anknüpfungspunkte, denn grundsätzlich sind vielen am Schulgeschehen Beteiligten ›liturgische‹ Elemente im weiteren Sinne nichts Fremdes.

→ Fans feiern ihren Fußballverein mit Hymnen und ›liturgischen‹ Farben.[22]

→ Der Besuch einer Techno-Party folgt einem bestimmten Ritual, der Weg ins Mysterium beginnt mit Herzklopfen, ob der Türsteher den Zutritt gestattet.

---

20 Vgl. B. Grom, ***Religionspädagogische Psychologie*** des Kleinkind-, Schul- und Jugendalters, Düsseldorf ^{5}2000, S. 236–238.

21 P. Fietzek, ***Ich ließ meine Seele*** ruhig werden und still, in: Ökumenischer Arbeitskreis Coesfeld (Hg.), Predigten zur Bibel im Jahr der Bibel 2003, Coesfeld 2003, S. 29–41, hier: S. 31.

22 Vgl. Abteilung Jugendseelsorge im Bischöflichen Generalvikariat Münster (Hg.), ***Voll der Kult***. Von der Kunst, mit Jugendlichen Liturgie zu feiern, Münster 2000, S. 1.

»Wenn man für würdig befunden wurde, betritt man die geheiligte Halle. Erst die Kasse, dann die Garderobe, wo man sich überflüssiger Kleidungsstücke entledigt. Man stimmt sich ein. Die Wallfahrt zum Heiligtum, zur Tanzfläche hin, beginnt. Dort herrscht zunächst das materielle und geistige Dunkel. Der Tanzsaal ist aufgeladen mit Erwartungen. [...] Die körperliche und spirituelle Ekstase der Tanzenden muß mit einem Click der Musik [...] zusammenfallen [...].«[23]

→ Die Gottesdienste in Taizé ziehen viele junge Menschen nach anfänglicher Skepsis in ihren Bann, die Gottesdienste mit dem Papst auf Weltjugendtagen gleichen einer Festivalstimmung.
→ Thomas Binotto bejaht die Liturgiefähigkeit und führt als Argument die Faszination von James-Bond-Filmen an, deren Erfolgrezept in der Wiederholung bestehe, Änderungen der Rituale führten zum Widerspruch der Zuschauer.[24]
→ Ausgeschlafene Kinder legen Wert darauf, dass ihnen eine Geschichte immer wieder genau gleich vorgelesen wird. Dieser Wunsch nach immer neuer und exakter Wiederholung kann mit Chesterton als Zeichen ungeheurer Vitalität verstanden werden.[25]
→ Solange der Mensch die Fähigkeit besitzt, wirklich zu feiern, bleibt er auch zur liturgischen Feier fähig.[26]
→ Weihnachtsgottesdienste werden immer noch stark frequentiert.
→ Viele Jugendliche möchten wichtige Übergänge im Leben, beinhaltende Ereignisse wie Hochzeit, Taufe und Beerdigung kirchlich feiern.[27]
→ Es gibt eine Rückbesinnung auf Rituale in den Familien, bei der u. a.

---

23 F. Böpple,/R. Knüfer, ***Generation XTC***. Techno und Ekstase, München 1988, S. 141 f.

24 Vgl. Th. Binotto, ***Ist der heutige Mensch liturgiefähig?*** Liturgie, Eskapismus und der Reiz der Wiederholung (Am 4. Dezember 2004 anlässlich der Eröffnung des Liturgischen Instituts der deutschsprachigen Schweiz in Freiburg i. Ue. als Kurzreferat gehalten. Die von den Veranstaltern vorgegebene Ausgangsfrage lautete: »Zur Liturgie fähig?«), in: http://www.kath.ch/index.php?na=11,0,0,0,d,35595 (23.01.2011).

25 Vgl. ebd.

26 Vgl. A. Schilson, ***Liturgie und Menschsein***. Überlegungen zur Liturgiefähigkeit des Menschen am Ende des 20. Jahrhunderts, in: LJ 1989, S. 206–227, hier: S. 213.

27 Vgl. M. N. Ebertz, ***Die Dispersion des Religiösen***, in: Kochanek, Hermann (Hg.), Ich habe meine eigene Religion. Sinnsuche jenseits der Kirchen, Zürich/Düsseldorf 1999, S. 210–231, hier: S. 216–218.

die den Alltag stützende Funktion des Rituals[28] oder dessen Bedeutung für die Gestaltung von Feiern[29] (wieder) wertgeschätzt wird.

→ Vielfältige zu beobachtende esoterische Riten lassen auf eine generelle Akzeptanz liturgischer Symbolhandlungen schließen.

Die obigen Stichworte weisen bei aller vorhandenen Distanz zu christlichen Gottesdiensten auf eine vorhandene bzw. aktivierbare Liturgiefähigkeit sowie ein im weiteren Sinne vorhandenes Interesse am Phänomen des Kultes hin. Insofern ist es eine zwar anspruchsvolle und bisweilen anstrengende Aufgabe für Schulseelsorger, Schulgottesdienste vorzubereiten und zu feiern, aber es ist durchaus ein chancenreiches Unternehmen. Eine besondere Bedeutung dürfte Projekten zukommen, die noch vor oder auch neben der Feier von Schulgottesdiensten Erfahrungen der Liturgiefähigkeit fördern, indem bspw. Stille oder der Umgang mit Symbolen eingeübt wird.

Mit dem Argument, dass Feiern zum gelingenden Menschsein dazugehört und die Arbeit an der Liturgiefähigkeit auch die Feierkompetenz stärkt, ist eine realistische Möglichkeit gegeben, die Bedeutung der Liturgie in den schulischen Diskurs einzubringen. Als Ansatzpunkte für Schulgottesdienste bieten sich gottesdienstliche Feiern als ein Element innerhalb eines performativ verstandenen Religionsunterrichtes, als Beitrag zur Feierkultur einer Schule und zu gegebenenfalls schon vorhandenen und etablierten Gottesdienstzeiten an.

Chancen der transzendentalen Mystagogie

Auch wenn es dem heutigen Menschen nicht zuletzt durch die Entzauberung der Welt schwerfallen mag, Erfahrungen der Transzendenz zu machen bzw. eine Deutung in diese Richtung zu akzeptieren, bietet eine Sensibilisierung für den in den Alltagserfahrungen mitschwingenden transzendenten Horizont große Chancen.

---

28 Vgl. M. Schnabel, ***Alltagsrituale in Familien***. Oasen der Zuneigung und Geborgenheit, in: Fthenakis, Wassilios E./Textor, Martin R. (Hg.), Das Online-Familienhandbuch des Staatsinstituts für Frühpädagogik (IFP), http://www.familienhandbuch.de/cmain/f_Fachbeitrag/a_Erziehungsbereiche/s_1945.html (31.01.2011).

29 Vgl. M. Schnabel, ***Wie Familien Rituale gestalten können***, in: Fthenakis, Wassilios E./Textor, Martin R. (Hg.), Das Online-Familienhandbuch des Staatsinstituts für Frühpädagogik (IFP), http://www.familienhandbuch.de/cmain/f_Fachbeitrag/a_Erziehungsbereiche/s_1928.html (31.01.2011).

Dies wird an der im Folgenden angeführten Auswahl von Erfahrungsfeldern deutlich, in denen Berührungspunkte mit einer das Empirische übersteigenden Wirklichkeit gefunden werden können.

→ Ordnung

Der Drang nach Ordnung ist in dem Vertrauen oder dem Glauben begründet, dass die Wirklichkeit im Letzten ›in Ordnung‹ ist. Die fundamentalste aller Ordnung stiftenden Gesten ist das Beruhigen eines weinenden Kindes.

Die Mutter tröstet das vielleicht durch Dunkelheit oder einen schlechten Traum geängstigte Kind und sagt ihm, dass es keine Angst haben brauche, sondern alles in Ordnung sei oder wieder gut werde. Das Kind hört bald auf zu schluchzen, weil es sein Vertrauen zur Wirklichkeit zurückgewonnen hat und in diesem Vertrauen wieder einschlafen kann.

In diesem Trost der Mutter kann eine über sie und das Kind hinausgehende Dimension gesehen werden, die eine Behauptung über die Wirklichkeit als solche enthält. Wenn es nämlich nur die ›natürliche‹ Welt gäbe, wäre der Trost eine Lüge, da in dieser ›natürlichen‹ Welt nicht alles gut wird. Der Trost der Mutter lässt sich letztlich nur innerhalb eines religiösen bzw. übernatürlichen Bezugsrahmen rechtfertigen, in dem die natürliche Welt der sichtbare Vordergrund einer anderen Welt ist, in der die Liebe nicht ihre Grenze am Tod findet.[30]

→ Spielen als Hauch der Ewigkeit

Der ganz im Spiel aufgehende Mensch kann in diesem intensiven Spielen erahnen, dass sein Dasein von einem letzten, alles tragenden Sinn umfangen ist, dem er sich verdankt.[31] Es scheint nicht selten so zu sein, dass der spielende Mensch bei der Lust des Spielens nicht nur von einer Zeitrechnung in eine andere, sondern fundamentaler von der Zeit in die Ewigkeit überginge. Auch wenn der intensiv spielende Mensch sich der Begrenzung seiner Lebenszeit bewusst ist, kann er im Spiel die Freude als etwas erleben, das kaum begreiflich, ewige Freude ist.[32]

»Ein paar kleine Mädchen haben ihre unsterblichen Kreidekreise aufs Pflaster gezeichnet und hüpfen von Kästchen zu Kästchen den ausgeworfenen Steinen nach. Sie sind ganz versunken, abgeschlossen

---

30 Vgl. Berger, Peter L. *Auf den Spuren der Engel*, Freiburg/Basel/Wien 2001, S. 84–89.

31 Vgl. Sauer, Ralph, *Die religiöse Ansprechbarkeit* junger Menschen heute, in: KatBl 106 (1981), S. 712–721, hier: S. 718.

32 Vgl. Berger, *Auf den Spuren der Engel* S. 91.

von aller Welt und glücklich in ihrer Hingenommenheit. Die Zeit steht still für sie – oder, genauer gesagt, ist mit den Steinen zusammengefallen. Sie ist der Verlauf des Spiels, und Außenwelt und Außenzeit haben unterdessen aufgehört zu sein. Implizit – denn die kleinen Mädchen sind sich dessen ja nicht bewusst – haben auch Schmerz und Tod, die der Außenwelt den Stempel aufdrücken, vor den kleinen Mädchen die Waffen gestreckt. Und sogar der Erwachsene, der vorübergeht und um Schmerz und Tod nur allzu genau Bescheid weiß, auch er ist für einen Augenblick betroffen und einbezogen in die glückliche Immunität des Spiels.«[33]

→ Musik als (auch göttliche) Kraftquelle
Musik kann die Hörer mitreißen und in Ekstase versetzen. Gerade junge Menschen hören mit Hingabe (und Lautstärke) ihre Lieblingsmusik und geraten bei Konzerten in Verzückung. Beim intensiven Musikerlebnis fühlen sie sich wie in einer anderen Welt. Häufig suchen Heranwachsende in der Musik einen letzten Halt und Trost.[34] Das Musikerlebnis junger Menschen trägt nicht selten quasi-religiöse Züge, allerdings besteht zugleich die Schwierigkeit zwischen pseudoreligiösen und authentischen religiösen Gefühlen zu unterscheiden. Im ambivalenten Erleben der Musik durchbrechen junge Menschen die scheinbare Geschlossenheit einer eindimensionalen Welt und stoßen in eine übersinnliche Welt vor.[35]

→ Herausragende Momente im menschlichen Leben
Gerade ***Grenzerfahrungen*** können zu qualifizierten Orten für Gotteserfahrungen werden. Dies gilt sowohl für die positiven Grenzerfahrungen, in denen der Mensch zur Fülle seines Lebens entgrenzt wird – Erleben von gelungenen Begegnungen und von (tiefer) Liebe oder das Erfahren begründeter Hoffnung – als auch für negative Grenzerfahrungen wie die Erfahrung von Leid, Scheitern oder Sterben.[36] So rangieren in einer österreichischen Langzeitstudie bei der Frage nach in besonderer Weise berührenden Erfahrungen die ***Geburt*** eines Kindes, der ***Tod*** eines Menschen, der ***Anfang einer Liebe*** und eine ***Hochzeit*** auf den ersten vier Plätzen. 61 % derjenigen, die die Geburt eines Kindes als

---

33 Ebd. S. 92.

34 Vgl. R. Sauer, ***Die religiöse Ansprechbarkeit*** 718. S. 717.

35 Vgl. R. Sauer, ***Mystik des Alltags der Jugend***, in: Österreichisches Religionspädagogisches Forum 1 (1994), S. 33–57, hier: S. 47.

36 Vgl. M. Schambeck, ***Mystagogisches Lernen.*** Zu einer ***Perspektive*** religiöser Bildung (Studien zur Theologie und Praxis der Seelsorge 62), Würzburg 2006, S. 329 f.

berührende Erfahrung erlebt haben, gaben an, dabei ausdrücklich an Gott gedacht zu haben, 60% haben beim Erleben des Todes an Gott gedacht.[37]

→ Natur und Körperlichkeit
Da Menschen verstärkt einen neuen Zugang zur Natur suchen, ist hier eine weitere Möglichkeit transzendentaler Erfahrungen zu finden.
In engem Zusammenhang mit dem Wunsch, im Einklang mit der Natur zu leben, gibt es eine neue Wertschätzung des Körpers, aus dem man Sinn ziehen will. Er wird nicht mehr als Mittel zum Zweck betrachtet, sondern ist Gegenstand eines interesselosen Wohlgefallens.
Das Verständnis der Welt als Schöpfung Gottes beinhaltet letztlich, dass es in ihr kein Phänomen geben kann, das nicht von sich aus bereits auf Gott verweist und in einer Beziehung zu seinem Schöpfer steht.[38] Da die Menschen als Geschöpfe in der Schöpfung leben und wirken, können sie Gott nicht direkt erfahren, wohl aber seine Spuren und Abdrücke, die er in seiner Schöpfung hinterlässt, weil er in ihr wirksam ist.[39]

Die geschilderten Beispiele lassen dem Bekenntnis Alfred Delps zustimmen, dass die Welt Gottes so voll ist,[40] und zeigen, dass grundsätzlich das Leben und alle Erlebnisse Ausgangspunkte für Transzendenzerfahrungen darstellen können. Die entscheidende Aufgabe einer mystagogisch orientierten Schulpastoral liegt folglich in der Sensibilisierung für diese über das Empirische hinausgehende Dimension, die dem Menschen nicht bewusst sein muss oder auch abgelehnt werden kann. Anders gesagt, ist die mittelbare Gotteserfahrung zwar in jeder menschlichen Erfahrung mitenthalten, wird aber nur in ganz bestimmten Erfahrungen evident.[41] Hierzu beizutragen ist eine lohnenswerte Aufgabe einer mystagogischen Schulpastoral.

---

37 Vgl. M. Werner, *Krise der Korrelation und mystagogisches Handeln*, in: INFO (Informationen für Religionslehrerinnen und Religionslehrer, Bistum Limburg) 4 (2003), S. 229–232.

38 Vgl. Sauer, *Mystik des Alltags der Jugend* S. 40.

39 Vgl. M. Jilesen, *Gott erfahren* – wie geht das? Psychologie und Praxis der Gottesbegegnung, Freiburg/Basel/Wien 2003, S. 170.

40 Vgl. A. Delp, *Gesammelte Schriften*, Band IV, S. 26 (hrsg. von Roman Bleistein, Frankfurt 1984).

41 Vgl. Jilesen, *Gott erfahren* S. 99–102.

Nicht selten lässt sich leider bei kirchlichen Versammlungen beobachten, dass die eigentlich zutiefst christliche Hoffnungsperspektive durch das Schema »Sehen – Urteilen – Jammern« ersetzt wird und eine gewisse depressive Grundstimmung um sich greift.[42]
»Wie die berüchtigten ›schwarzen Löcher‹ im Weltraum saugen diese Diskussionen alle Energie in sich auf. Düstere Stimmung und eine Atmosphäre lähmender Schwere und Hoffnungslosigkeit macht sich breit. Am Ende derartiger Analysen steht oft als Ergebnis: Nichts geht mehr. Alles ›geht den Bach hinunter‹ Die Kirche ist ein Auslauf-Modell. Dagegen kann man halt nichts machen? Das ist der ›pastorale Supergau‹: Gott wird nichts mehr zugetraut. Jesus hat nichts mehr zu sagen. Mit dem Heiligen Geist wird nicht mehr gerechnet – er ist so gut wie ausgelöscht.«[43]
Eine für Transzendenzerfahrungen offene mystagogische Schulpastoral kann hoffnungsvolle Perspektiven aufzeigen, indem sie sich darauf konzentriert, auch kleinste Spuren der Präsenz und der Kraft des Spirituellen aufzugreifen und fruchtbar werden zu lassen. Sie kann ihr Engagement mit der Zuversicht verbinden, dass es viele Beispiele für mögliche Berührungspunkte mit einer das Empirische übersteigenden Wirklichkeit gibt. Aufgrund ihrer Ansiedlung an der Peripherie innerhalb des kirchlichen Gesamtsystems hat Schulpastoral als kategoriale Seelsorge im Vergleich zur Gemeindeseelsorge ein hohes Maß an Freiheit und Möglichkeiten, pastorale Angebote im weiteren Sinne für Menschen mit unterschiedlichen Fragen, Prägungen, Einstellungen oder Nähe zur Kirche zu machen und kann so mehr Menschen als die ›normale‹ Gemeinde erreichen. Schulpastoral ist generell für die Kirche eine gute Chance, sich ansprechend auf dem religiösen Markt zu präsentieren. Auch wenn Schulpastoral bisweilen bspw. aufgrund schulischer Gegebenheiten oder der Zielgruppe in einer bestimmten Schule primär sozial ausgerichtet ist, kann sie zu Erfahrungen mit Gott hinführen. So formuliert Hans Hobelsbergers in Anlehnung an das berühmte Rahner-Diktum[44]: »Die Gotteserfahrung von morgen wird eine diakonische sein, eine, die Gott, das befreiende und liebende Geheimnis, in der Not und in den Geringsten

---

42 Vgl. E. Rathgeb, *Exerzitien als geistliche Grundlage des Wandels. Plädoyer für den »Blick der liebevollen Aufmerksamkeit« in der Pastoral, in:* Wort und Antwort 2 (2006), S. 57–63.
43 Ebd. S. 61.
44 Vgl. Rahner, *Schriften VII* S. 22.

erfährt, und die so eine mystagogische ist – oder sie wird nicht mehr sein.«[45]
Eine mystagogische, an Erfahrungen orientierte Schulpastoral kommt weiter den Bedürfnissen der am Schulgeschehen Beteiligten entgegen. In der heutigen Situation, in der Religion immer mehr zu einer privaten Angelegenheit wird, erlangt auch der christliche Glaube zumeist erst durch subjektive Erfahrung an Geltung. Mystagogische Schulpastoral knüpft an die Erfahrungen der am Schulgeschehen Beteiligten an, um ihnen den Glauben nahebringen zu können. Dabei sind das Einbringen der persönlichen Glaubenserfahrungen des Schulseelsorgers sowie die Schilderung der Erfahrungen anderer Menschen sehr hilfreich, da viele junge Menschen Gotteserfahrungen anderer Menschen für glaubwürdig halten.
Indem mystagogische Schulpastoral Alltagserfahrungen aufgreift oder Erfahrungen, die im weitesten Sinne den Alltag betreffen, anstößt, leistet sie einen Beitrag dazu, Gott nicht auf bestimmte Situationen zu reduzieren. Im Hinblick auf ihr Ziel, den am Schulgeschehen Beteiligten liturgische Erfahrungen mit Gott zu ermöglichen, kann mystagogische Schulpastoral an einer grundsätzlichen Liturgie- und Kultfähigkeit sowie an dem Bedürfnis nach Ritualen anknüpfen.
In Zusammenarbeit mit einem (performativen) Religionsunterricht liegt eine wesentliche Chance der mystagogischen Schulpastoral darin, sich als ein komplementäres religiöses Angebot im Bereich Schule zu profilieren.
Die Ausführungen dieses Beitrags zeigen die großen Chancen einer mystagogischen Schulpastoral. Gotteserfahrungen im Kontext der Schule sind also nicht zwangsläufig dem Bereich der Träumerei zuzuordnen, sondern eine realisierbare Vision.
Mystagogische Schulpastoral stellt zwar einen hohen Anspruch an SchulseelsorgerInnen und ReligionslehrerInnen dar. Neben den soziologischen, pädagogischen, didaktischen und theologischen Kenntnissen ist es von ganz besonderer Wichtigkeit, dass sie auch Erfahrungen mit Gott gemacht haben, dass sie ihr Leben im Angesicht Gottes immer wieder reflektieren und sich immer neu bemühen, betende Menschen zu sein. Der Schulseelsorger »der Zukunft wird eine theologische Persönlichkeit

---

45 H. Hobelsberger, *Im Gespräch Beziehung erleben*. Diakonische Mystagogie am Beispiel der Telefonseelsorge, in: Knobloch, Stefan/Haslinger, Herbert (Hg.), Mystagogische Seelsorge: eine lebensgeschichtlich orientierte Pastoral, Mainz 1991, S. 226–247, hier: S. 226.

sein, d.h. eine theologische Urteilskraft haben, oder er wird nicht mehr sein. Theologie ist denkerisch bewältigtes Leben im Angesicht Gottes.«[46] Dieser hohe Anspruch ist aber durch die Chancen der mystagogischen Schulpastoral gerechtfertigt. Insofern stellen die Überlegungen dieses Beitrags auch ein mehrfaches Plädoyer dar:

→ An die Verantwortlichen in der Pastoral an anderen pastoralen Orten, an einer Vernetzung mit der Schulpastoral mitzuarbeiten, damit positive Erfahrungen im Bereich Schule nicht isoliert dastehen.
→ An die verantwortlichen Entscheidungsträger für finanzielle und personelle Ressourcen, genügend Mittel hinsichtlich der Anzahl, Qualifizierung und Begleitung von Schulseelsorger/innen zur Verfügung zu stellen.
→ An die Schulseelsorger/innen selbst, Sorge für den eigenen Glauben und die eigene Lebenszufriedenheit zu tragen, damit sie immer mehr Ausstrahlung im Blick auf die am Schulgeschehen Beteiligten gewinnen.
→ Last, but not least möchte dieser Beitrag zur Hoffnung ermutigen und einen Gegenakzent zu einer depressiven Grundstimmung in der Pastoral und zum Jammern setzen: Denn wir haben als Christinnen und Christen eine Frohe Botschaft, für die der Einsatz sich wirklich lohnt, mit fröhlicher Hoffnung![47]

---

46 M. Scheuer, ***Thesen zur Spiritualität*** im pastoralen Dienst, in: Korrespondenzblatt des Canisianums 1 (2003/2004), 2 (zit. nach: http://www.canisianum.at/pdf/1_2003_04.pdf (23.01.2011).

47 Vgl. Röm 12,12.

Dem Glauben (s)ein Gesicht geben – Impuls für eine charismenorientierte Schulpastoral

Joachim Kittel

Die Charismen des Einzelnen als strukturgebender Impuls für ein schulpastorales Angebot vor Ort

Wo der Religionsunterricht aufhört, fängt die Schulpastoral an. Dieses faktum wird vor allem spürbar im freiwilligen Charakter schulpastoraler Angebote – nicht nur im Blick auf die Subjekte, sondern auch auf die Anbieter selbst. In den wenigsten Fällen ist damit eine zeitliche Entlastung verbunden, die Übernahme der Aufgaben wird zusätzlich zum laufenden Geschäft erwartet. Grund genug also, angesichts der immensen Herausforderungen im konkreten Schulalltag und der engen zeitichen Taktung des persönlichen Lebens, über geistliche Kriterien der schulpastoralen Konzeptentwicklung nachzudenken, die eine Praxis ermöglicht, die Vielfalt garantiert und gleichzeitig die Überforderung des Einzelnen vermeidet. Kurz gesagt: Ziel muss eine charismenorientierte Schulpastoral sein, die es dem Einzelnen ermöglicht, sich mit seiner ureigenen Begabung und seinem spezifischen Glaubenszugang einzubringen. Schulpastorale Angebote zielen auf die Vergegenwärtigung des Wesens von Kirche, das Sicht- und Erfahrbarwerden der liebevollen Zuwendung Gottes zu den Einzelnen und den Vielen. Diese Sichtbarkeit ist in den liturgischen Vollzügen gegeben, vor allem in der Eucharistie, sie ist aber auch gegeben im konkreten Glaubensvollzug des Einzelnen. Es ist Aufgabe des Einzelnen, dem Glauben in den schulpastoralen Handlungsfeldern ein konkretes menschliches Gesicht zu geben, d.h. das eigene Berührtsein von der Liebe Gottes, die in Christus ist, mit dem eigenen unverwechselbaren Profil in die Schulgemeinschaft hinein wirken zu lassen. Dem Glauben (s)ein Gesicht geben bedeutet hier, verwurzelt in der Gemeinschaft der Kirche, Zeugnis vom eigenen Glaubenszugang zu geben, die eigene Begabung, das eigene Talent, biblisch Charisma, aus dem heraus er seine Beziehung zu Christus lebt und gestaltet, als Gabe *für* andere in den schulpastoralen Angeboten immer neu ins Spiel zu bringen und auf diese Weise glaubwürdig Zeugnis von der Hoffnung zu geben, die ihn erfüllt (Vgl. 1 Petr, 3, 5). Dieser Gedankengang ist noch etwas zu präzisieren.

Charismen als inneres Moment des christlichen Zeugnisses

Christsein und Zeugnis gehören untrennbar zusammen. Diese Einsicht trifft den Lebensnerv von Kirche. Kirche als Gemeinschaft der Glaubenden wäre nicht denkbar ohne Menschen, die durch ihre konkrete Weise, Mensch und Christ zu sein, die Gegenwart Jesu Christi in der Welt bezeugen. Sie stehen, ganz gleich, ob sie im amtlichen Auftrag handeln, in Gremien mitarbeiten oder ob sie in ihrem persönlichen Lebensentwurf den Glauben an Jesus Christus leben und innerlich ergreifen, für die bleibende Vergegenwärtigung der »Güte und Menschenfreundlichkeit Gottes, unseres Retters«, die in Christus Jesus erschienen ist. (Tit 3,4).[1]

In der Kirche als Gemeinschaft der Zeugen gibt es viele Gnadengaben aus dem einen Geist (vgl. 1 Kor 12,1–11), die sich nun auch auf das Zeugnis selbst auswirken und in dieses hineinwirken. Der Modus des Glaubens und damit des Zeugnisses ist so verschieden, wie es die Menschen sind. Für die Initiation ins Christsein bedarf es schon dieses Grundprinzips der christlichen Existenz wegen immer vieler Zeugen, die auf je unterschiedliche Weise Impulse setzen und Beziehung anbieten, damit der junge Mensch, der wachen Sinnes fühlt, hört und sieht, den Mut hat, ein entschieden Glaubender zu werden.

Um es konkret zu machen: Jeder Mensch hat bedingt durch seine Biografie einen eigenen, unverwechselbaren Zugang zum Glauben an Christus. Gewiss, in der Mitte der christlichen Existenz steht immer die Christusbeziehung selbst, aber diese Beziehung entfaltet sich im konkreten Leben in je unterschiedlichen Bezügen.

Es gibt Menschen, die sich in der Mitte der Kirche, in Amt, Gremien oder anderen Leitungsaufgaben aus ihrem Glauben heraus für die Kirche engagieren und die Botschaft Jesu in der Nähe zu den Menschen glaubwürdig bezeugen. Andere haben die Hinwendung zum Menschen vielleicht zum Beruf gemacht und vergegenwärtigen hier implizit wie explizit die Zuwendung Jesu zu den Menschen.

Wieder andere entfalten ihre Beziehung zu Christus im Einsatz für Gerechtigkeit und im Einsatz für Menschen am Rande der Gesellschaft. Anderen ist es gegeben, ihrem Glauben musikalisch, plastisch oder literarisch Ausdruck zu verleihen. Und wieder andere engagieren sich aus

---

1 Vgl. zum systematischen Begriff des Zeugnisses den Beitrag des Verfassers: J. Kittel, Geistliche Leitung in katholischen Jugendverbänden. In: GuL 76 (2003) 171–181, hier: 174–178.

ihrem Glauben heraus für die Bewahrung der Schöpfung. Das alles und vieles mehr ist Zeugnis, in dem Christus, der dem Einzelnen zum Freund wurde, sich einprägt in dessen unverwechselbares Leben.
Anders gesagt: Es gibt nicht ***das*** Zeugnis des christlichen Glaubens, es gibt Zeugnis, das an der spezifischen Weise des Mensch- und Christseins des Einzelnen hängt. Nimmt man das Gesagte als Handlungsimpuls, so folgt daraus, dass es nicht ***die*** Schulpastoral gibt, sondern die sich an den Charismen orientierende Umsetzung am je konkreten Ort. Anders gesagt: Ein charismenorientiertes Schulpastoralkonzept baut auf dieser Einsicht auf. Glaubende, die dem Glauben ein Gesicht geben, die ihr Charisma leben und von dem reden, was ihr Herz erfüllt, sind immer authentisch.

Zeugnis und Echtheit

Wenn das Ziel schulpastoraler Angebote die Bestärkung des individuellen Glaubens und des je eigenen Lebensentwurfs des Jugendlichen ist, dann ist es sinnvoll, wenn die einzelnen Angebote vom spezifischen Charisma des einzelnen Zeugen geprägt sind. Auf diese Weise begegnet der junge Mensch mehreren glaubwürdigen Zeugen, die ihren je eigenen Zugang zu der Wirklichkeit Gottes leben und in ihrem konkreten Lebensentwurf bezeugen. Zwei Gründe sprechen für diese Vorgehensweise:
Zum einen ist die Begegnung mit unterschiedlichen Glaubenszeugnissen für die Jugendlichen Voraussetzung, um selbst ermutigt zu werden, den Glauben nicht nur einfach zu übernehmen, sondern ihre eigene Geistbegabung zu entdecken, sie im Glauben an Christus zu ergreifen und sie in das eigene Handeln zu integrieren. Zum anderen kommt dieses Konzept den einzelnen Trägern der Schulpastoral entgegen, weil sie den Akzent dort setzen können, wo sie spezifisches Charisma haben, sie also gewissermaßen aus dem Vollen schöpfen können. Damit ist gleichsam von selbst gegeben, dass diese Menschen in ihrem konkreten Tun in hohem Maße authentisch sind und gerade für junge Menschen auf diese Weise faszinierende Vorbilder sein können.
Anders gesagt: Wenn der Einzelne Glaubenserfahrungen im Kontext seines biografischen Zugangs thematisiert, sind Echtheit und Glaubwürdigkeit ganz von selbst gegeben. Wichtig ist, dass die einzelnen schulpastoralen Angebote das diakonale Antlitz der Kirche widerspiegeln, d.h. dass

sich Menschen finden, die glaubwürdige Zeugen für die diakonische, gottesdienstliche und verkündigende Praxis der Kirche sind.

Wo immer sich Trägerinnen und Träger der Schulpastoral auf den Weg machen, ein eigenes Konzept zu entwickeln, wäre es förderlich, innezuhalten, um zunächst über die eigenen Charismen ins Gespräch zu kommen. Es geht hier um einen geistlichen Prozess, der im Wechsel von Erzählen, Nachdenken und Hinhören die geistlichen Impulse erspürt, die durch das Leben Einzelner in die Schulgemeinschaft hinein ausstrahlen wollen. Ein Dreifaches wäre mit diesem Vorgehen gewonnen: Zunächst würde deutlich, dass Schulpastoral eine gemeinsame Aufgabe von Christinnen und Christen im Handlungsfeld Schule ist, es wäre zudem gewährleistet, dass der Einzelne seinen spezifischen Zugang wählen und einbringen kann. Schließlich kommt dieses Konzept den einzelnen Trägerinnen und Trägern der Schulpastoral auch hinsichtlich des Ressourceneinsatzes entgegen, weil sie den Akzent dort setzen können, wo sie ein spezifisches Charisma haben, sie also gewissermaßen aus dem Vollen schöpfen können. Damit wäre gleichsam von selbst gegeben, dass diese Menschen in ihrem konkreten Tun in hohem Maße authentisch sind und gerade für junge Menschen auf diese Weise faszinierende (Glaubens-)Vorbilder sein können.

In der Praxis geht es faktisch darum, Charismen zu entdecken und schulpastorale Angebote zu kreieren und diese mit dem eigenen, spezifischen Zugang zu Mensch- und Christsein zu füllen. Aus der Sicht der jungen Menschen gilt: Es geht darum, den Jugendlichen einen Glauben vorzuschlagen, der biografisch situiert, wachen Sinnes die Wirklichkeit Gottes im eigenen Leben erspürt und ergreift.

Vom Charisma des Einzelnen zu einem im Team verantworteten kreativen schulpastoralen Angebot vor Ort ist es zuweilen ein anstrengender Weg, aber es lohnt sich auch in einem eminent geistlichen Sinne, diesen Weg zu gemeinsam zu gehen, gemeinsam zu hören, was der Geist in die konkrete Situation durch den Einzelnen hinein sagen will. Welche Vielfalt zu erwarten ist, zeigen nicht zuletzt die in diesem Werkbuch zusammengetragenen Ideen und Projekte, durch die immer auch das persönliche Charisma des Einzelnen hindurchscheint.

»Neige das Ohr deines Herzens« – Benediktinische Kriterien von Schulpastoral

Pater Andri Tour OSB

Historischer Hintergrund

Zum benediktinischen Mönchtum gehört Bildungsarbeit untrennbar dazu. Benedikt von Nursia (480–547) selber braucht für das Kloster das Bild der Schule. Im Prolog seiner *regula monachorum* schreibt er: »Wir wollen also eine Schule für den Dienst des Herrn einrichten« (RB Prol 45).[1] Dabei hatte er natürlich keine öffentliche Lehranstalt für junge Menschen im Blick, sondern vielmehr den Sinn des monastischen Lebens als lebenslanges Lernen in der Nachfolge Christi. Demnach geht der Mönch sein Leben lang im Kloster unter Regel und Abt bei Jesus Christus zur Schule und lernt entsprechend dem Evangelium zu leben. Dabei geht es Benedikt vor allem um den Dienst: den Dienst an Gott und den Dienst an den Mitmenschen. Von diesem Selbstverständnis her wird leicht verständlich, dass sich im benediktinischen Mönchtum von Anfang an die Bildung und Erziehung von jungen Menschen als eine hervorragende Aufgabe der Mönche entwickelt hatte. Der Lehrer gibt seine Lebenserfahrung und das, was er an Wissen und Weisheit sich angeeignet hat, an seine Schüler weiter. So hat sich das Christentum tradiert, so entwickelte sich das Mönchtum und so wuchs die abendländische Kultur.

Im Kloster Engelberg, zu dessen Konvent ich gehöre, wurden zum Beispiel seit der Gründung im Jahre 1120 junge Menschen aufgenommen, um sie für ihr späteres Leben zu bilden. Dies belegen historische Quellen des Klosters. Das älteste Bücherverzeichnis in einer Handschrift des 12. Jahrhunderts macht deutlich, dass der Bücherbestand sorgfältig und im Hinblick auf eine gute Bildung zusammengestellt worden war. Neben philosophischen und theologischen Werken sind auffallend viele Grammatiken, Werke antiker Dichter und naturwissenschaftliche Abhandlungen aufgelistet. Ziel war es, den eigenen klösterlichen Nachwuchs zu rekrutieren. Da wohl kaum alle dem Kloster anvertrauten Schüler für ein

---

1 Alle Zitate der *regula benedicti* (RB) sind entnommen aus: M. Puzicha, Kommentar zur Benediktusregel. Mit einer Einführung von Christian Schütz. Im Auftrag der Salzburger Äbtekonferenz, St. Ottilien 2002.

monastisches Leben bereit oder geeignet waren, verließ nach Abschluss der Ausbildung immer auch ein Teil der jungen Männer das Kloster, um eine weltliche Laufbahn einzuschlagen.

Mit dem Ausbau ihrer Schule im großen Stil begannen die Engelberger Benediktiner Mitte des 19. Jahrhunderts, als es darum ging, katholischen Jungen vorwiegend aus ländlichen Gegenden der Schweiz eine solide Vorbildung für den Zutritt an die Universität zu bieten. Wie etwa die Kapuziner stellten sich auch die Benediktiner in den Dienst der Erziehung einer katholischen Elite. Am Beginn des 20. Jahrhunderts wurde in Engelberg die Lateinschule mit der Einführung des Maturitätsabschlusses zur heutigen Stiftsschule ausgebaut.

Weil dem Kloster zunehmend der Nachwuchs fehlt, unterrichten seit den 1970er-Jahren immer weniger Mönche an der eigenen Stiftsschule. Sie wurden schrittweise durch weltliche Lehrpersonen ersetzt. Deshalb mussten Organisations- und Strukturanpassungen vorgenommen werden. Unter anderem musste überlegt werden, wie die Kontinuität der Stiftsschule gerade als benediktinische Schule gewahrt werden kann. Das war die Geburtsstunde einer institutionalisierten Form von Schulpastoral – nicht nur bei uns in Engelberg, sondern auch an manch anderer Klosterschule.

Nach dieser knappen historischen Hinführung am Beispiel des Klosters Engelberg möchte ich im Folgenden in einem ersten Schritt exemplarisch die konzeptionellen Überlegungen einer Schulpastoral für die Stiftsschule Engelberg vorstellen und von konkreten Erfahrungen aus der Praxis berichten. In einem zweiten Schritt möchte ich eine Kriteriologie einer spezifisch benediktinischen Perspektive von Schulpastoral skizzieren, wie sie der schulpastoralen Arbeit in Engelberg zu Grunde liegt. Hergeleitet aus der Sicht der Mönchsregel, die der heilige Benedikt um 540 in dem von ihm gegründeten Kloster Montecassino verfasst hat, sollen die Kriterien zur Klärung beitragen, welche Säulen in einer Pastoral für die Schule tragend sind.

Schulpastoral an der Stiftsschule Engelberg

Von der seelsorgerlichen Versorgung zur Schulpastoral

In früheren Zeiten war die Seelsorge an der Stiftsschule Engelberg eine neben dem Unterricht einhergehende Selbstverständlichkeit. Schließlich waren fast alle Lehrer Mönche und Priester. Wer ein vertrauliches Gespräch wollte, angelte sich seinen Lieblingspater, und die Beteiligung am gottesdienstlichen Leben der Klostergemeinschaft gehörte sowieso zum Alltag der Internatsschüler. Eine institutionalisierte Form von Schulpastoral brauchte es nicht. Kloster und Schule bildeten eine Einheit. Die Schüler waren »Mönche« auf Zeit, bei uns in Engelberg bis in die 1960er-Jahre gekleidet mit schwarzer Kutte und Gürtel. Erst dann, als immer weniger Mönche an der eigenen Schule wirken konnten, wurden konkrete schulpastorale Fragen zum Thema aktuell: Wie christlich soll eine Klosterschule sein? Wer bietet vertrauliche Begleitungs- und Beratungsgespräche an? Wie und wo wollen wir Gottesdienst feiern? Welche religiösen und sozialen Angebote müssen wir anbieten? Wie kann der Kontakt zwischen Kloster und Schule lebendig bleiben? Wo wird sichtbar, dass wir eine benediktinische Schule sind? Was heißt das, mit »weltlichen« Lehrpersonen Klosterschule zu gestalten?
Stand früher vor allem die seelsorgerliche-sakramentale Versorgung für die selbstverständlich im volkskirchlich-katholischen Milieu großgewordenen Internatsschüler im Mittelpunkt, so müssen heute christliche Grundvollzüge erst wieder von den internen und externen Schülerinnen und Schülern entdeckt und bewusst gelebt werden. Noch heute prägt die benediktinische Tradition mit ihrer klösterlichen Architektur, ihren Sitten und Gebräuchen, mit der klaren Tagesstruktur und dem ausgewogenen Wechsel von Gebet, Arbeit und Freizeit das Schul- und Internatsleben, doch kommt sie den Schülerinnen und Schülern hin und wieder auch fremd vor. Die meisten von ihnen sind zwar immer noch in einer latent christlich geprägten Kultur aufgewachsen und ansprechbar für religiöse Angebote, doch im Unterschied zu früher möchten sie selbst bestimmen, wie weit sie christlichen Idealen und Lebensformen folgen wollen. Sie bedienen sich deshalb für ihren persönlichen Glauben unterschiedlicher Elemente aus der religiösen Vielfalt unserer Zeit. Außerdem steht die katholische Erziehung für viele Eltern, die heute ihre Kinder nach Engelberg ins Internat schicken, nicht unbedingt im Vordergrund. Ein Teil unserer Schülerinnen und Schüler ist evangelisch, gehört ande-

ren Religionen an oder ist konfessionslos. Dieser veränderten Situation suchen Kloster und Schule Rechnung zu tragen, indem sie eine eigene Schulpastoral für die Stiftsschule Engelberg konzipiert und institutionalisiert haben.

Die Schulpastoral an der Stiftsschule Engelberg versucht einen Rahmen für die Auseinandersetzung mit den christlichen Fragen und Lebensvollzügen zu geben, der das Interesse der Schülerinnen und Schüler zu wecken vermag und von Toleranz und Offenheit geprägt ist. Dazu gehört gerade auch der Anspruch, das Schul- und Internatsleben im Sinne der benediktinischen Gastfreundschaft als Lern- und Lebensgemeinschaft auf Zeit zu fördern und mitzugestalten. Der heilige Benedikt schreibt in seiner Regel: »Alle Fremden, die kommen, sollen aufgenommen werden wie Christus [...]. Allen erweise man die angemessene Ehre [...]« (RB 53,1 f.). Das Konzept der Schulpastoral an der Stiftsschule Engelberg steht für den Dienst der Kirche an allen Menschen im Kontext Schule. Die Schulpastoral will ihren Beitrag dazu leisten, Erfahrungs- und Lebensräume zu schaffen, wie Glaube und Leben sich wechselseitig beeinflussen können. Dabei geht es heute nicht mehr einfach um Mission oder um die Rekrutierung von kirchlichem und klösterlichem Nachwuchs, sondern um das Erschließen von christlicher Wertorientierung und Lebensgestaltung und um die Lebensdeutung aus dem Glauben heraus. Die Schulpastoral der Stiftsschule Engelberg fördert deshalb eine christliche Bildungspraxis und ein vielfältiges liturgisches Leben in Schule und Internat. Andererseits ermöglicht sie durch außerschulische Angebote unterschiedliche religiöse und soziale Erfahrungen und fördert und unterstützt entsprechende Initiativen von Schüler-, Lehrer- und Elternschaft. Ferner fördert die Schulpastoral den Kontakt zwischen Schülerinnen und Schülern, Eltern, Schulleitung, Lehrpersonen, Angestellten, Kloster, Pfarrei und evangelisch-reformierter Kirchgemeinde, koordiniert den Religionsunterricht und ist schließlich für alle Angehörigen der Stiftsschule Engelberg in Problem- und Krisensituationen eine Anlaufstelle mit entsprechendem Beratungsangebot bzw. entsprechender Beratungsvermittlung.

In alldem kommt zum Ausdruck, dass die Schulpastoral an der Stiftsschule Engelberg eine umfassendere Aufgabe inne hat als die klassische »Schulseelsorge«, die früher meist als Dienst des Priesters verstanden wurde, der das Fach Religion unterrichtet, Schulgottesdienste feiert, die Beichte hört und die Besinnungstage hält. Schulpastoral an der Stiftsschule Engelberg besteht heute aus einer Mischung von Schulseelsorge,

Schulsozialarbeit, schulnaher Jugendarbeit, unterrichtsbezogener Projektarbeit und Coaching in Bezug auf christliche Bildungsarbeit. Sie gestaltet maßgebend eine christlich geprägte Schulkultur mit und bringt theologische Kompetenz in Schulentwicklungsprozesse ein.

Erfahrungen aus der Praxis

Das Konzept hat sich bewährt. Die Angebote der Schulpastoral werden genutzt. Vor allem die Möglichkeit im geschützten und vertraulichen Rahmen ein Gespräch führen zu können, entspricht einem echten Bedürfnis. Aus manchen »Tür-und-Angel«-Gesprächen entwickeln sich weitere Aussprachen, die teilweise in eine längere Begleitung münden. Hinter anfänglich eher flüchtigen Kontaktaufnahmen verstecken sich nicht selten größere Probleme: Stress, Depressionen, Suchtprobleme, Liebeskummer, Beziehungsprobleme, Streit, Konflikte, Orientierungslosigkeit, Zukunftsängste, sexueller Übergriff, Mobbing, Belastungen, Arbeitsschwierigkeiten, Gewalt, persönliche Krisensituationen, Fragen oder Glaubenszweifel. Häufig muss mit den jungen Menschen die Schuldfähigkeit thematisiert und eingeübt werden, damit Umkehr möglich und Heil erfahren werden kann.
Entscheidend ist dabei die Vertrauenswürdigkeit des Seelsorgenden. Dazu gehören Empathie, Glaubwürdigkeit und Sachkompetenz. Wichtig ist aber auch eine positive Gesprächsatmosphäre, zu der ein klar definiertes Setting an einem gepflegten Gesprächsort, emotionale Wärme, bedingungslose Annahme, Schutz, Ermutigung und Muße gehören. Zum Schutz des Ratsuchenden und des Begleitenden muss für alle klar sein, wo in der Schule seelsorgerliche Gespräche stattfinden. Dann sind Zweiergespräche bei geschlossener Tür kein Problem, und es wird eindeutig, welche Gespräche das Prädikat »absolut vertraulich« haben. In der Stiftsschule Engelberg wurde dafür eigens ein Zimmer mit einladender und nicht einengender Sitzmöglichkeit an zentraler Lage eingerichtet.
Gemeinsam Liturgie feiern, in den geprägten Zeiten des Kirchenjahres Akzente setzen, Besinnungstage, Wallfahrten und einen Firm- und Konfirmationskurs durchführen, die Begegnung zwischen den Konfessionen und Religionen fördern, einen Sozialeinsatz leisten, im Internat das Morgen-, Abend- und Tischgebet pflegen, Beziehungen stärken, gemeinsam Feste feiern, einen Ausflug machen, den Ministranten- und Lektorendienst ausüben, Gottesdienste thematisch und musikalisch mitgestalten,

Beratung und Begleitung anbieten, an kirchlichen Jugendanlässen teilnehmen, einen Tag im Kloster mitleben – das vielfältige religiöse Leben an unserer Schule darf nicht einfach der Unternehmenskultur überlassen und an die Profis (Mönche und Religionslehrpersonen) delegiert werden oder einfach in einer Vielzahl von Aktivitäten zum Ausdruck kommen. Vielmehr müssen die Anliegen der Schulpastoral von allen mitgetragen werden. Wir brauchen Lehrerinnen und Lehrer, die aus christlicher Überzeugung ihre Arbeit als Dienst an den jungen Menschen leisten, und Schülerinnen und Schüler, die in der Fülle von Alternativen einer pluralistischen Gesellschaft sich gerade auch im christlichen Sinn verantwortungsvoll entscheiden wollen und engagieren können.

Kriteriologie einer benediktinischen Perspektive von Schulpastoral

Die benediktinische Spiritualität ist nicht exklusiv. Die Regel des heiligen Benedikt gibt Handlungsweisungen, wie im Kloster unter Regel und Abt Christus gemäß dem Evangelium nachgefolgt werden bzw. wie ein christliches Leben in Gemeinschaft gelingen kann. Die folgenden Kriterien einer explizit benediktinischen Perspektive von Schulpastoral sind demnach nichts Außergewöhnliches, sondern haben eine allgemeine Gültigkeit. Die von der Regel des heiligen Benedikt hergeleiteten Kriterien können aber helfen, das, was im schulpastoralen Tun wichtig ist, von dem, was nicht weiterbringt, zu unterscheiden.

Schulpastoral ist Dienst am konkreten Menschen

Der heilige Benedikt nimmt den Menschen als geistbegabtes, freies und selbstverantwortliches Subjekt bedingungslos an und ernst. Der Mensch hat die Möglichkeit, für sein Leben Verantwortung zu übernehmen und so die Einladung Christi zu einem Leben nach dem Evangelium anzunehmen oder abzulehnen (vgl. RB Prol 15–21), und der Mensch kann sich selber ändern, um zu einem Mehr an Leben (vgl. RB Prol 2.37 f.) und zu einem weiten Herzen (vgl. RB Prol 49) gelangen zu können. Dabei hat Benedikt einen realistischen Blick auf den Menschen. Er geht davon aus, dass der Mensch versagen, sich verfehlen und schuldig werden kann (vgl. RB 23–30). Deshalb bedarf er neben der pädagogischen Begleitung auch

der seelsorgerlichen Zuwendung – im Kloster durch den Abt und die Mitbrüder.
Als erster Seelsorger im Kloster soll der Abt die ihm anvertrauten Mönche weitherzig und nach den individuellen Bedürfnissen begleiten und führen. »Nach der Eigenart und Fassungskraft jedes Einzelnen soll er sich auf alle einstellen und auf sie eingehen« (RB 2,32). »Einsichtigen Jüngern wird er die Gebote des Herrn mit Worten darlegen, hartherzigen aber und einfältigeren wird er die Weisungen Gottes durch sein Beispiel veranschaulichen« (RB 2,12). Allen soll er aber gleich dienen.« »Der Abt bevorzuge im Kloster keinen wegen seines Ansehens. Den einen liebe er nicht mehr als den anderen [...]. Denn bei Gott gibt es kein Ansehen der Person« (RB 2,16.20).
Damit kommt zum Ausdruck, dass der individuelle Mensch und sein Reifen im Mittelpunkt des Interesses der Schulpastoral sein soll, vor dem Materiellen (vgl. RB 2,35f.) und vor der Leistungsfähigkeit der einzelnen Person (vgl. RB 68). Schulpastorales Handeln fasst also den Menschen im Hinblick auf sein Menschsein ins Auge und nimmt ihn bedingungslos an und ernst, gerade auch mit seiner vordergründigen Gleichgültigkeit und seinen Widerständen, bei Orientierungslosigkeit, Konflikten, Verfehlungen und Krisen und bei seiner Suche nach sich selbst, Gemeinschaft und Gott.

Schulpastoral orientiert sich am Prinzip der Resonanz

Der Abt vergegenwärtigt in der Gemeinschaft Christus (vgl. RB 2,2). Er ist Vater, Lehrer und Hirt der Mönche. »Deshalb darf der Abt nur lehren oder bestimmen und befehlen, was der Weisung des Herrn entspricht« (RB 2,4). Je mehr er selber wahrhaft Gott sucht, desto mehr wird er fähig, für andere Suchende als Seelsorger da sein zu können. Person Gottes zu sein ist die eigentliche Kompetenz des Seelsorgers; sich selber formen und prägen lassen in der »Schule des Herrn« (RB Prol 45). Dabei mache er »alles Gute und Heilige mehr durch sein Leben als durch sein Reden sichtbar« (RB 2,12).
Leben erzeugt Leben; Feuer erzeugt Feuer. Nur betroffene Menschen können andere Menschen betreffen. So wie sich der Seelsorgende als ganzer Mensch herausfordern lässt, sich auf das Leben einlässt und wirklich Gott sucht, weckt er in den ihm anvertrauten Menschen die Bereitschaft, sich ebenfalls auf die Wirklichkeit und die Notwendigkeit

ihrer religiösen Entwicklung einzulassen. Authentisches Leben erzeugt Resonanz.

Schulpastoral ermöglicht Begegnungen und Beziehungen

Resonanz erzeugen auch glaubwürdige Beziehungen. Als Seelsorger der Klostergemeinschaft muss der Abt der Eigenart vieler dienen: »Muss er doch dem einen mit gewinnenden, dem anderem mit tadelnden, dem dritten mit überzeugenden Worten begegnen« (RB 2,31). Begegnung ist aber nicht einfach etwas Abstraktes, sondern immer ein kommunikatives Beziehungsgeschehen von Mensch zu Mensch, und Beziehungen müssen ermöglicht und gepflegt werden.

Wenn in der Schule vielfältige Begegnungen und Beziehungen möglich werden, wenn spürbar wird, dass sich die Menschen untereinander mögen, sie an den Sorgen und Problemen anderer teilhaben und füreinander Zeit und ein offenes Ohr finden, wenn Menschen authentisch, ehrlich und fair erlebt werden und die Würde des Einzelnen anerkannt und das Fragmentarische des Lebens nicht ausgeschlossen wird, dann ist schulpastorales Tun im benediktinischen Geist fruchtbar. Erst dann wirkt der gute Eifer, »der von den Sünden trennt, zu Gott und zum ewigen Leben führt«, von dem Benedikt im 72. Kapitel seiner Regel spricht. Und dann begegnet uns Christus in den zwischenmenschlichen Beziehungen.

Damit wird deutlich, dass alle Menschen im Kontext Schule Träger *und* Adressaten der Schulpastoral sind und die Verantwortung haben, ihre Einmaligkeit in vielfältigen Beziehungen zu leben: neben den Seelsorgenden auch die Schülerinnen und Schüler, die Lehrerinnen und Lehrer, die Mitarbeitenden und die Eltern.

Die Qualität schulpastoralen Handelns misst sich daran, wie viel und welche Räume sie für nährende Begegnungen eröffnet und welche Beziehungen sich daraus entwickeln können. Dabei wird nicht vergessen, dass bei allen organisierten Begegnungsmöglichkeiten immer ein Rest bleibt, der nicht einfach mach- oder planbar ist, sondern Gnade bedeutet, so zum Beispiel, wenn ein »Tür-und-Angel«-Gespräch als nährend, bereichernd und bestärkend erfahren wird und nachwirkt.

Schulpastoral gibt dem Kairos Raum und Stimme

Benedikt verlangt vom Abt, dass er sich »vom rechten Gespür für den rechten Augenblick« leiten lasse (RB 2,24). Er muss unterscheiden können, was in einer bestimmten Situation sinnvoll und notwendig ist. Klug, verständnisvoll und barmherzig soll er handeln und jedem das geben, was er braucht (vgl. RB 34). »Bei geistlichen wie bei weltlichen Aufträgen unterscheide er genau und halte Maß« (RB 64,17). Niemand soll unter- oder überfordert werden.

Eine benediktinisch geprägte Schulpastoral orientiert sich am Kairos, dem wichtigen und richtigen Augenblick, der gerade ansteht. Sie gibt ihm Raum und Stimme aus der Überzeugung heraus, dass Gottes Geist im Hier und Jetzt am Wirken ist, besonders auch bei Störungen und Konflikten. Die Aufmerksamkeit auf den Kairos hält die Frage nach dem Wesentlichen und Sinnstiftenden und nach den Nöten und Sorgen in der Schule wach und unterbricht so immer wieder die Schnelllebigkeit und Hektik des Lehrens und Lernens. Dieser Kairos kann so zum bewussten Innehalten im Bildungsgeschehen werden, gerade auch in der Form der Stille, des Schweigens und des Gebetes, aber auch des Feierns, des zweckfreien Zusammenseins oder dem Fragen nach dem Woher und dem Wohin.[2]

All das hat sein Vorbild im klösterlichen Alltag: im ausgewogenen Wechsel von Gebet, Arbeit, meditativer Lesung und Rekreation, in Räumen, in denen »die göttliche Gnade uns erfasst und bewegt« (RB 20,4).

Schulpastoral unterscheidet Heil von Unheil

Nach Benedikt soll niemand »verwirrt und traurig werden im Hause Gottes« (RB 31,19). Dort, wo Gott wohnt, soll Einheit und Frieden herrschen. Dazu müssen alle ihren Beitrag leisten. Zum Beispiel sollen der Cellerar (der Verwalter des Klosters) und der Novizenmeister (der Ausbildner der Neueingetretenen) nichts vernachlässigen. Im Auftrag des Abtes soll der eine jedem Mönch das geben, was er zum Leben braucht, und mit allen Geräten und dem ganzen Besitz des Klosters so sorgfältig wie mit heiligem Altargefäß umgehen (vgl. RB 31); der andere soll Men-

---

[2] Vgl. M. Scharer, Spiritualität als Schulkultur, in: Theologisch Praktische Quartalschrift 148 (2000), S. 169–175.

schen gewinnen und sich mit aller Sorgfalt ihrer annehmen (vgl. RB 58,6).
Eine Schulpastoral im benediktinischen Sinn nimmt die Schule als »Haus Gottes« ernst, weil sie glaubt, dass Gottes Geist in der ganzen Schöpfung und somit auch in der Schule präsent ist. Sie macht aus dieser Sicht heraus auf Heil und Unheil aufmerksam und zeigt Wege der Solidarität auf. Sie begleitet Betroffene solidarisch in Entwicklungs- und Veränderungsprozessen und setzt sich für den Frieden, die Gerechtigkeit und die Bewahrung der Schöpfung ein. Für sie ist das ganze Bildungsgeschehen in der Schule theologisch relevant, gerade auch seine strukturellen und systemischen Gegebenheiten. Deshalb stellt die Schulpastoral ihre theologische und kommunikative Kompetenz für Schulentwicklungsprozesse zur Verfügung. Sie achtet auf eine dynamische Balance zwischen der persönlichen Lebenserfahrung der Menschen und den Gemeinschaftserfahrungen im Kontext Schule, der Tradition und der Vorgaben der konkreten Bildungsinstitution und des aktuellen gesellschaftlichen Kontextes. Dieser ganzheitliche Blick ermöglicht einerseits generelle Unterscheidungen zwischen dem, was Leben fördert, und dem, was Leben verhindert, und nimmt andererseits die richtigen Kairoi (vgl. oben) ernst, deutet sie und macht sie in der Schule zu lebendigen Themen. Voraussetzung dazu ist eine Wahrnehmungs-, Urteils- und Handlungskompetenz vor allem der Menschen, die für die Schulpastoral eine Hauptverantwortung tragen.[3] Die Schulpastoral leistet so einen konkreten Beitrag zur Humanisierung und Profilierung der Schule.

Schulpastoral ist für das Andere und Fremde offen und nimmt das Fragmentarische und Brüchige des Lebens wahr und ernst

Benediktinisches Leben kennt keine Berührungsängste. »Alle Fremden, die kommen, sollen aufgenommen werden wie Christus« (RB 53,1). Das Kloster bietet grundsätzlich jedem Menschen Gastfreundschaft an, unabhängig seiner sozialen, politischen oder religiösen Herkunft. »Alle Menschen ehren« ist nach Benedikt ein Werkzeug der geistlichen Kunst (RB 4,8). Alle sollen demnach im Kloster Annahme, Akzeptanz und Beja-

---

[3] Dass alle Menschen im Kontext Schule eine Verantwortung für die Schulpastoral tragen, schließt die Hauptverantwortung der Religionslehrkräfte und ausgebildeten Seelsorgenden als Fachleute nicht aus.

hung erfahren. Die eigenen Glaubensüberzeugungen dürfen dabei aber nicht verleugnet werden, sondern »man lese dem Gast die Weisung Gottes vor, um ihn im Glauben zu erbauen«, bevor man sich mit aller Aufmerksamkeit gastfreundlich seiner annimmt (RB 53,9). Ja, man soll zuerst miteinander beten und dann als Zeichen der Gemeinschaft den Friedenskuss austauschen, um sich vor allem Bösen zu schützen (vgl. RB 53,4f.). »Christus sollen sie überhaupt nichts vorziehen« (RB 72,11). Benediktinisch geprägte Schulpastoral versteht deshalb ihr Tun als diakonaler Dienst für alle Menschen im Kontext Schule, gerade auch für die Unbestimmten, die Nicht-Christen und Konfessionslosen. Sie ist also nicht exklusiv für Katholiken. Vielmehr nimmt sie die bleibende Fremdheit unter den Menschen, das Fragmentarische und die Brüchigkeit des Lebens und die Erfahrung der Unverbundenheit von Gott und Mensch wahr und ernst. Sie setzt sich für Offenheit und Toleranz gegenüber andersdenkenden Menschen und anderen Kulturen ein und gibt sich nicht mit vorschnellen Antworten und glatten Lösungen zufrieden. Eine benediktinisch geprägte Schulpastoral steht aber zu ihren eigenen Überzeugungen und verschleiert sie nicht. Sie ist transparent, fassbar und verlässlich.

Moderne Organisationsentwicklungstheorien lehren, dass gerade von den Fremden, Jungen und Neuen gelernt und das eigene Tun reflektiert werden kann. Menschen von außen haben oftmals einen besseren Blick für das, was ist. So geht schon der heilige Benedikt davon aus, dass der Gast Kritik äußern und auf Missstände aufmerksam machen kann. Der Abt erwäge dann klug, »ob ihn der Herr nicht vielleicht gerade deshalb geschickt hat« (RB 61,4). Und er mahnt den Abt, dass er im Kloster alle zur Beratung zusammenrufen soll, »weil der Herr oft einem Jüngeren offenbart, was das Bessere ist« (RB 3,3). Eine benediktinisch geprägte Schulpastoral nimmt sich das zu Herzen und ist offen für die Anliegen der Schülerinnen und Schüler, der Eltern und der Mitarbeitenden.

An der Klosterpforte soll immer jemand da sein, »damit alle, die ankommen, dort immer einen antreffen, von dem sie Bescheid erhalten« (RB 66,2). Benedikt erwartet, dass im Kloster immer jemand für den Anderen da und für seine Anliegen aufmerksam ist, zuhören und wahrnehmen kann und von dem die Menschen eine Antwort erhalten. »Das kann vielfältige Formen annehmen: Beistand geben, wo er nötig ist; für Menschen, die nach Orientierung, Lebenshilfe und Entscheidungshilfe suchen, eine geistliche Begleitung und Beheimatung anbieten; Teilhabe am Gebet, um sich tragen zu lassen von der langen Gebetstradition und von der Hoffnung, die der Glaube schenkt.«[4] Das ist auch eine der wichtigsten Aufgaben der Schulpastoral.

Dabei ist die ***discretio*** entscheidend. Die Schulseelsorgenden sollen verstehen, »eigene und fremde Wunden zu heilen, ohne sie aufzudecken und bekanntzumachen« (RB 46,6). Sie können nur im Bewusstsein der eigenen Schwäche ohne Hochmut helfen und heilen. Sie sollen »den guten Hirten mit seinem Beispiel der Liebe« nachahmen, denn »Neunundneunzig Schafe ließ er in den Bergen zurück und machte sich auf, um das eine verirrte Schaf zu suchen« (RB 27,8). Und sie sollen den schwankenden und unsicheren Menschen »im persönlichen Gespräch trösten [...], damit er nicht in zu tiefe Traurigkeit versinkt« (RB 27,3). Gemeinsam mit Christus sollen sie die ihnen anvertrauten Menschen zum ewigen Leben führen (vgl. RB 72,12) und Umkehr ermöglichen, damit das Herz weit wird (vgl. RB Prol 49).

Hören mit dem Herzen

Es gibt nicht ***die*** Schulpastoral. Schulpastorales Handeln muss immer wieder neu gewollt, entwickelt, gelebt und kritisch hinterfragt werden. Das geht nicht gratis, sondern setzt ein Anliegen, Bereitschaft und Engagement voraus. Die konkrete Form von Schulpastoral ist wesentlich abhängig von den Bedürfnissen und praktischen Möglichkeiten und Grenzen einer bestimmten Schule und von der Bereitschaft und dem Willen der einzelnen Schülerinnen und Schüler, der Lehrpersonen, der Angestellten und der Eltern, sich für die Menschen im Kontext Schule zu engagieren. Das gilt gerade auch für benediktinische Bildungsinstitutionen. – Und Schulpastoral ist auch nicht einfach machbar. Bei all ihrem Tun vertraut sie vor allem auf den Gott des Lebens, der in allen Menschen und so auch in der Schule präsent ist und wirkt.

Der heilige Benedikt beginnt seine Regel mit der Aufforderung zum Hören: »Höre, mein Sohn, auf die Weisung des Meisters, neige das Ohr deines Herzens, nimm den Zuspruch des gütigen Vaters willig an und erfülle ihn durch die Tat!« (RB Prol 1). Das Hören, das in das Handeln nach der Weisung des Evangeliums münden muss, steht im Mittelpunkt der ge-

4 M. Puzicha, Benedikt von Nursia begegnen, Augsburg 2004, S. 149.

samten Regel.[5] Wer hört, entscheidet sich, aufmerksam zu sein und in eine Beziehung mit dem Gegenüber zu treten, sei es mit Gott oder mit dem Mitmenschen. Das Hören ist die Voraussetzung für jede Form von Begegnung und Kommunikation, und wer mit dem Herzen hört, wird zum Liebenden. Aus der Sicht des heiligen Benedikt lässt letztlich erst diese Haltung pastorales Tun im »Hause Gottes« gelingen, »damit in allem Gott verherrlicht werde« (RB 57,9).

5 Vgl. Michaela Puzicha, Kommentar zur Benediktusregel, St. Ottilien 2002, S. 47 f.

Schulpastoral im Geist des heiligen Franziskus

Schwester Andrea Becker

Das Gymnasium Nonnenwerth ist eine Schule in der Trägerschaft der Franziskanerinnen von der Buße und der christlichen Liebe. Seit mehr als 150 Jahren werden hier junge Menschen auf dem Weg ins Leben begleitet. Zu dieser Wegbegleitung gehört als ***ein*** wesentliches Element die Schulseelsorge. Im Leitbild unserer Schule heißt es: »Wir orientieren uns auch heute noch in unserem pädagogischen Tun an Franziskus von Assisi und seiner Lebensgestaltung aus dem Glauben; deshalb sind Achtung der Menschenwürde, Friede, Gerechtigkeit und Behutsamkeit im Umgang mit der Schöpfung für uns wichtig.«
Franziskus war kein Pädagoge; er wollte nichts anderes, als das Evangelium leben. Er war ein Mensch, dessen Beispiel so fasziniert hat, dass Scharen von jungen Menschen ihm damals gefolgt sind – und auch heute zieht seine Art, die Botschaft Jesu ins Leben zu übersetzen, Jugendliche an.
Eine Schulpastoral, die sich an seinem Geist orientiert, unterscheidet sich sicher nicht grundsätzlich von anderen Formen der Seelsorge an Schulen, hat aber dennoch ein eigenes Profil, besondere Schwerpunkte.

Weggemeinschaft

»Wir sind Christen – unterwegs als Glaubende, Fragende und Suchende –, die miteinander eine im franziskanischen Geist wurzelnde Schule gestalten.« (Leitbild) Schulgemeinschaft ist Weggemeinschaft – gerade auch »in Sachen Glauben«. Träger der Schulseelsorge sind nicht nur die Priester aus den umliegenden Gemeinden, die zu uns zum Gottesdienst kommen, nicht nur die Religionslehrer, sondern alle, die sich um eine ganzheitliche Gestaltung des Schullebens bemühen. So gibt es an unserer Schule nicht nur das gemeinsame Morgengebet, sondern auch – neben zahlreichen anderen – einen Gottesdienst zu Schuljahresbeginn, der von jeweils einer Fachschaft aus dem Kollegium gestaltet wird. Da sprechen dann Nicht-Religionslehrer Gebete, verkünden das Wort Gottes und halten eine Predigt.

Geschwisterlichkeit

Ein wesentliches Element der franziskanischen Spiritualität ist die Geschwisterlichkeit. »Wir verpflichten uns zu einem partnerschaftlichen Zusammenleben und -arbeiten (...) in gegenseitiger Wertschätzung und Verantwortlichkeit aller am Schulleben Beteiligten.« Wir bereiten nicht nur die Schulgottesdienste gemeinsam vor und pflegen dabei den Geist der Ökumene, sondern an allen wesentlichen Entscheidungen, die das Schulleben betreffen, sind neben den Lehrern auch Schüler und Eltern beteiligt. Zudem gibt es seit fast 20 Jahren ein Gremium, das sich »SCHELLE« nennt, in dem SCHüler, ELtern und LEhrer paritätisch vertreten sind und miteinander Fragen des Schullebens besprechen sowie Projekte planen und durchführen. Wir pflegen das Miteinander, indem Paten und Mentoren den jüngeren Schülern zur Seite stehen und Oberstufenschüler sie in den freien Zeiten des Ganztagsbetriebs betreuen. Franziskus hat einen Aussätzigen umarmt und einen Wolf gezähmt, indem er ihn »Bruder« nannte. Auch wir bemühen uns, junge Menschen in ihrem Anderssein anzunehmen, ihnen Raum zu geben, über ihre Probleme zu sprechen. So gibt es zum einen eine Sozialpädagogin an unserer Schule, daneben aber auch die Gelegenheit zum »Talk im Turm«, zum seelsorglichen Gespräch in einer Vertrauen erweckenden Atmosphäre.

Dialog als Weg zum Frieden

Franziskus suchte mitten in den Kreuzzügen den Dialog mit dem islamischen Sultan Melek el Kamil. Er war beeindruckt von der tiefen Gläubigkeit des anderen und die beiden schieden als Freunde. Erziehung, die sich an Franziskus orientiert, begegnet dem anderen mit Offenheit und Wertschätzung, sie verbindet Toleranz mit der Fähigkeit, einen eigenen Standpunkt zu vertreten. Dialogfähigkeit ist ein wichtiger Schritt zum Frieden. Kommunikationstraining gehört zum Konzept unserer Schule und Mentoren helfen bei der Schlichtung von Streitigkeiten. Dem inneren Frieden sowie der Versöhnung mit Gott und den Mitmenschen dient das Angebot zu Buße und Beichte. Zweimal im Jahr findet ein Bußgottesdienst statt, anschließend besteht die Möglichkeit zum Beichtgespräch.

Demut – Mut zum Dienst

Zum Leben des heiligen Franziskus gehören die Armut als bewusst gewählter Lebensstil und die Minoritas, das Mindersein. Erziehung in diesem Sinne wendet sich gegen Ellenbogenverhalten, Karrieredenken und Konsummentalität. Darum gibt es bei uns nicht nur in offenen Unterrichtsformen das Helferprinzip, sondern in der Jahrgangsstufe 11 auch das vierwöchige Sozialpraktikum, in dem die Jugendlichen in sozialen Einrichtungen alten, kranken und behinderten Menschen helfend zur Seite stehen. Großes Engagement gegen Armut – in welcher Form auch immer – zeigt die Schulgemeinschaft beim 24-Stunden-Lauf, der alle zwei Jahre stattfindet.

Ehrfurcht vor der Schöpfung

Bekannt ist die Liebe des heiligen Franziskus zur Natur. In ihr entdeckte er die Spuren Gottes; deshalb begegnete er ihr in geschwisterlicher Ehrfurcht. Franziskanische Erziehung und Bildung verknüpft das Wissen über die Natur mit der Verantwortung für die Schöpfung und lehrt das Staunen über ihre Schönheit. Dies geschieht u.a. beim Dünengottesdienst mit den Sechsern bei der Borkumfahrt, bei der Nachtwallfahrt durch das Siebengebirge und bei den verschiedenen Aktivitäten der Sport-Religions-Woche.

Pilger sein

Franziskus war kein Pädagoge im strengen Sinn, auch kein Religionspädagoge. Und doch gibt er uns auf der Suche nach Leitlinien für unser Bemühen in der Schulpastoral Orientierung. Sich von ihm inspirieren lassen, heißt nicht: das Ziel schon erreicht haben, sondern dahin unterwegs sein. Und auch das gehört zur franziskanischen Spiritualität: Wie ein Pilger auf dem Weg sein und auf dem Weg bleiben, weil es ein Ziel gibt, das sich lohnt.

Den Menschen dienen – eine Kurzformel ignatianischer Schulpastoral

von Pater Philipp Görtz SJ

Ausgangssituation

Im Anschluss an das Bischofsschreiben von 1996[1] sind im wissenschaftlichen Bereich in den letzten Jahren eine beachtliche Zahl von Publikationen zum Thema Schulpastoral erschienen. Dazu zählen an erster Stelle umfassende und grundsätzliche Arbeiten, die man gut und gerne verkürzt mit »Diakonische Schulpastoral«, »Mystagogische Schulpastoral«, »Pneumatologische Schulpastoral« oder »Systemtheoretische Schulpastoral« titulieren könnte.[2] Wenn im Folgenden Grundzüge eines Entwurfs »Ignatianischer Schulpastoral«[3] vorgestellt werden, so geschieht dies nicht als konstruktive Abgrenzung oder als kritische Alternative zur sonstigen Schulpastoral, sondern in der Hoffnung, dass ihr in der zukünftigen Diskussion vielleicht eine inspirierende Funktion in Bezug auf Theoriebildung und Konzeptentwicklung zukommt, so dass Schulpastoral an anderen kirchlichen und auch an öffentlichen Schulen davon profitieren könnte.

Ignatianischer Schulpastoral geht es um die umfassende Bildung des

---

1 Die deutschen Bischöfe: Schulpastoral: der Dienst der Kirche an den Menschen im Handlungsfeld Schule, in: Erklärungen der Kommissionen 16, hrsg. v. Sekretariat der Deutschen Bischofskonferenz, Bonn 1996.

2 Vgl. dazu allgemein G. Bitter, Schulseelsorge: Unterschiedliche Konzeptionen, in: LS 2, 2003, S. 70–77 sowie im Einzelnen etwa: J. Burkard, Schulpastoral als Beitrag zur Schulkultur: Eine theologisch-pneumatologische Handlungsorientierung. Dissertation, Universität Freiburg: Katholisch-Theologische Fakultät 2002 (01/2011: http://www.freidok.uni-freiburg.de/volltexte/484/); H. Demmelhuber, Sozialarbeit und Seelsorge in der Schule – Neue Wege der Kirche, Oberried 1999, 3. Aufl.; G. Lames, Schulseelsorge als soziales System: Ein Beitrag zu ihrer praktisch-theologischen Grundlegung, Stuttgart 2000; Roeger, Carsten: Mystagogische Schulpastoral: Grundlagen und Realisierungsmöglichkeiten, erschienen im Pro BUSINESS Verlag, Berlin 2009; Studieneinheiten Fort- und Weiterbildung Schulpastoral I.–X.: hrsg. v. d. Kirchlichen Arbeitsstelle für Fernstudien/Theologie im Fernkurs, Würzburg 1997–2003.

3 Vgl. dazu Ph. Görtz, Nach den Sternen greifen: Ignatianische Schulpastoral und Kollegsseelsorge – Konzeptionelle Erwägungen und Konkretisierungen, Bonn 2010, 2. Aufl. (erschienen bei www.lulu.de, erhältlich auch über den Autor).

Menschen und hat zwei große Ziele: Zum einen sollen Menschen dabei unterstützt werden, das eigene Leben zu bewältigen. Zum anderen soll es Menschen ermöglicht werden, sich voll und ganz zu entwickeln und zu entfalten, damit sie mehr und mehr zu dem werden können, was in ihnen an Möglichkeiten angelegt ist – oder religiöser ausgedrückt: was Gott in ihnen grundgelegt und was er für sie vorgesehen hat. Ignatius von Loyola, der Gründer des Jesuitenordens, fasst diese beiden Ziele unter dem Schlagwort ***adiuvare animas*** zusammen. Übersetzt heißt das: den Seelen helfen – also dem ganzen Menschen dienen.

Schlüsselbegriffe ignatianischer Spiritualität – Fundament des Bildungsengagement des Jesuitenordens

Das Engagement des Jesuitenordens im Bildungsbereich gründet vorrangig auf dem christlichen Menschenbild, das in allererster Linie biblische und damit jüdische Wurzeln hat. Im Schöpfungsbericht der Bibel heißt es: Gott hat den Menschen geschaffen. Er hat ihn also gewollt, geformt und gebildet – und zwar nach seinem Ebenbild. Bei allem Unterschied gleicht der Mensch seinem Schöpfer mehr als alle anderen Geschöpfe. Deswegen hat Gott ihn mit einer besonderen Würde ausgestattet (der Mensch ist einzigartig, frei und unantastbar) und er hat ihm einen besonderen Auftrag gegeben (Statthalter Gottes auf Erden soll er sein; d.h. er soll die Erde bebauen und kultivieren, über alle anderen Geschöpfe herrschen und allein Gott, seinem Herrn, dienen und Rechenschaft ablegen). Dieses grundsätzliche Menschenbild der Bibel soll sich in jedem einzelnen Menschen ausprägen oder eben aus-bilden.

Ignatianische Spiritualität erkennt Gott, den Schöpfer der Welt, als den Urheber aller Wirklichkeit, aller Wahrheit und allen Wissens an und weiß, dass er wirksam gegenwärtig ist in der ganzen Schöpfung: in der Natur, in der Geschichte und ganz besonders in den Menschen. Deshalb hält sie jedes Element der Schöpfung für wert, studiert und betrachtet zu werden. Alles ist prinzipiell geeignet, immer weiter erforscht zu werden. Das Studium der Schöpfung Gottes soll ein Gespür für das Wunderbare und das Geheimnisvolle der Dinge vermitteln. Denn umfassenderes Wissen über die Schöpfung vermag zu größerer Gotteserkenntnis und zu größerer Bereitschaft führen, mit Gott in seiner fortwährenden schöpferischen Tätigkeit mitzuwirken. Vielleicht besteht darin das

Höchstmaß dessen, wie der Mensch sich bilden kann. Der Ausgangspunkt und der Akzent ignatianischer Spiritualität besteht in der Annahme, dass die Welt und der Mensch als Schöpfung Gottes grundsätzlich gut sind. Zugleich weiß sie aber auch um die Begrenztheit, die Gebrochenheit und die Unvollkommenheit aller irdischen und menschlichen Existenz. Sie kennt all die Hindernisse und Abhängigkeiten, die es dem Menschen schwer machen, wirklich frei zu sein – für sich selbst und die eigene Entfaltung, für seine Mitmenschen und die Gemeinschaft mit ihnen sowie für Gott und die Beziehung zu ihm. Deswegen – so formuliert es die Bibel – hat Gott seinen Sohn, das getreueste Ab-Bild seiner selbst, in diese Welt gesandt. In Jesus Christus haben die Menschen ein ganz und gar göttliches und zugleich ganz und gar menschliches Vor-Bild. An Jesus Christus und seinem Leben lassen sich die Liebe und die Barmherzigkeit Gottes ablesen, er lebt in Solidarität mit den Leidenden und Benachteiligten und verbraucht sich im Dienst an den anderen. Als Christ soll man sich nach dem Vorbild und der Maßgabe Jesu Christi bilden lassen und selber bilden. Man soll ihn auf je eigene Weise nachahmen und so selber mehr und mehr Mensch werden, nicht für sich allein, sondern als Mensch für andere. Das ist es, was wir meinen, wenn wir sagen: Menschwerdung geschieht und gelingt in der Nachfolge Jesu Christi, im Vertrauen auf die Kraft und das Wirken des Heiligen Geistes und in der Mitarbeit am Reich Gottes.[4]

Zum Schlüsselbegriff der Menschwerdung gehören bei uns Jesuiten ganz besonders die **Exerzitien** bzw. die **Geistlichen Übungen**. Ignatius suchte in seinem ganzen Leben und Wirken danach, den Willen Gottes zu finden und ihn dann auch zu tun. Dabei orientierte er sich wesentlich an dem eben dargelegten Gottes- und Menschenbild. Seine Bedeutung für die christliche Bildungsarbeit besteht darin, dass er vor bald 500 Jahren mit den von ihm zusammengestellten **Geistlichen Übungen** ein Instrumentarium schuf, das es erlaubt, den Prozess der Menschwerdung zugleich einfühlsam und bestimmt zu begleiten. Dies geschah zunächst in den Exerzitien, also in einer Zeit der inneren Einkehr und Besinnung, der Meditation und des Gebetes, dann aber auch indem er die dort entwickelten Grundsätze und Überzeugungen in Prinzipien für den Umgang mit Jugendlichen im schulischen und universitären Lehrbetrieb transformierte.

---

4 Vgl. dazu Grundzüge jesuitischer Erziehung: Rom 1986, in: Wissen – Gewissen – Gespür: Dokumente zur ignatianischen Pädagogik, hrsg. v. Thomas Neulinger, Thaur 1998.

Ignatianische Spiritualität und Bildung

Ignatianische Bildung ist weniger ein Programm als vielmehr ein Prozess, an dem Schüler und Lehrer, Jesuiten und Nichtjesuiten gleichermaßen beteiligt sind. In mehrfacher Hinsicht wird der junge Mensch dabei in den Mittelpunkt gestellt: mit seiner grundsätzlichen Offenheit und Bereitschaft, mit seinen Interessen und seiner Wissbegier sowie mit seinen ganz eigenen Erfahrungen und Visionen. All dies stellt das Fundament und das Material dar für eine »umfassende intellektuelle, soziale, ethische und religiöse Bildung der ganzen Person«[5]: Jugendliche sollen ihr Potenzial ausschöpfen und ihre Fähigkeiten erweitern – und das nicht allein im Blick auf ihr eigenes Vorankommen, sondern im Blick auf ein gemeinschaftliches Voranschreiten mit anderen und für andere, im Sinne einer Veränderung der Welt hin zu mehr Gerechtigkeit und Friede.

Der Jesuitenorden engagiert sich im Bereich der Bildung deswegen so sehr, weil man der Ansicht ist, dass junge Menschen nicht nur danach streben, sich akademisch-wissenschaftlich zu bilden bzw. bilden zu lassen, sondern dass sie ein existenzielles Interesse und einen suchenden Idealismus mitbringen: Diese tragen dazu bei, dass Jugendliche Fragen nach den Ursachen und dem Sinn des Lebens und der Welt stellen, Fragen nach der Herkunft, der Identität und der Bestimmung des Menschen sowie nach Gott. In Zusammenarbeit mit anderen wollen Jesuiten junge Menschen begleiten. Das tun sie, indem sie sich selber zum personalen Angebot machen und indem sie auf authentische und gesprächsbereite Art die eigenen Überzeugungen und Visionen vermitteln. Eine von Jugendlichen akzeptierte Form der Begleitung ist die der Ermutigung, bei der ihnen Vertrauen entgegengebracht wird, bei der sie mit ihren Träumen und Visionen ernstgenommen werden und bei der man ihnen zutraut, nach den Sternen zu greifen, ohne dass ihnen sofort unterstellt wird, sie würden die Bodenhaftung und die verantwortungsbewusste Aufmerksamkeit für ihre Mitmenschen verlieren.[6]

Nun geht es dem Jesuitenorden keineswegs darum, an seinen Schulen Nachwuchs für den Orden zu rekrutieren oder aus den Schülern »kleine Jesuiten« zu machen. Vielmehr sollen junge Menschen dabei gefördert

---

5 Ignatianische Pädagogik: Ansätze für die Praxis: Rom 1993, in: Neulinger 1998, a. a. O., hier Abs. 8.

6 Vgl. dazu P.-H. Kolvenbach, Ignatianische Pädagogik heute (Ansprache in der Villa Cavalletti, 29. April 1993), in: Ignatianische Pädagogik 1993, a. a. O., Abs. 123.

werden, zu wachsen und sich zu entfalten, heranzureifen und zu sich selbst zu finden – und das in der Auseinandersetzung mit der Welt, in kritischer Distanz zu sich selbst, im Prozess der Wertfindung und Werterfahrung, in der Übernahme sozialer Verpflichtungen und im Bemühen um einen gelebten Glauben. Jesuitenschulen sind hierbei ein Raum, der Bildung ermöglicht und der Schülern die Gelegenheit bietet, ihren ureigenen Fragen nachzugehen und um Antworten zu ringen, den Umgang miteinander zu erproben, den eigenen Glauben zu prüfen sowie einen eigenen Weg zu suchen, der mehr und mehr zu einer tragfähigen Lebensentscheidung nach dem Willen Gottes führt.

Im Folgenden seien fünf Grundelemente ignatianischer Bildung skizziert, die für jedes schulpastorale Angebot maßgebend sind. Dabei ist vorab zu bemerken: Jede Art der Bildungsanstrengung wird in jesuitischer Tradition ***formatio*** genannt. Formung bedeutet nicht, dass man sich von jemandem in eine Form pressen lässt, sondern dass man einerseits bereit ist, sich behutsam formen zu lassen und dass man andererseits selbst gewillt ist, sich eine innere und äußere Form zu geben, die Maß nimmt an der Gestalt Jesu Christi.

Prinzip und Fundament – omnia ad maiorem Dei gloriam

Das erste und vorrangige Grundelement all unseres Tuns bezeichnen wir Jesuiten als ***Prinzip und Fundament***, das gilt auch für unsere Bildungsarbeit. Die Kurzformel unseres Wirkens lautet: ***omnia ad maiorem Dei gloriam*** – alles zur größeren Ehre Gottes. Deswegen ist das erste und letzte Ziel ignatianischer Bildung Gott; Gott in seinem Verhältnis zur Welt und in seiner Beziehung zum Menschen – nicht mehr, aber auch nicht weniger. Im Prozess der formatio geht es analog zu den ***Exerzitien*** zum einen darum, Gott in allen Dingen zu suchen und zu finden. Zum anderen gilt es nach Gottes Willen zu fragen und zu forschen. Dreh- und Angelpunkt all unserer pädagogischen, seelsorglichen und spirituellen Bemühungen ist die Beziehung zwischen Gott und Mensch: Gott, der den Menschen geschaffen hat, der es gut mit ihm meint, der ihn in sein schöpferisches Tun miteinbezieht, der ihn mit Freiheit ausstattet und ihm die Erde anvertraut – und der Mensch, der im Vertrauen auf Gott und aus dem Glauben an ihn seine Wege in Dankbarkeit und Ehrfurcht geht, der offen ist für den Anruf Gottes und bereit, ***zur größeren Ehre Gottes*** nach dessen Willen dienstbereit zu handeln, zu leben und zu lieben.

Ignatianische Bildung nimmt die anthropologischen und humanistischen Grundfragen »Wer ist der Mensch?« und »Was ist der Sinn menschlichen Lebens?« auf und führt diese Fragen weiter auf ein Ziel, das den Menschen transzendiert, auf ein Ziel, das allem menschlichen Tun seinen spezifischen Charakter und dem ganzen menschlichen Leben seinen Sinn verleiht. Ihr ist bewusst: Wer die Frage nach dem Menschen von der Frage nach Gott abtrennt, der erzeugt Unfreiheiten und begünstigt unter Umständen sogar Totalitarismen. Um dem zu wehren, bedarf es der Betrachtung des Geheimnisses des Gottmenschen Jesus Christus, denn in ihm begegnet einem auf dichteste Weise die Frage nach Gott und zugleich die nach dem Menschen; die Frage nach dem Leben und nach dem Sinn von Hingabe und Liebe.
Die ***formatio*** an Jesuitenschulen hat »im Letzten darum immer eine religiöse Zielrichtung«[7]. Sie soll junge Menschen dazu führen, die Wirklichkeit Gottes auf kognitive und affektive Art und Weise wahrzunehmen und dazu, die von Gott geschenkte Würde jedes seiner Geschöpfe anzuerkennen. Das bedeutet, ignatianische Bildung muss sich zum Prinzip machen, die Frage nach Gott und nach dem Sinn des Lebens wachzuhalten und junge Menschen mit Gott und Jesus Christus vertraut zu machen. Zugleich muss sie in ihnen ein religiöses Fundament legen, indem sie diese in der Haltung des Vertrauens, des Empfangens und der Dankbarkeit unterweist und unterstützt, damit sie lernen, ihr Leben als Gottesgeschenk und zugleich als Gotteslob zu erkennen und mehr und mehr bereit werden, ***alles zur größeren Ehre Gottes*** zu tun.

Menschen für andere – competentia, conscientia et compassio

Ein zweites Grundelement unserer Bildungsarbeit besteht darin, ***Menschen für andere*** zu bilden, Menschen, die sich umfassende Kompetenzen aneignen, die ein aufrichtiges Gewissen entwickeln und die ein feines Gespür dafür ausbilden, was notwendig bzw. Not-wendend ist. Ausgangspunkt bei der Verfolgung des Ziels ignatianischer Bildung ist der Mensch; der Mensch, der von Gott geschaffen wurde, nach dessen Eben-

---

7 St. Kessler, Die »Geistlichen Übungen« des Ignatius von Loyola und die Studienordnung der Jesuiten: Pädagogik aus den Exerzitien, in: R. Funiok,/H. Schöndorf (Hgg.): Ignatius von Loyola und die Pädagogik der Jesuiten: Ein Modell für Schule und Persönlichkeitsbildung, Donauwörth 2000, S. 44–53, hier S. 51.

bild und zu dessen Lob. Am Anfang steht ein grundsätzlich positives Menschenbild, das den Menschen mit seinen Fähigkeiten, seiner Freiheit und seiner Würde darstellt. Erst ausgehend davon lässt sich auch die Gebrochenheit menschlicher Existenz betrachten, zu der eben auch Unordnung, Ungerechtigkeit und Sündhaftigkeit gehören.

Im Prozess der ***formatio*** geht es zunächst darum, sich mithilfe der Gewissenserforschung mehr und mehr selbst zu erkennen und sein Leben zu ordnen, um frei zu werden von irdischen Zwängen und Abhängigkeiten. Des Weiteren geht es darum, frei und reif zu werden für eine persönliche Entscheidung, die darin besteht, auf den Ruf Jesu Christi eine lebendige Antwort geben zu können; also innerhalb der Nachfolge Christi seine eigene, besondere Berufung zu entdecken, seine Anlagen und Kompetenzen zu entfalten und so ganz Mensch zu werden. Schließlich geht es darum, zu einem ***Menschen für andere und mit anderen*** zu werden, wozu Jesus Christus, der sein ganzes Leben für Gott und für die Menschen hingegeben hat, Vorbild und Beispiel ist. Der Kernpunkt all unserer pädagogischen, seelsorglichen und spirituellen Bemühungen besteht darin, Menschen zu bilden, die ihre Begabungen als von Gott geschenkt betrachten, die an ihnen arbeiten und die diese gewissenhaft und solidarisch einsetzen.

Ignatianische Bildung macht sich die pädagogische Grundfrage »Wie soll der Mensch werden, mit anderen leben und mit ihnen Welt und Zukunft gestalten?« zueigen. Sie stellt diese Frage allerdings auf der Grundlage des christlichen Menschenbildes im Kontext des kirchlichen Glaubens. Ihr liegt daran, Menschen heranzuziehen, die aufgrund ihrer Freiheit Verantwortung übernehmen. Sie will in einem ganzheitlichen Sinne »men and women of competence, conscience and compassion«[8] bilden, die zu einem gelebten christlichen Glauben hingeführt werden.

Die ***formatio*** an Jesuitenschulen partizipiert am größeren Sendungsauftrag des Ordens, der eine Option für Glaube und Gerechtigkeit sowie

---

8 Kolvenbach 1993, a. a. O., Abs. 116–158, hier Abs. 120. Dieser Terminus wird unterschiedlich wiedergegeben bzw. interpretiert: vgl. dazu Funiok; Schöndorf 2000, a. a. O., S. 14: »Männer und Frauen, die sich auszeichnen durch intellektuelle Bildung, persönliches Verantwortungsbewusstsein und solidarisches Einfühlungsvermögen« und Neulinger 1998, a. a. O.: »Männer und Frauen mit Wissen, Gewissen und Gespür«. Eine gute Interpretation und Ausformulierung der drei Begriffe findet sich bei F. Pflüger, Menschen für andere: Grundzüge Ignatianischer Pädagogik, in: Aus dem Aloisiuskolleg 2006/07, hrsg. v. Aloisiuskolleg. Bonn, S. 38–46, hier S. 40–45.

für den interkulturellen und interreligiösen Dialog getroffen hat. Sie weiß sich der Frage nach der Gerechtigkeit verpflichtet. Das bedeutet mehr als Almosengeben; denn in der Gerechtigkeit Gottes steckt eine Zuwendung zu den Armen, Schwachen und Benachteiligten und zwar auf eine Weise, dass sich etwas an deren Situation ändert. Jeder pädagogische Einsatz für Glaube und Gerechtigkeit und Dialog macht sich darum zur Aufgabe, zusammen mit jungen Menschen ungerechte Strukturen zu analysieren und sie zu einem gerechten Handeln zu ermutigen und anzuleiten. Jeder Einsatz für Gerechtigkeit ist auch in der Schule von Bedeutung, denn selbst die kleinen und unscheinbaren und vielleicht nur partiellen Erfolge sind unserem Glauben gemäß Frucht der Erlösung Jesu Christi und Zeichen für das angebrochene Reich Gottes.

Leitung und Begleitung – alumnorum cura personalis

Ein drittes Grundelement unserer Bildungsarbeit besteht darin, dass diejenigen, die uns anvertraut sind, geleitet, angeleitet und begleitet werden. Wir bezeichnen das als ***cura personalis***, als Sorge um den Einzelnen. Hilfe und Unterstützung zum Erreichen des Ziels ignatianischer Bildung erfährt der Mensch in Form von Leitung und Begleitung. Im Prozess der ***formatio*** orientiert sich die ***cura personalis*** am Modell der interpersonalen Kommunikation aus den ***Geistlichen Übungen***. Dort soll der Exerzitienbegleiter beim Übenden eine eigene religiöse Erfahrung wecken oder helfen, dass er sie entdeckt. Das erfordert pädagogisches Geschick sowie Achtung vor der Würde und Freiheit des Übenden. Der Begleiter soll wie bei einer Waage in der Mitte stehen und sich weder zu der einen noch zu der anderen Seite hin neigen. Er soll vielmehr »unmittelbar den Schöpfer mit dem Geschöpf wirken lassen und das Geschöpf mit seinem Schöpfer und Herrn«[9]. Dazu muss er um den Seelenzustand des Übenden wissen, damit er geeignete Mittel geben und die Übungen je nach dessen persönlicher Situation anpassen kann. Und wenn der Übende eine Wahl trifft, muss er dessen Entscheidung voll und ganz respektieren und auch sonst soll er dabei keine Vorschriften, Ratschläge und Ermahnungen geben. Wichtigste Voraussetzung für gute ***Exerzitien*** ist ein prinzi-

---

9 Geistliche Übungen 15, zitiert nach: Ignatius von Loyola:/Gründungstexte der Gesellschaft Jesu, übers. v. Peter Knauer (= Deutsche Werkausgabe II.), Würzburg 1998.

pielles und gegenseitiges Vertrauensverhältnis zwischen dem Exerzitienbegleiter und dem Übenden, sowie das gemeinsame Verlangen, die Wahrheit und den Willen Gottes zu finden.
Ignatianische Bildung nun nimmt die freiheitlichen und individuellen Akzente neuzeitlicher Pädagogik auf, ohne in die Falle der Beliebigkeit bzw. des egozentrischen Individualismus zu tappen. Stattdessen sorgen Lehrende, Erziehende und Seelsorger persönlich für jeden, der ihnen anvertraut ist, indem sie den Einzelnen in seiner Entwicklung unterstützen und unterweisen, indem sie für ihn Interesse zeigen und Zeit haben, indem sie sich nicht scheuen, ihm nachzugehen und nachzufragen, allerdings ohne dessen Privatsphäre zu missachten oder ihn in Abhängigkeiten zu bringen sowie indem sie eine Erziehung zu Freiheit und Eigenverantwortung verfolgen.
Die ***formatio*** an Jesuitenschulen ist geprägt von der Sorge um den einzelnen Menschen. Dies wird zum einen dort deutlich, wo einem Heranwachsenden grundsätzliches und voraussetzungsloses Wohlwollen entgegengebracht wird und er erfährt, dass er persönlich begleitet und unterstützt wird. Dies schließt nicht aus, dass es auch zu Konfliktfällen kommt. Dann ist es wichtig, genau hinzuhören und hinzusehen sowie um ein richtiges bzw. besseres Verständnis zu ringen. Mit Verbesserungen oder Ratschlägen soll man sparsam umgehen und sich bemühen, sie ausschließlich in Liebe einzusetzen. Schließlich gehört zur ***cura personalis*** die Grenzsetzung und zwar als pädagogische Maßnahme – in dem Sinne, dass derjenige, dem mit anderen Mitteln nicht mehr geholfen werden kann, sich selber rette. Die Sorge um den Einzelnen zeigt sich zum anderen darin, dass der Schüler eine Anleitung zur Selbstleitung erfährt. Pädagogisch und seelsorglich zurückhaltend ist dabei die Freiheit des Schülers zu wahren und dessen eigener Erkenntnisprozess über eine bloße Vermittlung von außen zu stellen. Der Lernstoff soll möglichst knapp und nicht im Übermaß dargeboten werden, es wird Wert darauf gelegt, dass sich der Schüler mit dem zu Lernenden eigenständig und kreativ auseinandersetzt, um so selber Geschmack an der Sache zu bekommen – denn nicht das viele Wissen sättigt und befriedigt die Seele, sondern das Innerlich-die-Dinge-Verspüren-und-Schmecken. Des Weiteren sollen die Schüler zur Übung angeregt werden, wobei es darauf ankommt, dass Heranwachsende nicht allein die kognitiven Unterrichtsinhalte einüben. Ihnen soll vielmehr und zunehmend klarer werden, dass sich auch andere Dinge methodisch trainieren lassen: etwa der Umgang miteinander, mit Konflikten, mit Verantwortung und mit Vertrauen. Das soll geübt wer-

den, um sich Werte und Überzeugungen anzueignen bzw. um sich auf Lebenseinstellungen vorzubereiten.[10]

Lieben und Dienen – magis

Ein viertes Grundelement unserer Bildungsarbeit besteht darin, dass alle, die am Bildungsprozess beteiligt sind, ihr Tun mehr und mehr unter das Vorzeichen der Liebe und des Dienstes stellen. Wir bezeichnen dieses Mehr als ***magis***. Die innere Antriebskraft zur Verfolgung des Ziels ignatianischer Bildung ist das Streben nach dem ***magis***. Wir streben danach, Gott das je größere Lob darzubringen, indem wir uns mühen, Gott und den Menschen auf je bessere Weise dienen. Im Prozess der formatio ist allerdings darauf zu achten, dass das ***magis*** nicht missverstanden wird. Es geht nicht darum jeweils größere Taten zu vollbringen oder immer mehr zu arbeiten oder zu meinen, wir müssten uns selbst ständig überbieten. In den ***Exerzitien*** ist das ***magis*** kein »»mehr« auf einer absoluten Skala, die für alle gleich ist«[11], sondern das ***magis*** nimmt Maß an den besonderen Begabungen und an der Kapazität des je Einzelnen.
Ignatianische Bildung weiß um die Spannung von Leistungsbereitschaft und Leistungsdruck, in der junge Menschen stehen. Sie weiß auch um die Ansprüche, die von Seiten der Eltern und der Gesellschaft an sie herangetragen werden. Obwohl sie die besondere Exzellenz und Einzigartigkeit des Einzelnen fördert, will sie weder sozio-ökonomische noch rein akademische Eliten heranziehen. Ihr geht es vielmehr darum, »soziale Eliten«[12] im Sinne einer außergewöhnlichen Menschlichkeit bilden, also Menschen, die nach dem ***magis*** streben, indem sie sich für die Armen und Benachteiligten einsetzen und sich darin durch größere Liebe und größere Hingabe auszeichnen.
Die ***formatio*** an Jesuitenschulen zielt zwar auf das Außergewöhnliche, richtet sich jedoch nach dem Potenzial und der Fassungskraft des Einzelnen und knüpft an dessen Fähigkeiten, Begabungen und Interessen an.

---

10 Vgl. dazu: K. Mertes, Konkrete Anregungen zur Schulpädagogik aus den Exerzitien, in: engagement 1999/4, S. 361–379, hier S. 361 f.

11 T. Specker, Ist »immer mehr« immer mehr?: Zum Verständnis des ignatianischen »magis«, in: GuL 77/2, 2004, S. 140–153, hier S. 145.

12 Vgl. dazu: M- Kehl, Seelsorge für »Kinder und einfache Menschen«, in: Ignatianisch: Eigenart und Methode der Gesellschaft Jesu, hrsg. v. Michael Sievernich; Günter Switek, Freiburg i. Br. 1990, S. 557–569, hier S. 568.

Sie will den Heranwachsenden befähigen und darin unterstützen, sich umfassend zu bilden und das *magis* im Größeren, Besseren und Schöneren anzustreben, sofern es Gott dient und den Menschen hilft. Es ist wichtig, zu betonen, dass das Außergewöhnliche, das angestrebt werden soll, »im »Wofür« der Leistungen«[13] liegt und dass es berechtigt, zu widersprechen und Fragen zu stellen, sich auch gegen Autoritäten oder gegen den »mainstream« solidarisch für andere einzusetzen sowie Spannungen und Anfeindungen auszuhalten. Mit anderen Worten: Das Wofür des *magis* muss auf Wahrheitsliebe, Zivilcourage und Widerstandsfähigkeit zielen, auf Weisheit, Urteilsfähigkeit, Souveränität und die Offenheit für Transzendenz.

Methode und Vorgehensweise – noster modus procedendi

Ein letztes Grundelement unserer Bildungsarbeit beschreibt die besondere Art und Weise unseres Vorangehens; wir nennen das den *modus procedendi*. Die Mittel zur Erlangung des Ziels ignatianischer Bildung finden sich in der Weise des Vorangehens, die der Gesellschaft Jesu eigen ist. Obwohl sich diese in erster Linie auf die Sendung des Ordens bzw. der einzelnen Jesuiten bezieht, sind auch diejenigen mit angesprochen, die im Einsatz mit ihnen zusammenarbeiten. *Noster modus procedendi* bezieht sich sowohl auf das äußere Handeln als auch auf eine innere Haltung und bedeutete für die ersten Jesuiten »eine konstante, von der Gruppe als sachgemäß erfahrene, bewusst übernommene und nun gemeinsame Art und Weise, sich von einer apostolischen Grundeinstellung her Ziele zu setzen, auf sie hin zu handeln und in diesem Handeln Fortschritte zu machen«[14].

Um als ignatianisches Vorangehen qualifiziert zu werden, kommt es im Prozess der *formatio* darauf an, bei der Sendung gemeinsam zu unterscheiden und zu analysieren, worin die praktischen Voraussetzungen dafür bestehen, welche Methoden der Prüfung erforderlich und welche Haltungen und Verhaltensmuster angebracht sind. Das erste und wichtigste Merkmal allen pädagogischen und seelsorglichen Vorangehens muss eine tiefe Christusbeziehung sein, die sich in Liebe und Hingabe zu Jesus äu-

---

13 M. Saulek, Jesuitenpädagogik und Elitebildung, in: engagement 1999/4, S. 396–400, hier S. 398f.

14 P. Knauer, »Unsere Weise voranzugehen« nach den Satzungen der Gesellschaft Jesu, in: Sievernich; Switek. 1990, a.a.O., S. 131–148, hier S. 132.

ßert und darin, Gott in allen Dingen suchen und finden zu wollen. Dies kann mithilfe der Unterscheidung im Gebet gefördert werden, wobei Erfahrung, Reflexion, Entscheidung und Handeln mit einfließen. Zu den weiteren Kennzeichen gehört eine Solidarisierung mit denjenigen, die am meisten Not leiden – und das nicht nur auf helfende und gebende, sondern auch auf empfangende Weise, indem man bereit ist, etwas über die eigene Bedürftigkeit und Armut zu lernen. Eine wesentliche Dimension heutzutage voranzugehen besteht darin, eine apostolische und kirchliche Gemeinschaft zu bilden sowie partnerschaftlich zusammenarbeiten zu wollen und sich dabei von vielfältigen Erfahrungen, Begabungen und Perspektiven bereichern zu lassen. Um jeweils angemessener helfen zu können, sind des Weiteren Anpassungsfähigkeit und Beweglichkeit erforderlich, ein hohes Maß an eigener Bildung, um das Gute in der gegenwärtigen Kultur zu achten und zu schätzen sowie um zu den negativen Aspekten ebendieser Kultur kritisch Alternativen vorschlagen zu können, dazu der Wille, diesen gleichen Geist der Sendung bei anderen hervorzurufen als auch die Bereitschaft, pilgernd nach dem ***magis*** zu suchen, »der immer größeren Ehre Gottes, dem immer umfassenderen Dienst am Nächsten, dem allgemeineren Wohl, den wirksameren apostolischen Mitteln«.[15]

Ignatianische Bildung legt im Anschluss an eine ganzheitliche Pädagogik Wert auf permanentes Üben, beständig neues Experimentieren sowie lebenslanges Lernen. Bei all dem soll der Heranwachsende lernen, das Erlebte zu reflektieren, indem er nachdenkt, verspürt und verkostet. Es wird Wert darauf gelegt, die eigenen Erfahrungen, das eigene Handeln sowie die eigenen Verhaltensweisen und Reaktionen zu betrachten und sich so immer besser kennenzulernen, denn die Selbsterkenntnis betrachtet Ignatius »als Grundelement, um in eine persönliche Beziehung zu Gott einzutreten«[16]. Zu mehr Selbst-, Welt- und Gotteserkenntnis gelangen Heranwachsende, wenn sie in der Urteilsfähigkeit nicht nur kognitiv geschult werden, sondern wenn das Urteilen bei ihren eigenen Erfahrungen ansetzt, an ihren inneren Reaktionen anknüpft und schließlich für sie handlungsrelevant wird.

Die ***formatio*** an Jesuitenschulen bezeichnet ihre Weise des Vorangehens als ***Ignatianisches Pädagogisches Paradigma***, dem der Dreischritt ***Erfahrung*** –

---

15 Vgl. dazu: 34. Generalkongregation der Gesellschaft Jesu, Dekret 26, v.a. die Nummern 3–27.

16 R. García-Mateo, Das Pädagogische in den Geistlichen Übungen, in: Funiok; Schöndorf 2000, a.a.O., S. 27–43, hier S. 41.

Reflexion – Handeln zugrunde liegt, der jeweils in einen bestimmten ***Kontext*** eingebettet ist und mit einer ***Auswertung*** abschließt. Dreh- und Angelpunkt ist die ***Reflexion***. Unter methodischer Rücksicht ist festzuhalten, dass Schule daran arbeiten soll, »dass die Lerngegenstände Erfahrungscharakter bekommen, damit Reaktionen ausgelöst werden, auf die sich dann der Reflexionsprozess beziehen kann«[17].

Ignatianische Schulpastoral – eine praktische Umsetzung von Spiritualität und Bildung in den Schulen des Jesuitenordens

Um die fünf vorgestellten Grundelemente ignatianischer Bildung etwas plastischer zu veranschaulichen, will ich ein paar Beispiele vorstellen, wie sich das Verständnis von Spiritualität und Bildung in den Schulen des Jesuitenordens praktisch und konkret umsetzt. Man kann diese Beispiele jeweils der Schulpastoral zuordnen, darf dabei allerdings nicht erwarten, hier ein fertiges schulpastorales Curriculum ignatianischer Prägung vorzufinden.

Die religiöse Dimension des Lebens

Natürlich soll das gesamte Tun aller am Bildungsprozess Beteiligten ***zur größeren Ehre Gottes*** geschehen. Die religiöse Dimension von Bildung wird an Jesuitenschulen allerdings besonders deutlich, wenn man auf die religiösen Angebote achtet, die den Schulalltag durchziehen. So beginnen die Schüler zusammen mit ihren Lehrern jeden Schultag mit einem Gebet. Im Zwei-Wochenrhythmus besuchen die Schüler jahrgangsweise einen Gottesdienst. Der Religionsunterricht ist bis zum Abitur verpflichtend. Für die älteren Schüler werden Besinnungstage oder Tage im Kloster angeboten. Alles in allem sollen die Schüler sich auch in ihrem je eigenen Glauben entwickeln und bilden können. Das bedeutet, sie sollen sich mit den eigenen Überzeugungen und denen anderer auseinanderset-

[17] K. Mertes, Reflexion – Über die Bedeutung des Gelernten nachdenken: Zum Lernbegriff aus der Perspektive ignatianischer Pädagogik, Vortrag in Berlin, gehalten am 31. Mai 2002.

zen, einen eigenen Standpunkt gewinnen und sich eine persönliche Glaubenspraxis aneignen.

Soziales Engagement

Wenn die Schüler unsere Schulen verlassen, dann hoffen wir, dass sie eines ganz sicher mitgenommen haben werden; nämlich dass es im Leben darauf ankommt, ein ***Mensch für andere und mit anderen*** zu werden. In der Schule üben sich die Schüler darin, wenn sie in abgestufter Form Verantwortung speziell für andere übernehmen. Das tun sie als Klassensprecher und in der Schüler-Vertretung und noch dezidierter, wenn sie sich als Mentoren für jüngere Schüler engagieren. Am deutlichsten und intensivsten tritt das soziale Engagement während eines vierwöchigen Sozialpraktikums zutage. Dort tun sie einen Dienst an Menschen, die alt oder gebrechlich sind oder die im Sterben liegen. Andere kümmern sich um Behinderte, um Menschen, die in eine Notlage geraten sind oder die anderweitig benachteiligt werden. Für die überwältigende Mehrheit unserer Schüler ist die Zeit des Sozialpraktikums die Zeit an der Schule, in der sie fühlen und erfahren, dass sie gebraucht werden, dass sie helfen können und etwas Sinnvolles tun.

Geleitet und begleitet werden

Schüler, die für eine Zeit lang eine Schule im Ausland besucht haben und wieder zu uns zurückkommen, berichten immer wieder begeistert von dem, was sie dort erlebt und erfahren haben. Bei den meisten klingt aber auch durch, was sie dort vermisst haben – und das ist die ***persönliche Ansprache***, das Gefühl, dass man sich für sie interessiert und sie ernst nimmt. An Jesuitenschulen bekommen die Schüler zu spüren, dass die Pädagogen sich um den Einzelnen sorgen, indem sie etwa nach den Hintergründen schlechter Noten, einsilbiger Antworten oder rüpelhaften Verhaltens fragen und dies auch berücksichtigen, wenn es darum geht, den Schüler bei der Bewältigung etwaiger Probleme zu unterstützen. Ein besonderes Angebot an Jesuitenschulen ist die Einrichtung der Schulseelsorge, in der Menschen als Ansprechpartner zur Verfügung stehen, die dafür besonders ausgebildet und in gewissem Sinne für diese Aufgabe freigestellt sind.

Lieben und Dienen

Ein Stachel im Fleisch ist für Jesuiten sicherlich, dass wir immer wieder hart daran arbeiten müssen, das ***magis*** konkret in Tat umzusetzen. Zu häufig wird dieses immer noch missverstanden als ein Mehr an Leistung, Einfluss und Reichtum. Wer in Deutschland eine Jesuitenschule besucht, wird meist pauschal zur Elite gezählt und als Eliteschüler abgestempelt. Uns muss es jedoch darum gehen, bei den Visionen und Idealen unserer Schüler anzusetzen und diese dazu anzuregen, an einer besseren Welt mitzuarbeiten, in der Friede, Gerechtigkeit und Freiheit sowie die die Achtung voreinander und die Solidarität miteinander mehr zählen, als der persönliche und letztlich egoistische Erfolg. Es gibt Schüler unserer Schulen, die sich dies auf die Fahnen geschrieben haben, die ihre Ferien als Freiwillige in Hilfsprojekten rund um die Welt verbringen. Indem sie davon erzählen und andere zu ähnlichen Taten motivieren, werden sie zu Multiplikatoren einer Kultur der Liebe und des Dienstes.

Methode und Vorgehensweise

Zum Schluss sei in der Reihe der aufgezählten Konkretisierungen nochmals auf ***unsere Weise des Vorangehens*** hingewiesen. Diese wird überall dort praktisch umgesetzt, wo wir an unseren Schulen üben – und auch das Üben will geübt sein. »Übung macht den Meister« oder »repetitio est mater studiorum«, das gelingt unserer Meinung nur dann, wenn man bei den Vorerfahrungen der Übenden ansetzt, wenn man etwas ein-übt und dann auch aus-übt, also immer wieder wiederholt, und wenn man schließlich das, was man geübt hat ständig reflektiert, wenn man also bereit ist, selbstkritisch zurückzublicken und Fremdkritik anzunehmen sowie Veränderungen und Verbesserungen vorzunehmen.

»Für mich heißt Leben: Mit euch sein« – Assistenz als Kategorie der salesanischen Schulpastoral

Simone Honecker

Was bedeutet Assistenz?

»Für mich heißt Leben: Mit euch sein«, so formuliert es Don Bosco prägnant. Dies ist die Kurzformel, für das, was die Salesianer Don Boscos unter »Assistenz« verstehen.

Der folgende Beitrag ist eine gekürzte, leicht überarbeitete Fassung dessen, was auf der Homepage der Salesianer unter diesem Stichwort zu finden ist:

»Das Wort Assistenz gilt als ein Schlüsselwort der Spiritualität und Pädagogik Don Boscos. In ihm bündelt sich das, was Johannes Bosco seinen Nachfolgern als Erbe hinterlassen hat.«[1] Assistenz bedeutet seinem ursprünglichen Wortsinn nach soviel wie Gehilfe, Mitarbeiter. Jeder kennt den Begriff des »Assistenzarztes« oder der Assistentin eines Firmenchefs. »Don Bosco meint mit dem Assistenten (der Assistentin) in erster Linie den Erzieher (die Erzieherin), der (oder die) dem jungen Menschen begleitend zur Seite stehen soll. Dabei stellt er das Rollenverständnis geradezu auf den Kopf, denn der Erfahrenere wird beim ihm zum Assistenten des Jüngeren und weniger Erfahrenen.

Assistenz bedeutet für den Jugenderzieher eine spürbare und tätige Liebe, die sich in einer Pädagogik der Anwesenheit ausdrückt.« Dabei geht es Don Bosco nicht um Kontrolle der Jugendlichen, sondern um »wohlwollende, animierende und förderliche Anwesenheit des Erziehers unter den jungen Menschen«. »Assistenz im Geiste Don Boscos beginnt mit dem aufmerksamen Wahrnehmen dessen, wo die jungen Menschen stehen, was ihre Ressourcen sind und wessen sie bedürfen, um sie im Bedarfsfall auf angemessene Weise zu unterstützen und zu fördern. Der Assistent weiß dabei gut zu unterscheiden, wann sein aktives Handeln gefordert ist und wann er sich zurücknehmen muss, um dem Jugendlichen Raum zum

---

[1] Alle Zitate dieses Abschnitts stammen von der Homepage der Salesianer Don Boscos: www.donbosco.de. Pater Reinhard Gesing SDB hat unter der Überschrift »Don Bosco – Das Stichwort« einige der wesentlichen Begriffe der Pädagogik Don Boscos erläutert. Hier wird aus seinem Beitrag zum Stichwort »Assistenz« zitiert.

eigenverantwortlichen Entfaltung zu geben. Er braucht darum auch die Don Bosco so sehr am Herzen liegenden pädagogischen Grundhaltungen: ein spürbares Interesse am jungen Menschen und für das, was sie bewegt; die Bereitschaft, Zeit mit ihnen zu teilen; den Glauben an ihren guten Kern; die Geduld für ihre Such- und Wachstumsprozesse.«

Was bedeutet dies im schulpastoralen Alltag

Vier Oberstufenschülerinnen sitzen vor dem Rechner. »Sollen wir diesen Filmausschnitt nun auch noch nehmen? Ist vielleicht zu heftig?« »Ich bin dafür, und ihr?« »Frau Honecker, was meinen Sie denn?« Eine Weile hatte ich still daneben gesessen, während die Schülerinnen der Liturgie AG Elemente für den Gottesdienst vorbereiten. Sie haben sich bewusst für ein schweres Thema entschieden. Sie wollen einen Klagegottesdienst gestalten zum Thema Missbrauch in der Kirche.

Nun bin ich gefragt. Meine Meinung möchten sie hören, aber die Entscheidungen für oder gegen ein Element treffen sie selbst. Meine »Assistenz« besteht darin, sie zu bestärken, dass es gut ist, ein solches Thema vorzubereiten. Das Wichtigste ist aber, sie wirklich machen zu lassen. Als ich die Gruppe neu übernahm, wollte ich eifrig Ideen und Vorschläge einbringen, dachte, die Gruppe braucht doch »Input« von mir, was thematisch in den Gottesdiensten geht, wie man einzelne Elemente gestalten kann. Ich habe schnell gelernt, mich zurückzunehmen. Ich vertraue in ihr Gespür für den richtigen Ton, der auch die anderen Schüler/innen aus der Oberstufe ansprechen wird. Assistenz kann dann auch mal nur bedeuten, einen Raum mit Internetzugang zu organisieren. Und dennoch, diese Art der Zusammenarbeit schafft ein besonderes Miteinander. Mein Zutrauen in ihre Fähigkeiten lässt ihr Vertrauen wachsen und längst geht es in den Gesprächen nicht nur mehr um Fürbitten oder eine PowerPoint-Präsentation zum Einstieg.

Assistenz als Zutrauen fördert einen vertrauensvollen Umgang zwischen Lehrern und Schülern.

»Haben Sie heute mal kurz Zeit?«, fragt mich eine Schülerin aus der 10. Jahrgangsstufe. Sie macht schon seit Tagen einen bedrückten, belasteten Eindruck und ich hatte ihr signalisiert, dass sie sich an mich als Schulseelsorgerin wenden kann, falls sie ein vertrauliches Gespräch wünscht. Sie braucht jemanden, der sie alles erzählen kann, was sie der-

zeit belastet. Zuhören, aufmerksam sein, für sie da sein, das ist im ersten Moment das, was sie am nötigsten braucht.
Zeit mit Schüler/innen teilen gehört zum Schulprogramm einer salesianischen Schule. Neben den Klassen- und Kursfahrten werden Skifreizeiten und Sommerfreizeiten angeboten, die von Lehrer/innen und Salesianern gestaltet und von engagierten Eltern begleitet werden. Hier wird Assistenz beim gemeinsamen Spielen, am Lagerfeuer oder auf der Wanderung erfahrbar und lebbar.
Manches mag selbstverständlich, fast banal klingen. Doch in der salesianischen Spiritualität ist das Entscheidende die Haltung, mit der ich bereit bin, mich als Assistent/in der SchülerInnen herausfordern zu lassen.
Assistenz ist wertvolle Unterstützung für die SchülerInnen, um ihre Lebenssituation bestmöglich meistern zu können. Gerade in einer Zeit, in der viele Familien zerbrechen, in der beide Elternteile arbeiten müssen, sind diese Erfahrungen der Verlässlichkeit notwendig und wichtig. Aber Assistenz ist keine »Einbahnstraße«, beschenkt werde auch ich, dadurch, dass Kinder und Jugendliche bereit werden, ein Stück ihres Lebens und ihrer Geschichte mit mir zu teilen.

»Wir sind alle verpflichtet, uns gegenseitig zu helfen, den Himmel zu erlangen.« – Zu den Grundlagen der pallotinischen Schulseelsorge

P. Christian Stumpf SAC

Pallottinische Schulseelsorge im Alltag am Beispiel des St. Paulusheims Bruchsal

Das pallottinischen Profil des St. Paulusheims

Das St. Paulusheim in Bruchsal wurde im Jahr 1922/23 als Internatsschule von den Pallottinern erbaut. Dieser apostolischen Gemeinschaft, die aus Priestern und Brüdern besteht, geht es gemäß den Grundgedanken ihres Gründers, des italienischen Priesters Vinzenz Pallotti (1795–1850) in ihrem Wirken immer darum, wo im Umfeld einer pallottinischen Niederlassung sich Herausforderungen zeigen und wie man ihnen begegnen kann. Das Engagement der Pallottiner richtete sich im Falle des St. Paulusheims also auf das apostolische Wirken in Bruchsal und Umgebung. Dazu gehören bis heute mit Sicherheit z. B. die priesterlichen Vertretungsdienste in den umliegenden Seelsorgeeinheiten, im Krankenhaus und Altenheim, aber auch Klinikseelsorge sowie das Engagement in Schule und Jugendarbeit.

Von ihrem Gründer her, der auch in der Jugendseelsorge tätig war, ist es uns Pallottinern ein zentrales Ziel, Kinder und Jugendliche auf ihrem Lebensweg zu begleiten, sie wissenschaftlich zu bilden und nach christlichen und humanen Werten zu erziehen. Auch soll jeder und jede dazu befähigt werden, seine/ihre Talente und Begabungen besser kennen zu lernen und als Gaben zu verstehen, die Gott jedem Einzelnen[1] gegeben hat. Durch diese Gaben kann nach Pallottis Verständnis jeder mitwirken, Gottes Botschaft wie ein »Apostel« weiterzugeben, sodass der Glaube hilft, Leben bewusst und verantwortlich zu gestalten. Aber Schulseelsorge ist nicht »nur« Schülerseelsorge, sie will auch Ansprechpartner sein für alle, die im Raum der Schule arbeiten und mit Schule zu tun haben, also

---

1 Aus Gründen der besseren Lesbarkeit benutze ich im Folgenden die männliche Form, in welcher ich die weiblichen Personen und Gruppen impliziert sehen möchte.

spricht sie auch Lehrer, Eltern und Familien sowie ehemalige Schüler und deren Eltern gezielt an.

Die offene Tür der Schulseelsorge als Grundlage unserer Arbeit

Da die »Gesellschaft vom allgemeinen Apostolat« die Idee Pallottis vertritt, dass jeder Mensch Abbild Gottes und jeder Christ ein Apostel sein kann, der Jesu Frohe Botschaft in und durch sein Leben verkündet, möchten die Pallottiner Jugendlichen helfen, später als Erwachsene selbst ihre Aufgabe in Kirche und Welt wahrzunehmen und als mündige Christen aktiv zu werden. Dazu ist eine Präsenz im Alltag notwendig, die Gastfreundschaft und offene Türen bietet. Die offene Tür des Schulseelsorgebüros ist dafür ein sichtbares Zeichen, das sagen möchte: Komm herein und sei Gast. Wie auch immer du dich fühlst, was auch immer du mitbringst, du bist hier willkommen. Deshalb sind die Zeiten am Vormittag wichtig und sie werden auch von vielen Schülern, Lehrern und auch Eltern genutzt. Hier kommen Probleme zur Sprache, hier tauscht man sich aus, hier kommen Schüler untereinander und auch mit Lehrern immer wieder ins Gespräch, ein gegenseitiges Kennenlernen und Verstehen wird vertieft. Auch Glaube und Gemeinschaft haben hier im wahrsten Sinn des Wortes ihren »Raum«, selbst wenn z. B. bei einem Trauerfall oder der Sorge um Einzelne nicht alles ins Wort gebracht werden kann, sondern auch einmal Zeit ist für Schweigen und Gebet.

Die Angebote der Schulseelsorge

Anliegen der Schulseelsorge sind neben Religionsunterricht, Meditationsstunde, Kontakten mit der SMV, Besinnungswochenenden mit Klassen, Missionsfesten und Familientagen, Besinnungstagen für Eltern, Wallfahrt, Schulgottesdiensten und Frühschichten auch immer mehr das regelmäßige spirituelle Angebot im Schulalltag sowie bei besonderen Anlässen. Dazu gehören die Kar- und Ostertage, das Abi-Beten am Abend vor den schriftlichen Prüfungen oder die Fahrt nach Taizé an Pfingsten.
Aber auch Ereignisse, die oft völlig unerwartet in den Alltag einbrechen, will die Schulseelsorge aufnehmen und Räume anbieten, die zu Gespräch, Andacht und Zeit für persönliche Auseinandersetzung einladen.

Dazu gehören besondere Gedenktage oder das solidarische Gebet bei Tragödien in anderen Schulen, etwa Tod von Schülern und Lehrern oder nach einem Amoklauf in der Schule (Winnenden).
Damit sollen die Schüler die Erfahrung machen, dass Glaube und Gebet in der Schule nicht nur an bestimmten Festen quasi »hervorgeholt« werden, sondern auch im Alltag präsent sind.

Schüler und Lehrer brauchen Räume für religiöse Angebote im Alltag
Das Schulseelsorgezimmer, Meditationsräume, Kapelle und der »Time-out-Raum« neben den Oberstufenzimmern laden zu Gespräch, Ruhe und Innehalten ein. Außerdem sind die zusätzlichen »spirituellen Angebote im Alltag« dazu gedacht, diese Räume inhaltlich zu füllen. Neben dem einmal monatlich stattfindenden »Pallottiforum«-Gottesdienst in der Hauskapelle wollen Sonntagabend-Gottesdienste, Montagmorgenkreis, Mitttagsmeditationen und die Gebetspause sich wie ein »roter Faden« durch einen Monat hindurch ziehen. Meist gehen sie von der Monatslosung des ökumenischen Bibelleseplans aus.

Dieses Konzept möchte ich anhand eines Monats-Beispiels veranschaulichen.
Das Thema des Sonntagabend-Gottesdienstes lautete:
»Jeder Mund bekennt: »Jesus Christus ist der Herr« – zur Ehre Gottes des Vaters« (Philipperbrief 2,11)
Anfang Mai feierten wir mit einer kleinen Gruppe, bestehend aus Eltern, Schülern und weiteren Interessierten eine ruhige Abendmesse im Meditationsraum. Lieder und Gebete führten in das Thema ein und gaben Impulse zum Nachdenken. Der ausgeteilte Bibelleseplan möchte alle einladen, die Anfangsimpulse in der persönlichen Betrachtung an jedem Tag des Monats zu vertiefen und im Alltag umzusetzen. Gottesdienstbesucher meldeten zurück, dass diese Form ein schöner Abschluss des Sonntages darstelle, der für die Familie wichtig sei und eine gute Einführung in den neuen Monat biete.
Im Montagmorgenkreis (kurz »MoMo«) eine Woche später ging es in Anlehnung an die Monatslosung um den Vers aus dem Philipperhymnus: »Damit alle im Himmel, auf der Erde und unter der Erde ihre Knie beugen vor dem Namen Jesu« (Phil 2,10).
Die Natur zeigt uns Gottes Größe in ihrer Schönheit und Harmonie. Die kleine Gruppe, die sich am 2. Montag des Monats im Meditationsraum traf, nutzte den Morgen, um nach einem gemeinsamen Lied und einer

kurzen Einführung zu meditativer Musik Bilder zu betrachten, die jedem die Schöpfung in den vier Elementen Erde, Wasser, Luft und Feuer zeigte und staunen ließ über die Schönheit des Geschaffenen.
Nach dem »Vaterunser« und einem abschließenden Segen begaben sich die Schüler und die anwesenden Eltern in ihren Alltag hinaus.
Die Midi-Medi (Mittagsmeditation) startete am Mittwoch nach dem Mittagessen mit einem kurzen Text: »Have a break – Unterbrechungen des Alltags«. Im Gedränge des Schulalltags – nach dem ständigen Rennen von Raum zu Raum, nach dem Mittagessen usw. – sollte hier auch einmal Raum sein, um sich eine Mittagspause »der anderen Art« zu gönnen.
Nach diesem kurzen Besinnungstext machten wir zu ruhiger Musik eine kurze Atemübung mit einigen Impulsfragen und Anregungen für den Nachmittag.
Danach konnten die Schüler ein Bild zu den Elementen gestalten, die laut Philipperhymnus Zeugnis davon ablegen, dass Jesus der Herr ist. Nachdem die Schülerinnen und Schüler ihr Bild in Stille gestalten und vielleicht ein bisschen Kraft schöpfen konnten, gingen sie aus diesem Mittagsimpuls in den Nachmittagsunterricht.
Die Gebetspause am Freitag fand im Time-Out-Raum statt. Nach dem Lied »Im Jubel ernten, die mit Tränen säen«, das wir mit dem Psalm 126 kombinierten, waren die Schüler dazu eingeladen, für ihre Mitschüler, ihre Schule und Familien zu beten. Aus dem »Gebetsanliegen«-Buch, in dem Schüler im Schulseelsorgebüro ihre Gebete eintragen können, wurden die Fürbitten der Kinder und Jugendlichen vorgetragen, bei denen es oft um die Abiturprüfung und um persönliche Fragen ging. Zu jeder Bitte legte eine Schülerin oder ein Schüler ein Weihrauchkörnchen in das kleine Rauchfass in der Mitte des Kreises. Nachdem alle Fürbitten vorgelesen waren, konnten die einzelnen Beter noch in einer kurzen Stille ihre eigenen Bitten vor Gott tragen und stumm ein weiteres Körnchen auf die Kohle legen. Mit dem Liedvers »Im Jubel ernten, die mit Tränen sehen, im Lichte stehen, die noch traurig sind« und mit dem Vaterunser beendeten wir die Freitagsfürbitten und wünschten uns und allen Schülern – besonders unseren Abiturienten – schöne und erholsame Ferien.
So bleibt Seelsorge im Alltag gegenwärtig und möchte nach dem Beispiel der Emmausgeschichte (vgl. Lk 24,13–35) Menschen begegnen und sie begleiten (V. 15), gemeinsam Fragen stellen (V. 17), Lösungen und Hilfen aus dem Glauben suchen (V. 27), Gottesdienst feiern (V. 30f.) und zu einem engagierten Leben in Kirche und Welt ermutigen (Lk 24,32–35).

Weiterentwicklung bzw. »Aufwicklung« des »roten Fadens«

Eine Schulpastoral, die zusammen mit Schülern, Eltern und Lehrern Wege gehen möchte, steht immer vor der Herausforderung, auf Anliegen und Bedürfnisse zu reagieren und Angebote den Möglichkeiten anzupassen. Seit der Konzeptentwicklung der »Angebote im Alltag« (2008) wurden deswegen bestimmte Angebote ausgebaut, andere zurückgefahren. So gibt es seit 2010 mehrere Mittagsmeditationen in den vier Monats-Wochen, jeweils an einem anderen Wochentag, um den unterschiedlichen Nachmittags-Unterrichtszeiten der Klassen entgegenzukommen. Dafür haben wir den Montagmorgenkreis abgesetzt, da er für wenige Schüler attraktiv war, und haben dafür die Frühschichten in den geprägten Zeiten stärker betont. Aus den »Freitagsfürbitten« wurde eine »Gebetspause am Donnerstag«, da es so keine Überschneidungen mit dem Schülerbibelkreis gibt. Jeden Moant erhalten Interessierte über einen Verteiler eine Info-Mail über die verschiedenen Termine. Immer ist Kommunikation und Vernetzung mit Schulleitung und Lehrern wichtig, auch um nach Bedarf und Ressourcen in der Zukunft zu schauen. So sehen wir im Moment eine große Notwendigkeit für außerunterrichtliche Angebote z. B. durch kirchliche Jugendverbände und denken über verschiedene Formen der Kooperation nach. Auch die Ideen zu einer jugendgemäßen Gottesdienst- und Kirchenraumgestaltung werden momentan in Kooperation mit Jugendbüro und kirchliche Stellen durch Projekt-Wochenenden und Exkursionen entwickelt. Wir sind gespannt, wie sich unser »roter Faden« weiter »entrollt« und freuen uns auf alle, die mit uns auf dem Wege sind zu einer Kirche der Zukunft.

Herausgeber

Dr. Joachim Kittel, OStR, Dipl. Theologe, Dipl. Verwaltungswirt (FH), ist Religionslehrer, Beauftragter für Berufs- und Studienorientierung und Oberstufenberater am Martin-Schongauer-Gymnasium in Breisach am Rhein und Schuldekan des Dekanates Breisach-Neuenburg.

Autorinnen und Autoren

Andreas Bächlin, StR, ist Religionslehrer am Geschwister-Scholl-Gymnasium Waldkirch und Erasmus-Gymnasium Denzlingen und Schuldekan des Dekanates Endingen-Waldkirch.

Veronika Marqués Berger, StR'in, unterrichtet die Fächer Deutsch, kath. Religion und Literatur und Theater am Richard-Wagner-Gymnasium in Baden-Baden.

Sr. Andrea Becker (Franziskanerin), StD, unterrichtet Deutsch und katholische Religion am Privaten Gymnasium der Franziskanerinnen auf der Insel Nonnenwerth, engagiert in Schulpastoral und Geistlicher Begleitung.

Waltraud Bayer, Fachlehrerin an Sonderschulen für Geistigbehinderte in Bruchsal, Schulseelsorgerin, organisiert und gestaltet regelmäßig stattfindende Pastoralangebote für Eltern und Familien.

Prof. Dr. Guido Fuchs ist kath. Theologe, Liturgiewissenschaftler an der Universität Würzburg und leitet das »Institut für Liturgie- und Alltagskultur« in Hildesheim.

Elisabeth Fuchs unterrichtet als Fachlehrerin an der privaten Sonderschule G der Lebenshilfe in Ottersweier.

P. Philipp Görtz SJ, promovierter Pastoralpsychologe mit einer Arbeit zu Ignatianischer Schulpastoral, seit 2009 Kollegsseelsorger am Aloisiuskolleg Bonn.

Stephan Grünwald ist Seminarschulrat am Seminar für Didaktik und Lehrerbildung (Realschulen) Freiburg/Brsg. Er unterrichtet an der Hugo-Höfler-Realschule in Breisach die Fächer Mathematik, EWG und katholische Religion und ist dort seit 2009 beauftragter Schulseelsorger.

Melanie und Nadine-Annelie Hambsch, Schülerinnen der Kursstufe 1 am Moll-Gymnasium Mannheim; Sanitätshelferinnen (tätig seit 2006; letzte weiterführende Ausbildung Dezember 2009), Streitschlichterinnen (zwei Ausbildungen) Betreuungsschülerinnen; für das hier vorgestellte Projekt wurden sie im Rahmen des Wettbewerbs Christentum und Kultur im Januar 2011 mit einem Preis ausgezeichnet.

Annabell Heintz, Diplom-Heilpädagogin FH, leitet den Bereich der Sozialen Betreuung im Seniorenpflegeheim Breisach der Ev. Stadtmission Freiburg e.V., u.a. zuständig für Öffentlichkeitsarbeit und Kooperation mit Schulen und Kindergärten.

Juliane Hecker, Lehrerin, unterrichtet die Fächer Deutsch, Englisch, Mathematik und katholische Religion an der Werkrealschule Engen, u.a. tätig als Schulseelsorgerin und Referentin in der katholischen Erwachsenenbildung in den Bereichen Literatur, Theologie und Philosophie.

Christoph Heizler, Staatsexamen in Sportwissenschaft und kath. Religion, arbeitet als Pastoralreferent in der Seelsorgeeinheit Emmendingen.

Simone Honecker, Dipl. Theologin, Lehrerin für kath. Religion und Schulseelsorgerin am Don-Bosco-Gymnasium in Essen.

Peter-Michael Jahn, Realschullehrer, unterrichtet die Fächer Katholische Religion und NWA an der Selma-Rosenfeld-Realschule in Eppingen und ist zuständig für den Bereich Schulpastoral.

Regina Jaekel, Pastoralreferentin in der Seelsorgeeinheit Mittleres Wiesental, katholischer Religionsunterricht an der Hauptschule Hausen i.W., u.a. Angebote für Schüler/innen im Rahmen der kirchlichen Jugendarbeit.

Stephan Kilb, MTheol, StR, unterrichtet die Fächer katholische Religionslehre und Geschichte und ist zuständig für die schulpastoralen Angebote am Gymnasium in Achern

Cäcilia Kittel ist Mitarbeiterin im Erzbischöflichen Ordinariat Freiburg, ausgebildete Leiterin für Meditativen Tanz und Exerzitienleiterin/Geistliche Begleiterin.

Dr. Franziska Knapp, OStR'in am Städtischen Gymnasium Ettenheim für die Fächer Deutsch und Kath. Religion und Dozentin für Dogmatik an der Fachakademie zur Ausbildung von Gemeindereferentinnen und Gemeindereferenten in Freiburg.

Pfr. Harald Klein arbeitete von 2001–2010 in der Schulseelsorge zweier Schulen in kirchlicher Trägerschaft in Königstein/Taunus und war während dieser Zeit Kirchlicher Assistent der J-GCL Königstein. Zurzeit bereitet er sich auf eine neue Aufgabe in der Arbeit mit behinderten Menschen vor.

Jürgen Leide ist pädagogischer Leiter des Benno-Gymnasiums in Dresden.

Georg Mattes arbeitet als Pastoralreferent in der Seelsorgeeinheit Nördlicher Kaiserstuhl, Vorsitzender der Fachschaft Religion an der Werkrealschule Nördlicher Kaiserstuhl.

Dr. Matthias Mühl, StR, leitet am Kant-Gymnasium, Weil am Rhein, u.a. das Sozialpraktikum der zehnten Klassen; Dozent für Dogmatik an der Fachakademie für Gemeindereferentinnen und -referenten, Freiburg; Diakon (Schwerpunkt: Ehepastoral)

Gabriele Müller-Blechschmidt unterrichtet Latein und katholische Religion am Martin Schongauer Gymnasium in Breisach am Rhein. Neben der Fachleitung Latein und der Leitung der Schulbibliotheken ist sie u.a. zuständig für Schulgottesdienste, Taizéfahrten und Schülermitarbeit im Blauen Haus, dem ehemaligen Jüdischen Gemeindehaus von Breisach.

Ralf Ochs, Dekanatsmännerseelsorger im Dekanat Lörrach; Marathonläufer.

Dr. Carsten Roeger ist seit 2009 Pfarrer zweier Gemeinden in Dorsten und arbeitet in der Schulseelsorge bei den Ursulinen mit. Zuvor war er Schulseelsorger am St. Pius-Gymnasium in Coesfeld, mitarbeitender Pfarrer in Schapdetten und Appelhülsen und mit einer Promotion zum Thema Schulpastoral beauftragt.

Regina Rothmund-Speidel, OStR'in, Beratungslehrerin, unterricht Deutsch und Ethik am Martin-Schongauer-Gymnasium in Breisach am Rhein.

Birgit Springer, Dipl. Theologin, Dipl. Sozialpädagogin, arbeitet seit 1998 als Referentin für Mädchen- und Frauenarbeit/ Gender Mainstreaming in den Jugendverbänden der Gemeinschaft Christlichen Lebens (J-GCL) auf Bundesebene (Sitz in Augsburg).

P. Christian Stumpf SAC ist Pallottiner und Jugend- und Schulseelsorger im Dekanat Bruchsal. Im kirchlichen Privatgymnasium »St. Paulusheim« arbeitet er zusammen mit einem Mitbruder in der pallottinischen Schulpastoral. Seine Schwerpunkte sind geistliche Beratung, spirituelle Angebote für Jugendliche und Erwachsene sowie Tage der Orientierung und Besinnungswochenenden für Schüler/innen.

Katrin Terlunen, Diplom Sozialarbeiterin, arbeitet als Jugendreferentin in der Katholischen Kinder- und Jugendarbeit gGmbH im Bistum Essen, z.Zt. zuständig für schulpastorale Angebote – besonders den Aufbau des Schülercafes – in der Pfarrei St. Urbanus in Gelsenkirchen-Buer.

P. Andri Tuor OSB, Lic. et Mag. theol., Benediktiner der Abtei Engelberg (Schweiz), studierte in Luzern, Mount Angel (USA) und Innsbruck Theologie, Religionspädagogik und Kommunikative Theologie, ist Lehrer, Leiter der Schulpastoral und Mitglied der Schulleitung an der Stiftsschule Engelberg.

Pfr'in Petra Wehrstein, StR'in am Städtischen Gymnasium Ettenheim für das Fach Ev. Religion.

Elisabeth Wiesler ist Religionslehrerin im kirchlichen Dienst und Schulseelsorgerin, unterrichtet das Fach kath. Religion in allen Klassenstufen der Alemannenschule (GHS) in Hartheim und istverantwortlich für die Schulpastoral.

Dirk Wieland, StR, Dipl. Theologe , unterrichtet an der Willy-Hellpach-Schule in Heidelberg Kath. Religionslehre und Gemeinschaftskunde und ist dort seit 2011 beauftragter Schulseelsorger.

P. Tobias Zimmermann SJ ist Rektor des Canisius-Kollegs in Berlin.